建築紛争

判例ハンドブック

犬塚 浩 [編集代表]
髙木 薫 [編集委員]
宮田義晃

青林書院

はしがき

　今年３月に、今後10年の住宅政策の指針である「新たな住生活基本計画」が国土交通省により策定されました。その内容は多岐にわたりますが、住宅ストック活用型市場への転換に重点がおかれています。

　その一方で新築住宅の着工件数は、今後減少傾向にあるとの分析がなされながらも、近年約90万戸前後で推移しています。かつての120万戸を超える時代の再到来はないものの、新築住宅に対する庶民の夢はおとろえておらず、今後も新築住宅の供給は堅調に進むものと思われます。

　私は今年４月で弁護士登録24年目を迎え、その大部分を住宅紛争処理に費やしてまいりました。

　平成12年４月に施行された住宅品質確保促進法の制定に携わる機会をいただき、その後住宅瑕疵担保履行法の制定にも携わりました。

　その他、社会資本制度の審議会の住宅部会など公的な会議へも出席させていただき、色々な観点から住宅業界を分析する機会を頂戴いたしました。そして、法曹の一員である自分が住宅業界の発展にどのように貢献することができるのかを考えた時に、「紛争の予防と迅速な問題解決を実現すること」がその使命であると痛感いたしました。

　この問題意識は欠陥住宅の事件を扱った登録２年目以降私の主要なテーマであり、その大きな解決策として、交通事故の分野において存在する赤い本に象徴されるような綿密な判例分析が不可欠であると思いました。

　そこで、財団法人住宅リフォーム・紛争処理支援センターの編集協力もいただいた上で、平成15年12月に『建築瑕疵紛争処理　損害賠償額算定事例集』（ぎょうせい）を同僚・後輩弁護士４名と共に執筆しました。この分析はその後も続け、本年５月に（裁判例調査協力を含む）若手弁護士７名を得て『Ｑ＆Ａ建築瑕疵損害賠償の実務』（創耕舎）において約230個の判例を分析する作業を実施いたしました。

　判例数には限界があることから、平成23年３月には、過去の保険事故事例

約5000件を整理した『住宅の保険事故事例集―住宅の欠陥に関する補修費用の傾向―』（住宅の保険事故事例集検討委員会）（ぎょうせい）を主査という立場において発刊しました。

　このように補修費用を中心とした金額の分析を進める一方で，それぞれの判例の個性に着眼した判例集の存在の必要性を感じました。

　損害賠償についてはそれぞれの事案により，担当する裁判官が多種多様な検討を加えて判断いたします。その為，判例の事案一つ一つに詳細に着目した文献の必要性を感じたのです。

　ただしこの作業は私一人では行うことはもちろんできません。建築紛争に造詣の深い訴訟の現場を熟知していると確信できる弁護士の協力を得る必要があります。幸い私は弁護士会の住宅紛争審査会の委員長等を担当することで同様の問題意識を持った優秀な弁護士と出会うことができました。

　そこで，髙木薫，宮田義晃の各弁護士を編集委員として，最近の重要判例をピックアップし，サンプルを作成した上で各担当者に分析を依頼しました。各担当者は短期間で判例の分析，執筆を担当してくれました。

　執筆準備可能な最も最近の判例までピックアップいたしましたのでその判例の中身とその分析された内容は実務に大きな影響を与えるものと確信しております。

　編集委員，執筆者の皆さんに心よりお礼を申し上げるとともに，読者の皆さまの実務活動に貢献できることを心から願っております。

　　平成28年（2016年）7月

　　　　　　　　　　　　　　　　　　　　　　　弁護士　犬塚　　浩

編集代表・編集委員・執筆者

【編集代表】

犬塚　　浩（弁護士　京橋法律事務所）

【編集委員】

髙木　　薫（弁護士　髙木薫法律事務所）
宮田　義晃（弁護士　京橋法律事務所）

【執筆者（執筆順）】

山田　敏章（弁護士　石井法律事務所）
楠　　　慶（弁護士　ひかり総合法律事務所）
稲垣　　司（弁護士　石井法律事務所）
堀岡　咲子（弁護士　第一中央法律事務所）
大橋　正典（弁護士　愛宕山総合法律事務所）
宮田　義晃（上掲）
竹下　慎一（弁護士　竹下法律事務所）
南淵　　聡（弁護士　九段北シティ法律事務所）
村井美樹子（弁護士　石井法律事務所）
石橋　京士（弁護士　津の守坂法律事務所）
吉田可保里（弁護士　T＆Tパートナーズ法律事務所）
髙木　　薫（上掲）
宗像　　洸（弁護士　東京赤坂法律事務所・外国法共同事業）

凡　例

1．法令の摘記
　法令名は，地の文では原則として正式名称で表記し，括弧内における法令条項の引用は，以下の要領で行った。
　① 　複数の法令条項を列記する場合は，同一法令は「・」，異なる法令は「，」でつないだ。
　② 　括弧内に引用する法令名については，後掲の「法令略語」を用いた。

2．判例の摘記
　判例の引用は，後掲の「判例・文献関係略語」を用いて，おおむね以下のとおり表記した。
　〔例〕　最高裁判所平成22年 6 月17日判決（平成21年(受)第1742号），最高裁判所民事判例集64巻 4 号1197頁
　　　　→最判平22・ 6 ・17民集64巻 4 号1197頁

3．文献の摘記
　文献は，原則として次のように表記した。
　〔例〕　著者名『書名』頁数（発行所，発行年）
　　　　編者名『書名』頁数〔執筆者名〕（発行所，発行年）
　　　　執筆者名「論文タイトル」編者名『書名』頁数（発行所，発行年）
　　　　執筆者名「論文タイトル」掲載誌名　巻　号　頁数
　　　　執筆者名・掲載誌名　巻　号　頁数

【法令略語】

円滑化法	マンションの建替え等の円滑化に関する法律	建基令	建築基準法施行令
		建設	建設業法
会社	会社法	建築士	建築士法
行訴	行政事件訴訟法	宅建業	宅地建物取引業法
区分所有	建物の区分所有等に関する法律	品確法	住宅の品質確保の促進等に関する法律
建基	建築基準法		

品確法施行令	住宅の品質確保の促進等に関する法律施行令	民	民法

【判例・文献関係略語】

大	大審院	高刑集	高等裁判所刑事判例集
最	最高裁判所	訟月	訟務月報
高	高等裁判所	判時	判例時報
地	地方裁判所	判タ	判例タイムズ
支	支部	労判	労働判例
判	判決	裁判所HP	裁判所ウェブサイト
決	決定	ウエストロー	ウエストロー・ジャパン
民録	大審院民事判決録	LEX/DB	LEX/DBインターネット（TKC法律情報データベース）
民集	最高裁判所民事判例集		
刑集	最高裁判所刑事判例集		
裁判集民	最高裁判所裁判集民事	LLI/DB判例秘書	LLI/DB判例秘書インターネット（LIC法律情報サービス）
高民集	高等裁判所民事判例集		

目　次

はしがき
編集代表・編集委員・執筆者
凡　例

第1章　瑕疵担保責任

第1　瑕疵の認定

1　大量の産業廃棄物が埋設されている土地の売主の瑕疵担保責任
　　……………………………………………………（山田　敏章）…3
　　さいたま地裁平成22年7月23日判決（平成19年(ワ)第1239号）LLI/DB判例
　　秘書インターネット L06550764，裁判所ウェブサイト

2　後の法改正により使用禁止となった床材の使用と瑕疵担保責任
　　……………………………………………………（山田　敏章）…8
　　東京地裁平成22年5月27日判決（平成18年(ワ)第29385号）判例タイムズ
　　1340号177頁

3　土地の地盤に関する瑕疵担保責任の成否 ……………（楠　　　慶）…12
　　名古屋高裁平成22年1月20日判決（平成21年(ネ)第414号）LEX/DB イン
　　ターネット25442126，裁判所ウェブサイト

4　雨漏りと新築住宅の瑕疵……………………………（稲垣　　司）…17
　　東京地裁平成24年3月27日判決（平成21年(ワ)第12552号）ウエストロー・ジ
　　ャパン2012WLJPCA03278003，LEX/DB インターネット25492802

5　傾斜建物における売買契約解除の成否 ………………（稲垣　　司）…20
　　東京地裁平成24年6月8日判決（平成20年(ワ)第769号）判例時報2169号26頁

6　通常の方法でピアノを搬入できない施工の瑕疵該当性
　　……………………………………………………（堀岡　咲子）…25

東京地裁平成24年11月13日判決（平成22年（ワ）第28201号）LEX/DB インターネット25497547

7　ガケ条例に基づく擁壁設置義務と隠れた瑕疵 ……… （大橋　正典）…29
　　東京地裁平成25年2月5日判決（平成22年（ワ）第44372号）ウエストロー・ジャパン2013WLJPCA02058002，LEX/DB インターネット25510743

8　専門委員の説明と瑕疵の認定 ………… （大橋　正典＝宮田　義晃）…33
　　大阪地裁平成25年2月26日判決（平成22年（ワ）第136号，平成23年（ワ）第1926号）判例タイムズ1389号193頁

9　品確法94条1項の瑕疵該当性 ………… （大橋　正典＝宮田　義晃）…40
　　東京高裁平成25年5月8日判決（平成24年（ネ）第5250号・同第6814号）判例時報2196号12頁，判例タイムズ1395号180頁

10　コンクリート杭と六価クロムの存在する土地の売買契約における瑕疵の有無 ……………………………………………… （竹下　慎一）…45
　　東京地裁平成25年11月21日判決（平成24年（ワ）第26150号）ウエストロー・ジャパン2013WLJPCA11218004，LEX/DB インターネット25515985

11　マンションの共用部分の瑕疵（否定） ……………… （楠　　　慶）…55
　　東京地裁平成26年2月4日判決（平成24年（ワ）第23633号）LEX/DB インターネット25518001

12　行政による建築基準法の解釈の変遷・違いと法律上の瑕疵
　　………………………………………………………… （楠　　　慶）…59
　　東京地裁平成26年2月7日判決（平成24年（ワ）第4419号）LEX/DB インターネット25517914

13　大雨洪水警報発令時の雨水の浸入による損害と瑕疵担保責任
　　………………………………………………………… （南淵　　聡）…64
　　東京地裁平成26年3月20日判決（平成24年（ワ）第23207号）ウエストロー・ジャパン2014WLJPCA03208013，LEX/DB インターネット25518467

14　老朽化設備による瑕疵担保責任 …………………… （南淵　　聡）…68
　　東京地裁平成26年5月23日判決（平成25年（ワ）第3490号）ウエストロー・ジャパン2014WLJPCA05238005，LEX/DB インターネット25519653

15　契約と異なる材料の混入と瑕疵 …………………… （宮田　義晃）…71

名古屋高裁平成27年3月24日判決（平成25年（ネ）第882号）判例時報2260号37頁

16 設計図書と異なる施工と瑕疵 ……………………………（宮田　義晃）…75
名古屋高裁金沢支部平成27年5月13日判決（平成26年（ネ）第46号）判例時報2266号61頁

第2　契約の有効性・仕事の完成をめぐる紛争

17 建物建築請負契約における工事完成の有無 ………（村井　美樹子）…79
東京地裁平成22年2月19日判決（平成18年（ワ）第8346号）判例タイムズ1358号130頁

18 地下横断歩道タイル張工事の瑕疵及び瑕疵担保責任の期間
……………………………………………………（石橋　京士）…84
東京地裁平成20年12月24日判決（平成17年（ワ）第12018号，平成18年（ワ）第1388号）判例時報2037号55頁

19 建築基準法違反の建物の請負工事契約の有効性 ……（楠　　　慶）…89
最高裁平成23年12月16日判決（平成22年（受）第2324号）判例時報2139号3頁，判例タイムズ1363号47頁

20 建設業許可不取得と請負契約の成立 ………………（吉田　可保里）…94
東京地裁平成24年2月3日判決（平成20年（ワ）第31050号）ウエストロー・ジャパン2012WLJPCA02038003，LEX/DBインターネット25491964

21 監理契約，工事請負契約の成否と設計の瑕疵の存否…（楠　　　慶）…99
東京地裁平成25年11月26日判決（平成24年（ワ）第25719号）LEX/DBインターネット25516156

22 請負代金請求・瑕疵修補に代わる損害賠償請求 ……（南淵　　聡）…103
東京地裁平成26年3月18日判決（平成23年（ワ）第8546号・同第38624号，平成24年（ワ）第35957号）ウエストロー・ジャパン2014WLJPCA03188012，LEX/DBインターネット25518526

23 請負契約の一部解除の可否………………………………（宮田　義晃）…108
東京地裁平成26年12月24日判決（平成23年（ワ）第28937号）判例時報2260号57頁

第3 建替えの要否をめぐる紛争

24 住宅の不同沈下と建替えの要否 ……………………（髙木　薫）…113
　　和歌山地裁平成20年6月11日判決（平成17年（ワ）第608号）消費者法ニュース79号255頁

第4 請負代金をめぐる紛争

25 注文と異なるリフォームの場合の請負代金請求の可否
　　…………………………………………………（村井　美樹子）…119
　　札幌地裁平成21年11月10日判決（平成20年（ワ）第228号）LEX/DB インターネット25442485，裁判所ウェブサイト

26 建築予算規模の増額と設計者の債務不履行責任 ……（稲垣　司）…123
　　東京地裁平成24年3月27日判決（平成21年（ワ）第5281号）ウエストロー・ジャパン2012WLJPCA03278018，LEX/DB インターネット25492805

第5 責任主体

27 建築確認申請書の工事監理者欄に自己の名前を記載することを許容した建築士の不法行為責任 ……………………………（山田　敏章）…129
　　佐賀地裁平成22年9月24日判決（平成19年（ワ）第794号）判例時報2118号81頁

28 建物の設計監理者の不法行為責任 ……………………（髙木　薫）…134
　　東京地裁平成20年1月25日判決（平成17年（ワ）第17703号）判例タイムズ1268号220頁

29 耐震強度偽装がされた建築確認申請につき，建築確認を行った建築主事の注意義務違反 …………………………………………（楠　慶）…141
　　名古屋高裁平成22年10月29日判決（平成21年（ネ）第312号・同第814号）判例時報2102号24頁，判例タイムズ1363号52頁

30 建替えが必要な瑕疵がある場合の売主，施工者等の責任
　　…………………………………………………………（髙木　薫）…145
　　名古屋地裁平成20年11月6日判決（平成18年（ワ）第1554号）最高裁判所民事判例集64巻4号1204頁

31 建物の設計監理者の第三者に対する不法行為責任 …（髙木　薫）…151
　　福岡高裁平成21年2月6日判決（平成19年（ネ）第576号）判例時報2051号74頁，判例タイムズ1303号205頁

32 請負契約書上の監理者の責任 ……………………………（宮田　義晃）…156
　　仙台地裁平成23年1月13日判決（平成13年(ワ)第214号）判例時報2112号75頁
33 新築住宅の瑕疵に関する住宅瑕疵担保責任保険法人の責任
　　………………………………………………………（吉田　可保里）…161
　　東京地裁平成23年3月25日判決（平成18年(ワ)第19090号）ウエストロー・ジャパン2011WLJPCA03258029
34 構造計算書・構図の誤りに基づく設計会社及び建築確認をした市の責任
　　………………………………………………………（堀岡　咲子）…165
　　静岡地裁平成24年12月7日判決（平成19年(ワ)第1624号，平成20年(ワ)第691号）判例時報2173号62頁
35 建築主事の建築主に対する注意義務 ………………（大橋　正典）…170
　　名古屋地裁平成25年1月22日判決（平成20年(ワ)第3887号）判例時報2180号76頁
36 建築確認に関する建築主事の法的義務 ……………（大橋　正典）…174
　　最高裁平成25年3月26日判決（平成22年(受)第2101号）最高裁判所裁判集民事243号101頁，裁判所時報1576号8頁，裁判所ウェブサイト

第6　損害の認定

37 建替費用相当額の損害賠償請求における居住利益の控除の可否
　　…………………………………………………………（髙木　薫）…180
　　最高裁平成22年6月17日判決（平成21年(受)第1742号）最高裁判所民事判例集64巻4号1197頁，判例時報2082号55頁，判例タイムズ1326号111頁
38 補修費用が建替費用を上回る場合の損害額 …………（宮田　義晃）…184
　　神戸地裁平成23年1月18日判決（平成19年(ワ)第1046号）判例時報2146号106頁，判例タイムズ1367号152頁
39 フローリングの修補の範囲
　　………………………………………………………（堀岡　咲子）…189
　　東京地裁平成24年12月25日判決（平成22年(ワ)第36708号）LEX/DBインターネット25499014

第7　時効・除斥期間

40 瑕疵ある建物建築から20年以上経過後に損害が生じた場合の不法行為に

基づく損害賠償請求権の除斥期間の起算点 ············(竹下　慎一)···193
　　東京高裁平成25年10月31日判決（平成25年(ネ)第3595号）判例時報2264号52
　　頁

第2章　不法行為責任・説明義務違反

第1　建物の基本的安全性

41　設計施工を行った会社の不法行為責任 ················(髙木　　薫)···205
　　東京地裁平成25年8月23日判決（平成22年(ワ)第12710号）LEX/DBインタ
　　ーネット25514411

42　不法行為が成立する建物としての基本的な安全性を損なう瑕疵の意義
　　···(吉田　可保里)···209
　　（①事件）最高裁平成23年7月21日判決（平成21年(受)第1019号）最高裁判所
　　裁判集民事237号293頁，裁判所時報1536号275頁，判例時報2129号36頁，判例
　　タイムズ1357号81頁
　　（②事件）福岡高裁平成24年1月10日判決（平成23年(ネ)第764号）判例時報
　　2158号62頁，判例タイムズ1387号238頁

第2　シックハウス・アスベスト

43　シックハウス症候群等とマンション開発業者の不法行為責任
　　···(石橋　京士)···215
　　東京地裁平成21年10月1日判決（平成16年(ワ)第18418号）消費者法ニュース
　　82号267頁，LLI/DB判例秘書インターネットL06430580

44　アスベスト露出が通常有すべき安全性を欠くと評価されるようになった
　　時期及び建物所有者兼賃貸人の民法717条1項にいう「占有者」該当性
　　···(南淵　　聡)···220
　　大阪高裁平成26年2月27日判決（平成25年(ネ)第2334号）高等裁判所民事判
　　例集67巻1号1頁，判例時報2236号72頁，判例タイムズ1406号115頁

第3　耐震偽装

45　耐震偽装に関する設計者の責任 ···················(村井　美樹子)···227

札幌地裁平成21年10月29日判決（平成20年（ワ）第3529号）判例時報2064号83頁

46 耐震強度偽装に関する関係者らの責任 ………………（石橋　京士）…231
奈良地裁平成20年10月29日判決（平成18年（ワ）第133号）判例時報2032号116頁

第4　説明義務違反

47 宅建業法における建築基準法・都市計画法に基づく調査義務違反
……………………………………………………………（南淵　聡）…236
東京地裁平成26年3月26日判決（平成23年（ワ）第34040号）判例時報2243号56頁，判例タイムズ1413号332頁

48 自殺物件における宅建業者の調査義務と説明義務 …（宗像　洸）…241
高松高裁平成26年6月19日判決（平成25年（ネ）第411号，平成26年（ネ）第46号）判例時報2236号101頁

第5　その他

49 建築業者による違法建築行為の，建物所有者に対する不法行為該当性
……………………………………………………………（竹下　慎一）…247
東京地裁平成25年8月12日判決（平成24年（ワ）第25451号）ウエストロー・ジャパン2013WLJPCA08128002，LEX/DB インターネット25514551

50 マンション建設中の死亡事故を理由とする信義則違反に基づく契約解除
……………………………………………………………（南淵　聡）…253
東京地裁平成26年4月15日判決（平成25年（ワ）第3227号）ウエストロー・ジャパン2014WLJPCA04158002，LEX/DB インターネット25519262

第3章　区分所有建物関係

51 区分所有法62条2項4号「再建建物の区分所有権の帰属に関する事項」の趣旨 ………………………………………………（稲垣　司）…259
東京地裁平成24年9月25日判決（平成23年（行ウ）第597号）判例時報2201号42頁

52 区分所有建物の建替え決議の無効確認 ……………（大橋　正典）…264
　　東京地裁平成25年3月5日判決（平成24年（ワ）第11361号）ウエストロー・ジャパン2013WLJPCA03058003，LEX/DBインターネット25511847

53 国土交通省が作成した「マンションの建替えに向けた合意形成に関するマニュアル」によらない建替決議の適法性 …………（竹下　慎一）…269
　　東京高裁平成25年5月21日判決（平成25年（行コ）第42号）ウエストロー・ジャパン2013WLJPCA05219001，LEX/DBインターネット25446033，裁判所ウェブサイト
　　（原審）東京地裁平成24年12月25日判決（平成24年（行ウ）第421号）ウエストロー・ジャパン2012WLJPCA12259015，LEX/DBインターネット25445846，裁判所ウェブサイト

54 区分所有法31条1項違反を理由とする決議無効確認訴訟における確認の利益の有無 ………………………………………（竹下　慎一）…278
　　東京地裁平成25年9月5日判決（平成25年（ワ）第7037号）ウエストロー・ジャパン2013WLJPCA09058007，LEX/DBインターネット25515250

55 マンション管理組合による内装工事中止要求の不法行為該当性
　　………………………………………………………（楠　　慶）…284
　　東京地裁平成25年12月4日判決（平成24年（ワ）第3267号）LEX/DBインターネット25517070

56 マンション管理費に関する決議の有効性と管理費等の消滅時効
　　………………………………………………………（南淵　聡）…289
　　東京地裁平成26年2月13日判決（平成25年（ワ）第721号）ウエストロー・ジャパン2014WLJPCA02138009，LEX/DBインターネット25517936

57 区分所有者の管理組合に対する大規模排水管更新工事差止請求
　　………………………………………………………（宗像　洸）…293
　　東京地裁平成26年7月10日判決（平成26年（ワ）第3903号）ウエストロー・ジャパン2014WLJPCA07108003，LEX/DBインターネット25520423

第4章　環境・景観

58　近隣住民の景観利益の侵害とマンションの一部除却・損害賠償請求の可否 ……………………………………………………………（山田　敏章）…303
　　　京都地裁平成22年10月5日判決（平成19年（ワ）第824号）判例時報2103号98頁

59　建物解体工事による騒音被害と工事会社の不法行為責任
　　 ……………………………………………………………（石橋　京士）…308
　　　さいたま地裁平成21年3月13日判決（平成19年（ワ）第1372号）判例時報2044号123頁，LLI/DB 判例秘書インターネット L06430580

60　景観，平穏生活侵害を理由とする建物外壁撤去請求の可否
　　 ……………………………………………………………（石橋　京士）…313
　　　東京地裁平成21年1月28日判決（平成19年（ワ）第27082号）判例タイムズ1290号184頁

61　マンション建築による風害に対する人格権に基づくフェンス設置の請求，損害賠償の可否 …………………………………（堀岡　咲子）…317
　　　大阪地裁平成24年10月19日判決（平成21年（ワ）第17422号）判例時報2201号90頁

62　建物に基本的安全性を損なう瑕疵があることを理由とする人格権に基づく妨害予防請求の可否 ……………………………（竹下　慎一）…322
　　　東京地裁平成25年5月9日判決（平成23年（ワ）第36482号）ウエストロー・ジャパン2013WLJPCA05098007，LEX/DB インターネット25512941

63　下水道工事と住宅の不同沈下との間の不法行為における因果関係の有無
　　 ……………………………………………………………（竹下　慎一）…330
　　　札幌地裁小樽支部平成25年10月28日判決（平成23年（ワ）第83号）判例時報2212号65頁

64　共用部分の改修工事に対する反対区分所有者の協力義務
　　 ……………………………………………………………（宮田　義晃）…339
　　　東京地裁平成27年2月16日判決（平成26年（ワ）第16514号）判例時報2267号67頁

第5章　その他

第1　労務関係

65　転落事故と安全配慮義務違反 ……………………………（髙木　　薫）…347
　　　大阪高裁平成20年7月30日判決（平成20年（ネ）第39号）労働判例980号81頁

第2　行政関係

66　総合設計許可における行政庁の裁量 ………………（吉田　可保里）…353
　　　東京地裁平成23年9月30日判決（平成22年（行ウ）第28号）判例時報2156号30頁，ウエストロー・ジャパン2011WLJPCA09308019

第3　震災関係

67　地震免責条項適用の可否……………………………（吉田　可保里）…359
　　　東京高裁平成24年3月19日判決（平成23年（ネ）第7546号）判例時報2147号118頁，判例タイムズ1374号197頁，金融・商事判例1392号37頁，金融法務事情1958号96頁

68　売買契約後に天災地変によって生じた建物傾斜に関する仲介業者の調査義務……………………………………………………（大橋　正典）…364
　　　東京地裁平成25年1月16日判決（平成23年（ワ）第20531号）判例時報2192号63頁

69　東日本大震災液状化に関する売主の責任 ……………（宗像　　洸）…369
　　　東京地裁平成26年10月8日判決（平成24年（ワ）第2725号　損害賠償請求事件（甲事件），平成25年（ワ）第34608号　損害賠償請求事件（乙事件））判例時報2247号44頁

《判例索引》………………………………………………………………………377

第1章
瑕疵担保責任

第1 瑕疵の認定

1 大量の産業廃棄物が埋設されている土地の売主の瑕疵担保責任

さいたま地裁平成22年7月23日判決（平成19年(ワ)第1239号）
LLI/DB 判例秘書インターネット L06550764，裁判所ウェブサイト

争点

1 土地に大量の産業廃棄物が埋設されていることは土地の「隠れた瑕疵」に当たるか
2 土地の瑕疵担保責任に基づき，土地売買契約及び建物請負契約を解除することができるか

判決の内容

■ 事案の概要

Xらは，それぞれ建物建築等を業とするY₁から土地を購入し，Y₁との間で各自が購入した土地上に建物を建築する旨の建築請負契約を締結し，Y₁が完成した建物の引渡しを受けたが（ただしXらのうち1名はY₁が建築した建物を売買により取得），契約後，土地に大量の産業廃棄物（コンクリートガラ，がれき，ビニール片等の建築系廃棄物，ペットボトル，生ゴミ等）が埋設されていたことが判明したとして，Y₁に対し，主位的には，土地の売買契約及び建物の建築請負契約等の錯誤無効，瑕疵担保責任若しくは説明義務違反に基づく契約解除，又は詐欺取消しを主張し，Y₁に支払った売買代金及び請負代金の返還を求め，予備的には，瑕疵担保責任，説明義務違反又は不法行為（詐欺）

に基づく損害賠償として，上記代金相当額の金員及び慰謝料の支払を求め，また，Y_1の代表者であるY_2に対し，不法行為及び取締役の第三者責任に基づき同額の賠償を求めた。

■ **判決要旨**

1　土地の「隠れた瑕疵」の有無

　本判決は，Xらは居住目的でY_1との間で土地売買契約及び建物建築請負契約等を締結したことを前提に，本件土地に埋設されている廃棄物は健康被害を与えたり建物の安全性に影響を与えたりするものではなく，日常生活を送る上で格別の支障があるとは認められないものの，大量の廃棄物が広範囲に埋設されているという嫌悪すべき事情があり，また，将来増改築する場合に地盤改良工事や廃棄物撤去費用が必要となることを考えると，本件各土地は通常有すべき性質を欠いており，瑕疵があると認定した。

　本判決は，その上で，Xらは，土地売買契約及び建物建築請負契約等締結後，土地にコンクリートのがれき程度のものが埋まっていることを認識したという事情はあるものの，Xらは，それは除去されたものと認識していたと認定し，Xらが大量の廃棄物の存在を認識して土地売買契約及び建物建築請負契約等を締結したとか，土地及び建物の引渡しを受けたと認めることはできないから，廃棄物の存在が隠れた瑕疵に当たるのは明らかであると判示した。

2　解除の可否及び損害額

　本判決は，本件建物に不具合は生じていないと認定した上，本件土地中に産業廃棄物が埋設されていることによって日常生活を送ること自体に支障が生じているものではなく，Xらの心理的な嫌悪感にとどまり，また，将来的な増改築の際にも地盤改良工事や廃棄物撤去費用がかかることが予想される程度であるから，本件土地の瑕疵によって契約の目的を達することができないと認めることはできないとして，土地売買契約及び建物請負契約等を解除することはできないと判示した。

　本件瑕疵によりXらが被った損害については，心理的嫌悪感や将来の地盤改良工事等の費用を勘案して，本件瑕疵がない場合と比較して50％の減価を

認め，土地購入金額の半額を損害額と認定した。

解説

1 総論

Xらは本件において，瑕疵担保責任，錯誤無効，説明義務違反，詐欺取消しを主張するが，本稿においては，中心的論点である土地の売主の瑕疵担保責任について論ずる。

2 土地に埋設された産業廃棄物と土地の「隠れた瑕疵」

(1) 「隠れた瑕疵」に該当するか

本判決は，Xらが購入した土地の地中にコンクリートガラやがれき等の廃棄物が大量に存在することは，Xらにとって嫌悪すべき事情であり，また，将来の増改築の際の地盤改良工事又は廃棄物撤去費用が必要になると予想されると認めた上，このような状態の土地は通常有すべき性質を欠いているというべきであるとして，瑕疵の存在を認定した。居住用建物の敷地とする土地に建築系廃棄物や生ゴミなどが大量に埋設されているという事実があれば，居住者が嫌悪感を抱くことは当然と思われるし，将来増改築時に廃棄物処理費用等がかかることが想定されるのみならず，第三者に土地を売却する際にも交換価値が下がる要因になることは明らかと考えられるから，大量の廃棄物の存在を土地の瑕疵と認定した判断は相当である。

ところで，売買契約の売主に対し瑕疵担保責任を追及するには，瑕疵が「隠れた瑕疵」でなければならない（民570条）。売買契約当時瑕疵の存在が明らかであればその瑕疵の存在を前提として契約を締結し，代価を決めるから，後に買主に瑕疵を理由に損害賠償や契約解除を認める必要がないからである（松本克美＝齋藤隆＝小久保孝雄編『専門訴訟講座2建築訴訟〔第2版〕』26～27頁〔松本克美〕（民事法研究会，2013））。そして，「隠れた」とは，買主が契約当時瑕疵の存在を知らず，かつ，取引上必要な普通の注意を用いても発見できなかったこと（買主の善意無過失）をいうと解するのが判例及び通説的見解である（ただし，瑕疵の存在については買主が立証責任を負い，過失の存在については売主が立証責任を負う（大判昭5・4・16民集9巻376頁））。本件においては，Xらが

土地売買契約を締結した後，土地にコンクリートガラ等が埋まっていることを認識したという事情があり，「隠れた瑕疵」といえるかについて争われたが，本判決では，Xらは土地売買契約後にコンクリートガラ等が地中に存することを知ったが，それは除去されたと認識していたと認定し，大量の廃棄物が埋設されていたことを認識していたとは認められないとして「隠れた瑕疵」に当たることは明らかと判示している。なお，本判決では，Xらの大量の廃棄物の存在の認識の有無については検討されるも，Xらがその存在を知らなかったことについての過失の有無については検討されていないが，これは買主の有過失につき主張立証責任を負うYらがXらの過失の存在を主張しなかったためと思われる。

(2) **民法改正との関係**

民法改正（案）においては，「隠れた瑕疵」の概念は採用されていない。民法改正（案）においては，瑕疵担保責任は売買契約において引き渡された目的物が種類，品質又は数量に関して契約の内容に適合しない場合（「民法改正（案）562条1項本文参照」）の契約責任として整理されており，買主の主観（買主の善意・悪意や過失の有無）は，独立した要件としてではなく，目的物が契約の内容に適合しているか否かを判断する際の一事情として検討されることになると解される。「隠れた」要件がなくなることによる実務への影響は今後の判例の集積を待つしかないが，本件については，土地の価格が相場より格段に安価であるといった特段の事情がない限り，住居とするために土地を購入する買主が地中に大量の廃棄物が埋設されていることを容認するとは考え難いから，民法改正（案）に従っても，本件のような事案は契約内容に適合していないとして売主の責任が認められることになろう。

3　瑕疵担保責任による解除の可否

売買の目的物に隠れた瑕疵があり，契約の目的を達することができないときは契約の解除をすることができる（民570条・566条1項）。Xらは，日々起居する家の下に大量の廃棄物が埋まっていることによって平穏な日常生活を送るという契約の目的を達することができないと主張したが，本判決は，廃棄物の存在によって日常生活を送ること自体に支障はなく，Xらの心理的な嫌悪にとどまり，将来的な増改築の際の地盤改良工事等の費用がかかる程度

であるから，売買契約の目的を達することができないとまで認めることはできないとして，Ｘらの契約解除の主張は排斥した。大量の廃棄物が埋設された土地を購入したＸらの心情は理解できるが，廃棄物により健康被害や建物自体の不具合が生じておらず，本件瑕疵による地盤沈下等の不具合が現実化しているわけではない，という本判決認定の事情の下では，かような土地であっても建物敷地としてそれなりの価値があると考えられるから，土地売買契約の目的を達成することができないとまではいえないとして，土地の売買契約の解除を認めず，廃棄物の存在による土地の減価の程度での損害賠償を認めた結論はやむを得ないであろう。

【山田　敏章】

2 後の法改正により使用禁止となった床材の使用と瑕疵担保責任

東京地裁平成22年5月27日判決（平成18年(ワ)第29385号）
判例タイムズ1340号177頁

争点

1　マンション売買契約及び建築後の法改正により使用禁止となった床材が使用されていることは住戸の瑕疵に当たるか
2　建設業者が後に法改正により使用禁止となる床材を使用したことが建物の基本的安全性を損なう瑕疵に当たるとして不法行為になるか

判決の内容

■ 事案の概要

　X_1は平成9年1月15日にY_1からY_2施工の本件マンションの住戸を購入し、平成10年3月27日に引渡しを受けた（マンションの完成は同月25日）。同マンションの居室の床面には建築当時のJIS規格のE2相当のパーティクルボードが用いられていたが、E2相当のパーティクルボードは、平成15年7月1日施行の建築基準法等の改正により、化学物質過敏症を防止する見地から居室の床の仕上げに使用することが禁止された。
　X_1及び同居者のX_2は、本件マンションに居住後化学物質過敏症との診断を受けたが、本件マンション建築当時、既にE2相当のパーティクルボードが放出するホルムアルデヒドにより健康被害が生じることは明らかであったと主張し、床材にE2相当のパーティクルボードを使用したことにつき、X_1は売主であるY_1に対し瑕疵担保責任に基づき、また、X_1及びX_2は、施工業者であるY_2に対し、建物の基本的安全性を損なう瑕疵があるとの理由で不法行為に基づき、損害賠償等の請求をした。

■ **判決要旨**

　本件マンション建築前から，建築材料から放出されるホルムアルデヒドの有害性が指摘されてはいたが，本件マンションが建築された平成8年9月30日から平成10年3月25日までの時点では，E2相当のパーティクルボードはごく一般に使用されていたこと，旧厚生省が室内のホルムアルデヒドの指針値を定めたのが平成12年6月30日であること，本件マンション完成直前に本件マンション中6戸をサンプル調査した結果，旧厚生省の基準値をわずかに上回る程度であったこと，Xら以外に健康被害を訴える者がいないことなどの諸事情の下では，本件マンションの建築当時床材にE2相当のパーティクルボードを使用することが法令上禁止されていなかったのみならず，床材にE2相当のパーティクルボードを含む床材を用いることがマンションの通常有すべき性能に欠けることを意味するものということができないとし，また，本件売買契約において，X_1とY_1との間で床材にE2相当のパーティクルボードを使用しないことが合意されたことについては何らの主張及び立証がされていないことから，本件住戸の床面にE2相当のパーティクルボードを含む床材を用いたことは，本件住戸の瑕疵には当たらないというべきであると判示し，Y_1の瑕疵担保責任及びY_2の不法行為責任をいずれも否定し，Xらの請求を棄却した。

■ **解　　説**

1　後の法改正により使用禁止となった床材の使用と瑕疵の有無

(1)　本件における瑕疵判断

　瑕疵担保責任にいう「瑕疵」とは，当事者が契約上予定している性質や売主が特に保証した性質を欠く場合（主観的瑕疵）及び目的物がその種類のものとして通常有すべきものとされる品質・性能を欠く場合（客観的瑕疵）の双方を含むと解するのが，現在の判例及び通説的見解である（小久保孝雄＝徳岡由美子編著『リーガル・プログレッシブ・シリーズ14建築訴訟』195～197頁〔濱本章子〕（青林書院，2015））。

本判決は、マンション建築当時使用が禁止されていなかった床材が使用された点につき、本件マンション建築当時の法令その他の諸事情の下では、マンションの通常有すべき性能に欠けることを意味するものということができないとして客観的瑕疵該当性を否定し、かつ、X_1とY_1との間の合意に反することの主張立証もないとして主観的瑕疵該当性も否定し、結論として瑕疵には当たらないと判断した事案であり、現在の実務に沿った認定方法といえよう。

なお、本件同様に平成15年7月10日の改正建築基準法施行前に販売されたマンションについて、住戸のホルムアルデヒド値が旧厚生省の指針値を超えたことを瑕疵と認定した裁判例がある（東京地判平17・12・5判時1914号107頁、判タ1219号266頁）。同判決は、売主が販売促進用のチラシ等に環境物質対策として一定の基準を満たした建材等を使用している旨を記載し、買主も同チラシを検討して購入を決定し、売買契約が締結されたという事実認定の下、同売買契約においては、建物の備えるべき品質として、建物自体が環境物質対策基準に適合していること（ホルムアルデヒド等の環境物質の放散につき、少なくとも契約当時行政レベルで行われていた各種取組において推奨されていた水準の室内濃度に抑制されたものであること）が前提とされていたと見るのが、契約当事者の合理的意思に合致しているものというべきであるとし、引渡し当時の室内のホルムアルデヒド濃度が指針値を相当程度超える水準にあったことをもって、建物の品質につき当事者が前提とした水準に達しないという瑕疵が存すると判示した。同判決は、法改正前の旧厚生省の指針値を超過したことをもって直ちに、通常有すべき性質を欠くという瑕疵（客観的瑕疵）があると認定したものではなく、契約当事者の合理的意思を斟酌して、契約当事者が契約上予定した性質を欠くという瑕疵（主観的瑕疵）があることを認定したものであって、本判決と矛盾するものではない。

(2) 民法改正との関係

民法改正（案）では、「瑕疵」の文言が削除され、売主の瑕疵担保責任を定める現行民法570条は、売買契約において引き渡された目的物が種類、品質又は数量に関して契約の内容に適合しない場合（民法改正（案）562条1項本文参照。以下「契約不適合」という）の契約責任と整理され、現行民法における

売買契約目的物の瑕疵の有無は,「契約の内容に適合するか否か」という基準で判断されることになる。この改正による実務上の影響については種々の見解が示されているが,本件のように売買契約及び建物建築時には一般に使用されていた床材が後の法改正により使用禁止となったという事案においては,特に当事者が当該床材よりもホルムアルデヒド放散量の少ない床材の使用に合意していたなどの特段の事情がない限り,契約締結当時の当事者の認識として当該床材を使用しないことが契約の内容になっていたとは考え難いから,民法改正(案)の下でも,契約不適合とはいえないという結論になるものと考えられる。

2 建物の基本的安全性を損なう瑕疵の存在と不法行為の成否

建物の施工者は,契約関係にある者に対して瑕疵担保責任を負うのは当然として,建物の建築にあたり,契約関係にない居住者等に対する関係でも,当該建物に建物としての基本的な安全性が欠けることがないように配慮すべき注意義務を負うと解するのが相当であり,この義務を怠ったために建築された建物に建物としての基本的な安全性を損なう瑕疵があり,それにより居住者等の生命,身体又は財産が侵害された場合には,施工者は,原則として不法行為責任を負うものとされている(最判平19・7・6民集61巻5号1769頁,判時1984号34頁,判タ1252号120頁)。この論理は本件でも該当すると考えられるが,本件では,本件の床材の使用がそもそも瑕疵に該当しないと認定されたことから,マンション施工者(Y_2)の建物居住者(Xら)に対する不法行為責任も否定されている。

【山田　敏章】

3 土地の地盤に関する瑕疵担保責任の成否

名古屋高裁平成22年1月20日判決（平成21年(ネ)第414号）
LEX/DB インターネット25442126，裁判所ウェブサイト

争点

1　土地の地盤の強度について，地盤改良工事を要する瑕疵があったか否か

2　土地販売時のパンフレット中の「造成地のため地盤調査後，地盤改良が必要となる場合があります」との記載との関係で，地盤改良工事を要する瑕疵が，隠れたものであったといえるか否か

判決の内容

■ 事案の概要

　本件は，原告（控訴人）Xが，住宅供給公社である被告（被控訴人）Yから，分譲団地の1区画である土地（以下「本件土地」という）を2226万円で購入し（なお，分譲団地のパンフレットには「造成地のため地盤調査後，地盤改良が必要となる場合があります」との記載（以下「本件記載」という）があった），本件土地上に建物（以下「本件建物」という）を建築した（建築費用5000万円）が，本件土地の地盤が軟弱であったために地盤改良工事が必要であったとして，被告（被控訴人）Yに対して，説明義務違反又は瑕疵担保責任に基づいて，地盤改良工事に要した費用252万円及び遅延損害金を請求した事案である。

　原審は，原告（控訴人）Xが，被告（被控訴人）Yの担当者から本件記載を読み上げられていたこと等を理由に被告（被控訴人）Yの説明義務違反を否定するとともに，原告（控訴人）Xが本件土地が軟弱である可能性を甘受して本件土地を購入しており，また本件建物には屋上への出入り部分にペントハウスが設置され，かつエレベーターがあり基礎をより強固にする必要性が

窺われる上，より高度な DIP 工法ではなく湿式柱状改良工法による地盤改良で足りていることから，本件土地の地盤強度は原告（控訴人）Xの想定範囲内にあったとして被告（被控訴人）Yの瑕疵担保責任を否定し，原告（控訴人）Xの請求を棄却したことから，同人が控訴した。

■ 判決要旨

　裁判所は，大要以下のとおり判示し，原審判決を取り消して原告（控訴人）Xの請求を認容した。
　SS 試験（スウェーデンサウンディング試験）の結果によれば，本件土地の地盤には，特に砂質土の部分に，支持力ゼロの箇所が，相当程度の厚さと広さで広がっていることが推認され，地盤改良工事を実施しないままこれらの箇所に建物の荷重がかかると地盤沈下が発生する可能性が高い。また，粘性土が主体の部分は砂質土が主体の部分よりも地盤に強度があり他の箇所より沈下しにくいことから，建物の荷重によって本件土地各部の沈下量が異なり，不均等に沈下する不同沈下の現象が発生し，建物が傾斜したり各部が歪んで損傷する可能性が高く，これを避けるために地盤改良工事を実施することが必要であったと認められる。本件土地は，丘陵地を造成した宅地であり埋立造成した砂質土が主体の部分と元々の地山の粘性土が主体の部分とで強度の違いが生じていると推認される。本件建物は，屋上の出入り部分にいわゆるペントハウスが設けられ，またエレベーターが設置されているが，2階建ての木造枠組工法（ツーバイフォー工法。基礎は鉄筋コンクリート造ベタ基礎）で建築され，特に大規模大重量ではなく通常の範囲内の建物であったが，上記の地盤調査の結果，地盤改良工事が必要とされたために，原告（控訴人）Xはやむなく同工事を実施したことや，本件土地の代金額について地盤が軟弱である可能性等を勘案して一定の減額を行った形跡が窺われないこと等から，本件土地には，地盤改良を要する瑕疵があったというべきある。
　本件土地に地盤改良を要する瑕疵があったことは，売買契約後の地盤調査により明らかになったもので，売買契約時には明確となっていなかった。本件土地に地盤改良の必要があることを原告（控訴人）Xが知らなかったことにつき過失があるか否かについて，原告（控訴人）Xは，本件土地の売買契

約に先立ちパンフレットを受領し，同パンフレットには本件記載があったが，本件記載は，30頁近くあったパンフレット中の注意事項の「その他」欄に1行記載されたにすぎず目立たない体裁で，注意を喚起して重要性を知らせる記載となっていない。また，被告（被控訴人）Yの担当者が証人として出廷することを拒否していること等に照らし，同担当者が原告（控訴人）Xに本件記載を読み上げた事実を認めることはできない。そもそも，本件記載は，「造成地のため地盤調査後，地盤改良が必要となる場合があります」との簡単な記載で，分譲団地内の区画のうち地盤改良工事が必要になったものが相当数に上る等の地盤改良の必要性が高いことを窺わせる記載，買主に地盤調査を依頼等する旨の記載や地盤改良が必要となった場合の費用が買主負担となるから販売価格が低額になっている旨や瑕疵担保請求権の放棄を意味する旨の記載もなく，あいまいなものであった。これらによれば，原告（控訴人）Xに，本件土地に地盤改良を要するような瑕疵があることを知らなかったことに過失があるということはできず，上記の瑕疵は隠れたものであったと認められる。

解　説

　本件では，本件土地について，通常の範囲内の建物を建築するにも地盤改良工事が必要であった等として瑕疵の存在を認定するとともに，パンフレットに「造成地のため地盤調査後，地盤改良が必要となる場合があります」との本件記載があっても，その内容があいまいで，地盤改良の必要性が高いことを窺わせる記載，買主に地盤調査の実施を依頼等する旨の記載，地盤改良が必要となった場合の費用が買主負担となるために販売価格が低額になっている旨や瑕疵担保請求権を放棄する旨の記載がなかった等として，原告（控訴人）Xに，本件土地に地盤改良を要する瑕疵があることを知らなかったことに過失があるとはいえず，瑕疵が隠れたものであったとして，原審判決を取り消し，原告（控訴人）Xの請求を認容した事案である。

　「瑕疵」の定義については，いわゆる客観説と主観説とがあるが，判例は主観説を採用しており，「瑕疵」について，目的物が，当該売買契約におい

て予定されていた品質・性能を欠いていることをいうとしている（最判平25・3・22裁判集民243号83頁，判時2184号33頁も同旨）。

また，「隠れた」の要件については，判例上，売買契約締結当時買主が過失なくして瑕疵の存在を知らないことをいうとされ，買主の善意無過失が要求されている。そこで，買主が瑕疵の存在を知っていたり，瑕疵が表見しており買主が容易に瑕疵の存在を知り得た場合には，「隠れた」の要件を欠くこととなる。

なお，「瑕疵」の定義に関する主観説によれば，「瑕疵」の判断に際して当事者の合意内容が斟酌され，売買契約締結当時において買主が瑕疵の存在を知っていたり，瑕疵が表見しており容易に知り得た場合，すなわち「隠れた」の要件を欠く場合には，そもそも「瑕疵」がなかったと判断されることにもなりうる。そのため，裁判例では，「瑕疵」と「隠れた」という事実の認定が，一体としてなされることも多いとされており（柚木馨＝高木多喜男編『新版注釈民法(14)』346頁（有斐閣，1993）），本件の原審も，原告（控訴人）Xが，被告（被控訴人）Yの担当者から，パンフレットの本件記載を読み上げられており，本件土地が軟弱である可能性を甘受していたこと等を理由に瑕疵担保責任を否定している。

本判決は，本件土地の地盤の状況や本件建物の規模といった客観的な事情を主に斟酌して（ただし，地盤が軟弱な可能性があることにつき代金額に反映されていない等の主観的事情も斟酌している），本件土地について地盤改良工事が必要な「瑕疵」があったと認定した上で，パンフレットに本件記載があったものの，その内容があいまいであったとして，原告（控訴人）Xが本件土地の瑕疵を知らなかったことに過失があるとはいえず，上記の瑕疵は「隠れた」ものであったとしており，2つの要件について，個別に判断している。

「造成地のため地盤調査後，地盤改良が必要となる場合があります」との本件記載は，①「瑕疵」の要件に関して，本件売買契約の当事者間で予定されていた本件土地の地盤の強度を探求する際，②「隠れた」の要件に関して，買主が，本件土地の瑕疵を知らなかったことに過失があったか否かを判断する際のいずれの場面でも問題になりうるところ，本件判決は，②の「隠れた」の要件に関して，本件記載よりも，より明確な記載がされなければ，

買主に過失があったとはいえないと判示しており，実務上，参考になる。
　なお，土地の地盤が軟弱であるとの瑕疵が問題になった近時の裁判例として，京都地裁平成19年10月18日判決（LEX/DB28132348，裁判所HP），東京地裁平成24年5月31日判決（ウエストロー2012WLJPCA05318014，LEX/DB25494437），名古屋高裁平成26年10月30日判決（ウエストロー2014WLJPCA10306002，LEX/DB25540497）がある。

【楠　　慶】

4 雨漏りと新築住宅の瑕疵

東京地裁平成24年3月27日判決（平成21年(ワ)第12552号）
ウエストロー・ジャパン2012WLJPCA03278003, LEX/DBインターネット25492802

争点

1 工事の完成の意義
2 建物につき，雨水の浸入を許す設計施工を行った瑕疵があるか
3 設置された冷暖房装置に瑕疵があるか

判決の内容

■ 事案の概要

Xは，Yとの間で，土地上に，居住用の建物（以下「本件建物」という）を建築する請負契約を締結し，本件建物の引渡しを受けたが，本件建物に雨漏り等の欠陥があり補修工事を実施する必要があるなどとして，Yに対して，工事が完成していないことを理由とする債務不履行に基づく損害賠償請求，及び，瑕疵担保責任又は不法行為に基づく損害賠償請求として，補修費用等の支払を求めた。

■ 判決要旨

1 工事の完成について

本判決は，Xは，Yから本件建物の引渡しを受けて，同建物に居住しており，またYは，契約上予定されていた工程を終えたといえることから，工事が完成したものと認めるのが相当であると判示した。

2 雨漏りについて

本判決は，屋根について，鼻先に樋がなく，バルコニー側を除いて水切り

金物も設置されていない上，バルコニーからの排水の開口部にも水切り金物が設置されていないなど，防水仕舞が適切でないことなどから，Yが完成させた工事には，雨水の浸入を許す設計施工を行った瑕疵があると判示した。

3　冷暖房装置について

本判決は，冷暖房装置について，起動すると騒音が生じ，しばらく運転すると漏電ブレーカーが作動する状態であると認定した上で，当該装置は通常の使用に耐えず，瑕疵があると判示した。

■解　説

1　仕事の完成の要件の意義及び検討

建築請負契約における仕事の完成とは，工事が予定された最後の工程まで一応終了したことをいうと解される（東京高判昭36・12・20高民集14巻10号730頁，判時295号28頁，判タ127号52頁，東京高判昭47・5・29判時668号49頁，東京地判平3・6・14判時1413号78頁，判タ775号178頁，東京地判平14・4・22判タ1127号161頁等）。

仕事の完成の要件は，債務不履行責任と瑕疵担保責任の適用範囲を区分する概念であると解されている。すなわち，請負人の瑕疵担保責任（民634条～640条）は，仕事が完成したにもかかわらず，その仕事に瑕疵がある場合に適用されるものと解されている。したがって，仕事の完成という概念は，瑕疵の有無とは無関係の概念ということになる。

本判決は，上記見解に依拠した上で，本件では，XがYから本件建物の引渡しを受けて居住しており，また工事が予定された最後の工程まで一応終了していることから，Yが仕事を完成させたと認定したものであり，妥当な判断である。

2　雨漏りと瑕疵

住宅の品質確保の促進等に関する法律は，新築住宅の請負人に対し，雨水浸入防止部分につき，瑕疵担保責任を負わせていることに鑑みると（品確法94条1項，同法施行令5条2項），新築住宅に雨漏りを引き起こす欠陥が存在する場合，当該建物は通常有すべき性能を欠いているといえ，当該欠陥は瑕疵

に当たる。

　本件では，建物内部について，各部屋にカビが発生しており，その範囲や程度に照らし，これらがXの使用に起因するものとはいい難いことから，本判決が，本件建物に雨漏りを引き起こす建物の欠陥が存在すると認定し，瑕疵があると判示したことに異論はなかろう。

　なお，本判決のほかに，雨漏りにつき，瑕疵が肯定された裁判例として，東京高裁平成6年5月25日判決（判タ874号204頁），神戸地裁平成9年9月8日判決（判時1652号114頁，判タ974号150頁），東京地裁平成19年4月20日判決（ウエストロー2007WLJPCA04208009），東京地裁平成20年3月27日判決（ウエストロー2008WLJPCA03278014），東京地裁平成20年6月4日判決（判タ1298号174頁），東京地裁平成21年2月5日判決（ウエストロー2009WLJPCA02058003）がある。

3　冷暖房装置の欠陥

　本件では，設置された冷暖房装置は，起動すると騒音が生じ，しばらく運転すると漏電ブレーカーが作動する状態であったことから，本判決において，当該装置が通常の使用に耐えないものであったと判断されたことに異論はなかろう。

　本件において，Yは，当該冷暖房装置は，Yがサービスとして設置したものであるから，Yはその瑕疵について責任を負わないと主張する。この点に関して，本判決は，冷暖房装置の設置について，たとえYが個別に見積りに計上していないとしても，契約の履行の一部として設置したものである以上，当該装置が通常有すべき性能を欠いていることは瑕疵に当たり，また，サービスとして設置されたものであることを踏まえても冷暖房装置を撤去する限度では修補として相当であると判示した。当該冷暖房装置の設置が契約上合意されていた場合は，Yがかかる装置の欠陥につき責任を負うのは当然であるが，仮に，契約上合意されていなかった場合でも，合意に基づかずに欠陥のある装置を設置すること自体，契約の趣旨に反するといえるため，Yはかかる装置の撤去につき責任を負うべきである。したがって，本判決の判断は妥当である。

【稲垣　司】

5 傾斜建物における売買契約解除の成否

東京地裁平成24年6月8日判決(平成20年(ワ)第769号)
判例時報2169号26頁

争点

1 建物が傾斜していることが土地建物の「隠れた瑕疵」に当たるか
2 瑕疵担保責任に基づき，土地及び建物の売買契約を解除することができるか
3 売買代金諸費用，慰謝料，調査費用，交渉費用，弁護士費用が損害に含まれるか

判決の内容

■ 事案の概要

Xらは，Y_1から土地(以下「本件土地」という)及び建物(以下「本件建物」という)を購入したが，本件建物の基礎であるべた基礎には杭基礎にしなかった瑕疵があり，そのため，本件建物が傾斜しているとして，Y_1に対し，瑕疵担保責任に基づいて本件土地及び本件建物の売買契約を解除した上で，Y_1に対しては瑕疵担保責任又は民法709条の不法行為に基づき，本件土地の造成に関与したY_2に対しては民法709条又は同法715条の不法行為又は使用者責任に基づき，連帯してXらに生じた売買代金諸費用，慰謝料，調査費用，交渉費用，弁護士費用の損害金及びこれに対する遅延損害金の支払を求めた。

■ 判決要旨

1 土地建物の「隠れた瑕疵」の有無

本判決は，本件建物の最大傾斜角が約1000分の7から1000分の12程度であ

り，また，Xらが，本件建物に居住したことにより，めまいや腰の痛みなどを感じるようになったことに鑑み，本件建物の傾斜がXらの受忍限度を超えるものであると認定した。その上で，かかる傾斜は，本件土地の不同沈下によって発生したと認めることができるとして，本件土地の地盤には，軟弱な地盤があることについて，宅地として利用する上での瑕疵があると認定し，また，本件建物の基礎であるべた基礎はかかる不同沈下に対応することができていない基礎であることから，本件建物の基礎には瑕疵があると認定した。

さらに，本判決は，かかる土地の地盤及び建物の基礎の瑕疵は，売買契約締結前から存在していたものであるが，Xらが通常の注意を用いても発見することができなかったと認めることができるとして，本件土地及び本件建物にかかる瑕疵があることは，いずれも隠れた瑕疵に当たると判示した。

2　解除の可否

本判決は，本件建物の傾斜は補修可能であり，補修工事は，Xらが居住したまま実施することができ，補修費用も売買代金を超えるものではないと認定した上で，本件建物の傾斜を補修することによって，本件建物は居住用建物として利用可能となり，売買契約の目的は達成できるとして，本件土地及び本件建物の売買契約を解除することはできないと判示した。

3　損害額

本判決は，Xらは，瑕疵担保責任に基づき，本件土地及び本件建物の売買契約を解除することができないから，本件土地及び本件建物の売買代金諸費用がXらの損害であると認めることはできないと判示した。

また，本判決は，XらがY₁に対して解除の意思表示をするにあたり，内容証明郵便を送付するために弁護士に依頼した際の弁護士費用については，必ずしも必要のあるものとはいえず，相当因果関係のある損害とは認められないと判示した。

さらに，本判決は，慰謝料につき，Xらが，本件建物の傾斜の補修に要する補修工事相当額の賠償を認容されることによっても，なお，回復されない精神的苦痛を被ったと認めるに足りる証拠はないと判示した。

これらに対して，補修費用並びに調査費用及び弁護士費用のうち一定額に

ついては，相当因果関係のある損害であると認められると判示した。

解　説

1　はじめに
Xらは，本件において，Y_1に対しては，瑕疵担保責任に基づく解除及び損害賠償請求並びにY_1が契約締結時にXらが損害を被らないように配慮する義務に違反した不法行為に基づく損害賠償請求を主張し，Y_2に対しては，安全上必要な措置を講ずる注意義務に違反した不法行為又は使用者責任に基づく損害賠償請求を主張するが，本稿においては，Y_1に対する請求に関する争点についてのみ論ずる。なお，XらのY_2に対する請求は，いずれも棄却されている。

2　建物の傾斜と土地建物の「隠れた瑕疵」
(1)　建物の傾斜と「瑕疵」
　地盤沈下や軟弱地盤が瑕疵に当たるか否かについて，多くの裁判例は，地盤の沈下状況又は建物の沈下状況・ひび割れの程度，地質，Ｎ値（地盤の硬軟を表す指標），地歴，土地造成及び建物建築の経緯，売買代金など諸般の事情から瑕疵該当性を判断しているが，本件のように，建物の傾斜角が大きければ，瑕疵が存在すると認められる傾向にある。

　本判決においても引用されているが，住宅の品質確保の促進等に関する法律74条に基づき定められた住宅紛争処理の参考となるべき技術的基準（平成12年建設省告示第1653号）では，木造住宅につき，勾配（凹凸の少ない仕上げによる壁又は柱の表面と，その面と垂直な鉛直面との交差する線（2メートル程度以上の長さのものに限る）の鉛直線に対する角度）が1000分の3未満であれば，構造耐力上主要な部分に瑕疵が存する可能性が低く，1000分の3以上6未満で瑕疵が一定程度存し，1000分の6以上で瑕疵の存する可能性が高いとされている。また，同じく本判決において引用されているが，日本建築学会が発行する『小規模建築物基礎設計の手引き』によれば，建物の傾斜が1000分の5で壁と柱の間にすきまが生じ，壁やタイルに亀裂が入り，窓・額縁や出入口枠の接合部にすきまが生じる障害が発生し，建物の傾斜1000分の10で柱が傾き，建具

の開閉が不良となり，床が傾斜して支障を生じる障害が発生するとされ，変形角の限界値は1000分の3から1000分の5と考えられるとされている。

本判決では，本件建物の最大傾斜角が約1000分の7から1000分の12程度であったことが，本件土地及び本件建物の瑕疵の判断に決定的な影響を与えたものと思料される。

本判決以外にも，傾斜角約1000分の8の事案（東京地判平19・4・6ウェストロー2007WLJPCA04068001），約70分の1の勾配の傾斜のある事案（千葉地松戸支判平6・8・25判時1543号149頁）において，瑕疵が肯定されている。その他，地盤沈下や軟弱地盤が土地ないし建物の瑕疵に当たるとされた裁判例として，仙台高裁平成12年10月25日判決（判時1764号82頁），東京地裁平成13年6月27日判決（判タ1095号158頁），京都地裁平成19年10月18日判決（裁判所HP），名古屋高裁平成22年1月20日判決（裁判所HP），山口地裁下関支部平成22年2月15日判決（欠陥住宅被害全国連絡協議会『欠陥住宅判例第6集』484頁（民事法研究会，2012））がある。

(2) 建物の傾斜と「隠れた瑕疵」

建物の傾斜は，通常，契約締結後短期間で生じるものではないことから，契約締結の前から存在したものである場合が多いが，目で見て直ちに傾斜していることが明らかな場合を除き，専門家の調査を経て明らかになるものであるから，一般的に，通常の注意を用いても発見することができなかったものといえ，「隠れた瑕疵」に当たる。

3 解除の可否

買主は，売買目的物に「隠れた瑕疵」が存在し，そのために，「契約をした目的を達成することができない」ときは，契約を解除することができる（民570条・566条1項）。当然，買主が売買契約を解除したとしても，上記損害賠償請求をすることは妨げられない（大判大10・2・10民録27輯255頁）。そして，契約目的不達成とは，瑕疵の程度や内容に照らし，瑕疵の補修が不可能な場合や，補修が技術的に可能であっても補修費用が特に多額となる場合をいうとされている（大判昭4・3・30民集8巻226頁）。

本判決は，補修が技術的に可能であること，補修工事自体がXらの居住状況に影響を与えないこと，補修費用が売買代金を超えるものではないこと

（売買代金が2850万円であるのに対し，補修費用は1830万円）を考慮し，契約の目的を達成することができないとまではいえないとして，契約の解除を認めなかったものである。

　これに対し，前掲東京地判平13・6・27は，軟弱地盤の土地であるため地盤沈下が発生した事案であるが，裁判所は，土地に隠れた瑕疵があると判断した上で，当該瑕疵の存在により，契約の目的を達成することができないとして，契約の解除を認めた。もっとも，かかる裁判例は，瑕疵を補修するために，抜本的な基礎工事のやり直しが必要となる上，その際に，建物の外構工作物及び1階床を全て撤去しなければならず，また，補修工事の間，当該建物を使用することができず，補修費用も建築費に匹敵する額となるなど，本判決とは事案を大きく異にするものである。したがって，かかる裁判例の判断は，本判決の判断と矛盾するものではない。

4　損害額

　瑕疵のために，目的物を補修する必要がある場合，補修費用は，損害に含まれる（前掲千葉地松戸支判平6・8・25）。補修費用は，現実にこれを支出したか否かにかかわらず，損害として請求することができる（東京地判平4・10・28判時1467号124頁，判タ831号159頁）。

　瑕疵を調査するためには費用が必要となるため，調査費用については，損害に含まれる。もっとも，当然，どのような調査でも損害と認められるわけではなく，契約締結のための通常の調査費用などは損害には含まれない。

【稲垣　　司】

6 通常の方法でピアノを搬入できない施工の瑕疵該当性

東京地裁平成24年11月13日判決（平成22年（ワ）第28201号）
LEX/DB インターネット25497547

争点

防音室の請負工事につき，通常の方法ではピアノを搬入することができないとの施工が瑕疵に当たるか

判決の内容

■ 事案の概要

建築請負業を営むXは，プロのピアニストであるYと，Yが居住を予定しているマンション（以下「本件居室」という）の一室をピアノ用の防音室（以下「本件防音室」という）に改装する工事に関する請負工事契約（以下「本件請負契約」という）を締結した。

しかし，工事を終えてYの依頼を受けた業者がピアノを搬入しようとしたところ，搬入経路のサッシ（以下「本件サッシ」という）開口部の高さが低く，ピアノを搬入することができなかった。

XはYに対し，本件請負契約に基づく請負代金等252万4200円の支払を求めたが，Yは，本件防音室の出入り口の幅を大きくするなど修補を要するとして，瑕疵修補に代わる損害賠償及びピアノの練習ができない状況に置かれたことによる精神的苦痛についての損害賠償を主張して，支払を拒んだ事案である。

■ 判決要旨

Xは，本件居室を現地調査し，共用廊下側から本件サッシを通ってピアノ

を搬入する経路について検討してYに提案し，これを前提とする施工をすることを決定したが，本件サッシから本件防音室内にピアノを搬入することは不可能ではないものの，ピアノメーカーが推奨する方法で安全にピアノを搬入すること，言い換えれば，人数を増やしたり特別な器具を準備したりせずに通常の方法でピアノを搬入することは不可能というべきである。そして，Xは，本件防音室がピアノの練習用に作られることを当然認識していたものであるから，Yの同意を得ることなく，本件防音室内に通常の方法ではピアノを搬入することができず，かつ，ピアノや本件サッシを破損する危険性が高くなるような施工をすることは，本件請負契約において当然に要求される施工水準を満たさないものであるとして，裁判所はXの施工の瑕疵を認めて，XのYに対する本件請負工事代金から，瑕疵修補に代わる損害賠償金等を控除した147万1806円の限度でXの請求を認容した。

解　説

1　「瑕疵」の意義

　民法634条の「瑕疵」については，取引において一般に期待されるところの，その種類のものとして通常有すべき品質・性能を基準に判断すべきであるとする客観説（客観的瑕疵概念）と具体的契約内容と関連づけてとらえられるものであって，契約当事者が契約において予定した使用適性の欠如を基準に判断すべきとする主観説（主観的瑕疵概念）がある。

　判例・通説は主観説（主観的瑕疵概念）に立つとされ，瑕疵の有無を，まず契約によって定められた内容をもって，それが不明確な場合は諸般の事情から契約内容を合理的に解釈して判断しているとされる。また，建築物の請負契約においては，反対の意思表示のない限り，建築基準法所定の最低基準が契約内容となっていると解釈するのが合理的であるとされる（山地修「請負人の瑕疵担保責任における『瑕疵』概念について」判タ1148号4頁）。

　近時の判例としては，最高裁平成15年10月10日判決（判時1840号18頁，判タ1138号74頁）が，請負契約における約定に反する太さの鉄骨が使用された建物建築工事に瑕疵があるか否かが争われた事例で，建物建築工事の請負契約

において、耐震性の面でより安全性の高い建物にするため、主柱について特に太い鉄骨を使用することが約定され、これが契約の重要な内容になっていたにもかかわらず、建物請負業者が注文主に無断で前記約定に反し、主柱工事につき約定の太さの鉄骨を使用しなかったという事情の下では、使用された鉄骨が構造計算上、居住用建物としての安全性に問題がないものであっても当該工事には瑕疵があると判断しているように、当該当事者が約定により有すべきものとした性能・形状が何であったかを確定させた上で瑕疵の有無が判断されている。

2　本判決の意義

本件請負契約の内容は、ピアノ練習用の防音室の工事であり、どのモデルのピアノの搬入についての合意があったかについては争いがあるものの、ピアノを本件防音室に搬入することが本件請負契約の内容になっていたことについては、争いがない。

問題は、ピアノの搬入が、寸法に照らせば物理的に不可能ではないが、ピアノメーカーが推奨する、本体寸法プラス10センチメートルの余裕を持たせての搬入を可能にすることまでが本件請負契約において施工水準となっていたかという点である。

この点本判決では、事前に梱包を解くことによって、ピアノメーカーが推奨する10センチメートルの隙間が必要不可欠であるとまではいえないものの、梱包を解けばピアノ本体の破損のリスクが高まるし、まして本件のようにピアノを持ち上げて搬入をする場合の破損のリスクは尚更であるとし、またサッシレールにマットを敷くなどすれば今度はマットの厚さ分だけ開口部の高さが減少してしまい、搬入が困難となるとして、ピアノメーカーが推奨する方法以外での搬入のリスクを検討している。その上で、暗に当該推奨の方法での施工が当事者間において要求されていたことを認定して、これを前提に本件では、物理的に搬入は不可能ではないものの、当該推奨の方法で安全にピアノを搬入すること、すなわち人員を増やしたり、特別な器具の準備をすることなしに、通常の方法でピアノを搬入することはできないのであるから、要求される施工水準を欠くと判断する。

すなわち、本判決は単に防音室を工事し、ピアノを搬入するという結果の

みならず，破損等のリスクを考慮していかなる搬入方法が要求されていたかという過程にも着目し，この搬入方法についても当事者の意思解釈を行っているという点において，従来の主観説（主観的瑕疵概念）の考え方を一歩進めたものと評価できる。今後，他の事例においても，単なる成果物の結果のみならず，その使用目的に照らしてどのような施工が契約内容とされているか，より踏み込んだ検討が求められるのではないだろうか。

　また本判決では，瑕疵修補について，Xが自社で工事することを前提に，他社に比して安価な見積りを提出しているのに対し，「瑕疵修補に代わる損害賠償の場面では，請負人以外の第三者が修補を行うことを前提にして修補費用を算出すべきであるところ，原告以外の業者が防音工事の修補を行う場合，防音室の構造を把握するところから作業を開始する必要があり，その分，費用が余計に掛かることは否定でき」ないとして，当該見積りを採用することはできないとしている。請負人以外の第三者が工事をすることで余計にかかってしまう費用（構造の把握，採寸の費用等）も当然に修補費用として肯定されるとするもので，この点にも本判決の意義があるといえる。

【堀岡　咲子】

7 ガケ条例に基づく擁壁設置義務と隠れた瑕疵

東京地裁平成25年2月5日判決（平成22年(ワ)第44372号）
ウエストロー・ジャパン2013WLJPCA02058002，LEX/DBインターネット25510743

争点

1　東京都建築安全条例の適用を受け，同条例に基づく擁壁設置義務を負担する土地であることが隠れた瑕疵に当たるか
2　上記瑕疵によって契約をした目的を達することができないか否か
3　被告による詐欺行為の有無
4　原告の受けた損害の有無・金額

判決の内容

■ 事案の概要

Xは，Yから土地を購入する（以下「本件売買契約」という）とともに，Yとの間で建物建築請負契約（以下「本件請負契約」という）を締結したところ，目的物である土地（以下「本件土地」という）には東京都建築安全条例6条（ガケ条例）が適用され，予定した建物の建築ができないとの瑕疵がある。また，Yはその旨を故意に告げなかったとして，XはYに対し，選択的に，①売買契約の瑕疵担保責任による解除に基づく原状回復請求及び損害賠償，又は②売買契約及び請負契約の詐欺取消しによる不当利得返還請求ないし不法行為に基づく損害賠償を求めた。

■ 判決要旨

1　本件土地は，その北側隣地が高さ2メートルを超えるガケとなっているためガケ条例の適用を受け，既存擁壁もガケ条例の所定の要件を満たすも

のではなかったことから，本件土地に予定していた木造の建物を建築するには，本件土地上に高さ2メートルを超える擁壁を新たに設置しなければならないとの規制を受けるのであり，本件土地には瑕疵がある。

　買主であるXにおいて，瑕疵を知らなかったことにつき過失があるとはいえないときは，売買の目的物に隠れた瑕疵があると認めるのが相当である（最判昭41・4・14民集20巻4号649頁参照）。Xは，仲介業社から，重要事項説明の際に，本件土地が東京都建築安全条例6条の適用を受ける可能性がある旨の説明を受けた事実が認められるものの，不動産業者であるY自身，本件土地と北側隣地の高低差が2メートル以上あるのか否か，既存擁壁がガケ条例所定の要件を満たすものであるのか否かについて判断できなかったというのであるから，一般消費者であるXにおいて，本件土地に予定していた木造の建物を建築するには，本件土地上に高さ2メートルを超える擁壁を新たに設置しなければならないとの規制を受けることを知らなかったことに過失がない。よって，隠れた瑕疵がある。

　2　①Xは，Yから，本件建築予定建物が建築できるとの説明を受けて本件土地を購入し，②その後，Yとの複数回の打合せの後，本件建築予定建物と形状及び大きさがほぼ同じである間取り決定確認書の建物を建築することとしたところ，③ガケ条例の適用による規制により防護壁を設置せざるを得なくなったものの，④建物自体は，間取り決定確認書の建物とほぼ同じ建物を建築することができるものと認められるから，本件土地にガケ条例の適用を受けることにより規制を受けるという瑕疵があることにより契約をした目的を達することができないとまでは認められない。

　「したがって，Xは瑕疵担保責任（民法570条）に基づき本件土地売買契約を解除することはできず，解除に基づく原状回復請求としての売買代金等の返還請求は理由がない。」

　3　Yが，ガケ条例の適用の可能性があることを告知していること，他の区画に関してはガケ条例の適用があることを告知していること等の事実からすると，Yに詐欺の故意があったとは認められない。

　「したがって，Yの詐欺を理由に本件土地売買契約及び本件請負契約を取り消すことはできないから，XのYに対する売買代金等の返還請求は認めら

れない。また、不法行為に基づく損害賠償請求も認められない。」

 4 本件売買契約において本件土地には隠れた瑕疵があると認められるから、XがYに対していわゆる信頼利益について損害賠償請求をする余地があるものと認められるが、本件でXが請求している損害等の内容は、いずれも、瑕疵担保責任に基づく本件土地売買契約の解除が認められた場合に生ずる損害であると認められるから、本件土地売買契約の瑕疵担保責任に基づく損害賠償として請求することができるものとは認められない。

解　説

1　擁壁設置義務を負担する土地であることが隠れた瑕疵に当たるか

　売買契約における瑕疵とは、取引上通常有すべき品質・性能を欠く場合又は売買契約上予定した性質を欠いていることと解されている（なお、かかる解釈は、民法改正後の「契約不適合」にも、そのまま妥当するものと考えられる）。

　本件において、Yは、擁壁を設置してもXが希望した建物とほぼ同一の間取り・面積の建物は建てられる以上、瑕疵に当たらないと主張していたものの、裁判所は、擁壁設置義務を負担することを挙げて瑕疵を認めている。通常の住宅用の土地取引においては、買主は、土地自体に特段の費用を費やさなくても、建築を予定していた建物が建てられると期待して土地を購入すると考えられる以上、擁壁の設置という特段の費用を費やさないと建物が建てられない本件土地は、取引上通常有すべき品質・性能を欠くといえるであろう。また、本件では、XY間で建物建築請負契約も締結され、建物の具体的内容までは定まっていなかったものの、参考プラン（本件建築予定建物）を元に打合せをして決定することとなっていたのであるから、参考プランと大差ない建物の建築に際しては、土地自体に特段の費用を要さないことは売買契約上予定されていたものといえる。したがって、瑕疵を認めたのは当然と考えられる。

　なお、名古屋高裁平成22年1月20日判決（ウエストロー2010WLJPCA01209006）、名古屋高裁平成26年10月30日判決（ウエストロー2014WLJPCA10306002）は、売買目的地が軟弱地盤であり、建物の不同沈下を防ぐための地盤改良が必要な

場合，ないし既に建物に不同沈下が生じている場合につき，土地の瑕疵に当たるとしている。

2　上記瑕疵によって契約をした目的を達することができないか否か

本件売買契約の目的は，ＸＹ間で本件請負契約も締結されている以上，本件請負契約で建築することと定められた建物の建築であることは明白といえる。そして，間取り決定確認書の建物とほぼ同じ建物を建築することができるものと認められるのであるから，上記瑕疵が存在しても契約目的は達成できるであろう。

3　本判決における詐欺行為の有無の認定

当然ながら，隠れた瑕疵が存在したからといって，直ちに売主に詐欺行為が認められるわけではなく，売主の説明の内容や瑕疵の発見の容易性等の様々な事情から詐欺の有無が判断されることになろう。本件においては，仲介業者の重要事項説明においてガケ条例適用の可能性は告知されていること，Ｙが他の区画に関してはガケ条例の適用があることを告知していること，Ｙが主張する行政判断の予測が困難であった事情に関して，特段不自然・不合理な点は認められないこと等の事情から，Ｙの詐欺の故意を認めなかった。

4　本判決における損害の有無・金額の認定

契約の目的は達成できると判断されているところ，Ｘの請求は，契約が達成できないことを理由とした解除を前提とするものであったため，原状回復請求及び損害賠償請求は棄却されている。

なお，本判決は，隠れた瑕疵が存在することは肯定し，信頼利益について損害賠償できる余地は認めていることから，Ｘが当該請求をしていれば認容された可能性があるといえる。

【大橋　正典】

8 専門委員の説明と瑕疵の認定

大阪地裁平成25年2月26日判決（平成22年(ワ)第136号，平成23年(ワ)第1926号）
判例タイムズ1389号193頁

争点

1 瑕疵の有無
2 損害（瑕疵の補修方法）

判決の内容

■ 事案の概要

(1)Yから共同住宅（鉄筋コンクリート造陸屋根14階建の共同住宅。以下「本件建物」という）の建築を請け負った建築業者であるXが，同請負契約に基づく工事は完成したとして，Yに対し，同請負契約に基づき，残代金15億8145万円及びこれに対する各弁済期の後から支払済みまで約定の遅延損害金の支払を求めた事案（甲事件）と，(2)Yが，本件建物には多数の瑕疵が存在するなどとして，〔1〕Xに対しては瑕疵担保責任又は不法行為に基づき，〔2〕Xの取締役であった乙事件被告A，同B及び同Cに対しては会社法429条1項に基づき，〔3〕Xの従業員であった乙事件被告D及び同Eに対しては不法行為に基づき，〔4〕乙事件被告F及び同Gに対しては，本件建物を設計した株式会社W（以下「W社」という）の従業員であったとして，不法行為に基づき，〔5〕Xの親会社である乙事件被告Z電鉄に対しては，同被告はXの保証人である，又はXの不法行為を幇助し若しくは債務不履行に加功したとして，保証契約又は不法行為に基づき，損害賠償金37億9114万2025円（建替費用相当額30億7785万2292円を含む）及びこれに対する平成21年11月14日から支払済みまで民法所定の年5分の割合による遅延損害金の連帯支払を求めた事

案（乙事件）とからなる。

■ **判決要旨**

1 瑕疵の有無

(1) 屋根スラブ増し打ちによる加重の増加によっても，許容応力度計算によれば安全性が確かめられ，屋根スラブの増し打ち（荷重）は，瑕疵には当たらない。

(2) 耐震スリットの位置がずれている箇所や壁コンクリート内で変形している箇所があり，瑕疵に該当する。

(3) 基礎梁に幅0.3mm以上のクラックが数十箇所に発生していること，当該クラックから漏水が発生している箇所が認められ，これらの事実を総合すると，何らかの施工不良があることを推認でき，通常の施工として許容することができないものとして瑕疵に当たる。

(4) 梁貫通補強部に関して，貫通補強材の設計方針は，有孔梁実験値の式により求められるせん断力に余裕度（$a01$，$a0m$）を乗じたもの（Qu）が，①無孔梁のせん断終局強度（QSU1，QSU2）に余裕度（$a1$，$a2$）を乗じたもの（QDS1，QDS2）又は②梁両端曲げ終局強度時せん断力（Qmu）に上限耐力係数（$am=1.35$）を乗じたものに単純支持した梁に作用する長期せん断力（Q0）を加えたもの（QDm）以上となるように設計するというものであることが認められる。そうすると，設計上の「補強筋の強度は無孔梁の終局耐力の1.2倍以上」とするという指示が，上記のような方法によって求められるQu/QD（QDS1，QDS2又はQDm）が1.2以上となることと同義であるとは必ずしもいえないというべきである。したがって，上記のとおりQu/QDが1.2を下回る箇所があるからといって，直ちにこれが設計上の指示に反する瑕疵に当たるものとはいえない。

(5) 配筋標準図によれば，本件建物の梁の貫通補強については，設計上，「φが100かつD/8未満のとき，補強を必要としないが，あばら筋を切断してはならない」ことが指示されていたにもかかわらず，基礎梁の貫通孔について，φ（直径）が100mm以上であるにもかかわらず貫通補強材が施工されていない箇所や，後から貫通孔を設けたためにあばら筋が切断された箇所が合

〔8〕大阪地裁平成25年2月26日判決（平成22年(ワ)第136号，平成23年(ワ)第1926号）

計5箇所（同じ区画内に複数の貫通孔がある場合，1箇所と数える）あること，鉄筋コンクリート造の建築物の梁に貫通孔を設ける場合，せん断強度を回復するために補強を要することがままあること（当裁判所に顕著）をも考慮すると，直径100mm以上の基礎梁の貫通孔について貫通補強材が施工されていない点は，設計上の指示に反し，通常の施工として許容することができないものとして瑕疵に当たる。

(6) サブエントランスと車道との間に排水溝は設置されていないものの，通常の施工として許容することができないとまでは認められない。引渡しから3年以上経過した現在に至るまでにサブエントランスから流入した雨水によりエントランスが浸水したことがある事実を認めるに足りる証拠はない。よって，瑕疵に当たらない。

(7) ペット洗い場の排水と汚水系統との不分離は，ＸＹ間の合意によるものであり，瑕疵に当たらない。

(8) 雨水会所に接続された流入管の径が150mmであるのに対し流出管の径が100mmであること，及びステンレス竪樋を受ける会所が丸形であり袴金物が設置されていないことは通常の施工として許容することができないとまでは認められず，瑕疵に当たらない。

(9) 地下ピットへの釜場設置は設計図書に基づくものであり，通常の施工として許容することができないとまでは認められないから，瑕疵に当たらない。

(10) 地下ピットの逆勾配は計画どおりの排水ができない施工となっており，この点は通常の施工として許容することができないものとして瑕疵に当たる。

(11) 地下ピット排水管不設置は設計上の指示とそごしているものの，排水溝ではなく排水管を設置することが設計上重要であった，又は排水管を設置すべきところ排水溝を設置したことによって特に不都合が生じるという事実を認めるに足りないため，瑕疵に当たるとまではいえない。

(12) 屋内機械駐車場へのガソリントラップ不設置は指示に反するものであるものの，ガソリントラップの設置場所についての約定が重要であるものとは認められず，機能上特に支障があるものとも認められないため，瑕疵に当

たるとまではいえない。

(13)　屋外機械駐車場ピット内のガソリントラップが高い位置に設置されており，メンテナンスがしにくいと考えられるものの，通常の施工として許容することができないとまではいえないから，瑕疵に当たらない。

(14)　雨水貯水槽内ポンプは既に補修されている。

(15)　雨水貯水槽タラップの不適切な位置及び途中までしか設置されていないことは，通常の施工として許容することができないものとして瑕疵に当たる。

(16)　雨水放流配管が雨水貯水槽底部から6m上部に設置されていることは，専門委員の説明等によれば，通常される施工でなく，また配管と雨水貯水槽の水面との落差からして，降雨量が多い日の放流音が相当大きくなることが認められ，通常の施工として許容することができないものとして瑕疵に当たる。

(17)　屋上スラブ天端（RSL）からパラペットのアゴ下端までの高さを260mmとすることが指示されているところ，現状ではこれが100ないし250mmとなっており，屋上スラブの上に断熱材及び防水層が施工されていることからこれらの天端からアゴ下端までのすき間が最小で40mmとなっている箇所があることが認められ，現状の施工は設計上の指示とそごしている。しかし，この点が防水上の機能を特に損なっているものとは認められないことなどに照らすと，この点が瑕疵に当たるとまではいえない。

(18)　排水通気管の防水立上り端部にカバーが設置されていないものの，排水通気管の上からかぶせるベントキャップが非常に深いことから，カバーが設置されていないことが通常の施工として許容することができないとまではいえず，瑕疵に当たらない。

(19)　排水通気管外側を覆っている鋼管のさび，当該鋼管とその外側の塩ビ管とのすき間を埋めるコーキングバックアップ材として水道管保温材が転用されていることは通常の施工として許容することができないものとして瑕疵に当たる。

(20)　専門委員の説明等によれば，電気室内の高圧受電施設の近くに上階からの排水管が施工されており，排水管のメンテナンス時や排水管から漏水が

〔8〕大阪地裁平成25年2月26日判決（平成22年(ワ)第136号，平成23年(ワ)第1926号）

生じた場合に事故が生じるおそれがあり，通常の施工として許容することができないものとして瑕疵に当たる。

(21)　梁型底部へのボーダータイル施工はタイルが落下するおそれがあり通常の施工として許容することができず瑕疵に当たる。被告担当者が出席した定例打合せの場において，上記施工を示す施工図が承諾された事実が認められるものの，上記施工の危険性に加え，工事監理者や原告から被告に対してこの点について説明された形跡がないことなどに照らすと，上記承諾があったとしても前記認定判断を左右しない。

(22)　屋内駐車場タラップが片側溶接しかされていないこと，簡易梯子の間隔が約60cmであることは通常の施工として許容することができないものとして瑕疵に当たる。

(23)　屋外機械駐車装置のパレットと周辺部（ピット開口）との間に4ないし6cmのすき間が空いているところ，このすき間に子どもが足を挟むなどの危険があり，修補するのが相当であることが認められ瑕疵に当たる。

(24)　エントランスホール開口部の水切り部に周囲の外壁と同じタイルが使用され，排水について特段の配慮がなされていないところ，これは排水不良を招くもので通常の施工として許容することができず瑕疵に当たる。

2　損害（瑕疵の補修方法）等（重要な部分のみ）

(1)　耐震スリット補修に関しては，必要最小限のコンクリートを撤去した後，正規の位置に耐震スリットを施工し，無収縮グラウト材を充填して復旧する方法によるのが相当である。柱全体や壁全体のコンクリートを撤去し打設し直す必要はない。

(2)　基礎梁の漏水に関しては，貫通クラックは注入止水材をひび割れ内部等全体に高圧で注入する方法，それ以外のクラックについてはエポキシ樹脂モルタル等を充填する方法により修補するのが相当である。基礎梁の相当部分を解体撤去して打設し直す必要性は認められない。

(3)　あばら筋が切断されている箇所については，あばら筋部分をはつりだして溶接補強の上グラウト材で復旧するなどの方法により修補するのが相当である。不適切な貫通孔の周りのコンクリート壁を貫通孔の中心から左右1m以上にわたって全部撤去し，貫通補強及び配筋をやり直し，コンクリー

トを打設し直すなどの方法の必要性は認められない。

(4) 瑕疵修補工事費の合計は1033万3930円であるところ，その工事内容等に照らし，諸経費等としてその15％に相当する155万0089円（円未満切捨て）を認めるのが相当である。これらの合計に消費税を加えると，1247万8219円となる。

(5) 補修工事に要する期間を3か月と認定し，当該期間の得べかりし家賃，引越し費用等に入居戸数を乗じた4352万円を入居者仮住まい費用として認定したほか，調査費用として1500万円，弁護士費用として600万円を認定した。一方，本件建物に瑕疵がなければ，全区分所有建物を予定価格で売却することが可能であったことを理由とする逸失利益及び本件瑕疵により新規のマンション分譲販売計画が頓挫したことによる逸失利益の主張並びに信用毀損による損害及び慰謝料の主張については，否定した。

(6) YのXに対する瑕疵担保責任に基づく損害賠償請求権（乙事件）をもって，Xの甲事件に係る残代金請求債権とその対当額において相殺し，Xは，Yに対し，本件請負契約に基づき，残代金15億0445万1781円及びこれに対する相殺の意思表示の日の翌日である同月23日から支払済まで約定の遅延損害金の支払を求める権利を有しているとした。

乙事件については，XのYに対する損害賠償債務は，前記相殺により消滅したとするとともに，仮にXを除く乙事件被告らについて損害賠償債務が発生したとすると，この債務とXのYに対する損害賠償債務とは，同一の瑕疵を原因とする同一の損害を填補するものであるから，不真正連帯債務の関係に立つものと解するのが相当であり，上記相殺の効力はXを除く乙事件被告らの損害賠償債務にも効力を及ぼすこととなるとし，その余について判断するまでもなくYのXを除く乙事件被告らに対する請求はいずれも理由がないとした。

解　説

1　専門委員の説明と「弁論の全趣旨」

専門委員制度は，建築訴訟を初めとする専門的知見を要する事件の審理に

おいて，裁判所が専門家の関与を求めるものであり，建築訴訟においても付調停とあわせて広く活用されている。

　もっとも，専門委員は，裁判所のアドバイザーとして中立性・公平性の確保が要請されるものであって，争点等について「説明」するのがその役割であるから，意見ないし評価を述べたり，当事者の主張を支持あるいは否定することは原則として認められていない（小久保孝雄＝徳岡由美子編著『リーガル・プログレッシブ・シリーズ14建築訴訟』7頁以下（青林書院，2015））。

　ただ，現実には，専門委員から評価を含む説明がなされることもしばしばであり，当事者に対して十分な手続保障が与えられれば，これを「弁論の全趣旨」として事実認定の資料とすることも，専門委員制度の趣旨に反するものではないといえる。

　本件においても，上記の観点から，専門委員からの（評価を含んだ）説明を訴訟資料とすることにつき当事者の同意を得て，当事者に対して当該説明を踏まえた主張立証の機会が与えられた上で，弁論の全趣旨として判決の基礎としたものである（林圭介「専門委員の関与のあり方—理論的考察と関与モデルの紹介」判タ1351号4頁以下）。

2　瑕疵原因と瑕疵現象

　「瑕疵」は現実に建物に生じた現象（クラック，漏水等）をいうのではなく，あくまでもその現象を生じさせた原因としての施工不良をいうものと解される（齋藤隆編著『建築関係訴訟の実務〔3訂版〕』178頁（新日本法規出版，2011）等）。

　したがって，建築訴訟において原告が主張立証責任を負うのは，上記の具体的な施工不良の事実であるが，これを直接立証することが困難であるケースも少なくない。

　本判決は，多数のクラック発生，漏水の発生という「瑕疵現象」から，基礎梁に関する何らかの施工不良という「瑕疵原因」を推認するという事実認定の手法を用いたものである。

　建築訴訟においては，当事者において，この「瑕疵現象」と「瑕疵原因」が混同されている例も多くみられるところであり，両者を明確に区別して推認を行った本判決は，実務上参考になるものと考えられる。

【大橋　正典＝宮田　義晃】

9 品確法94条1項の瑕疵該当性

東京高裁平成25年5月8日判決（平成24年(ネ)第5250号・同第6814号）
判例時報2196号12頁，判例タイムズ1395号180頁

争点

1　木製窓等に構造上固有の瑕疵，設置上の瑕疵があるか
2　上記窓のうち，両開き窓・連窓について，防火認定を受けていないという瑕疵があるか
3　上記窓の瑕疵は品確法94条1項の「雨水の浸入を防止する部分」の瑕疵に当たるか
4　建物建築工事のうち，木製窓等の部材購入及び施工を請け負っただけの者が品確法94条の請負人に当たるか
5　損害として補修工事（窓取替工事）費用，慰謝料，調査費用，弁護士費用が認められるか

判決の内容

■ 事案の概要

　土地上に建物を新築したXらが，建物の設計監理契約の相手方であり，本件建物の木製窓等の部材購入（部材供給）及び施工を請け負った被告会社Y₁（なお，本件建物の建築は訴外会社が請け負っている），Y₁の代表取締役であるY₂，Y₁の従業員で建物の設計者であるY₃に対し，本件建物の木製窓等からの雨漏りについて，不法行為に基づく損害賠償，使用者責任，商法（平成17年法律第87号による改正前）261条，78条，民法（平成18年法律第50号による改正前）44条1項の責任に基づく損害賠償，債務不履行に基づく損害賠償，売買契約の瑕

瑕疵担保責任に基づく損害賠償、商法266条の３に基づく損害賠償を求めた。

原審は、Ｘらの請求を一部認容（一部の瑕疵のＹ₁の瑕疵担保責任について）、その余を棄却したため、Ｘらが控訴し、Ｙ₁が附帯控訴をした事案である。

なお、控訴審においては、Ｙ₁に対する瑕疵担保責任の請求根拠について、売買契約の瑕疵担保責任から請負人の瑕疵担保責任に変更されている。また、木製枠等の瑕疵に関して、防火認定の欠如が追加的に主張されている。

■ **判決要旨**

1　木製窓等に構造上固有の瑕疵があるとは認められないが、一部木製窓につき、圧着調整が不十分な点や、ガスケットの取付方法に不備があり、設置上の瑕疵が認められる。

2　本件建物に設置する窓について、防火認定を受けている必要があることについては、当事者間で争いがないところ、防火認定書に記載されているのは内開き・内倒し窓の片開き窓のみであり、両開き窓や両開き窓と片開き窓の組合せ、片開き窓だけの組合せは記載されていない。連窓については、防火認定において申請された窓幅を超えている。したがって、両開き窓・連窓は防火認定の対象に含まれず、瑕疵に当たる。

3　本件木製窓等の設置や防火認定に係る瑕疵は、品確法94条１項「雨水の浸入を防止する部分」の瑕疵に該当するところ、本件木製窓等の引渡しが平成15年７月と認められ、本件訴訟提起は平成20年２月７日であるから、除斥期間は経過していない。

4　Ｙ₁は、本件建物の新築に当たり、同建物に設置する本件木製窓等の施工部分について、Ｘらとの間で請負契約を締結したものであるから、品確法94条の請負人に当たる。

5　(1)　防火認定を受けていない窓の取替費用、設置上の瑕疵があり取替えが必要と認められる窓の取替費用は損害として認められ、ガスケット交換・建付調整が必要な窓について補修費用が損害として認められる。

(2)　Ｘらが窓等の変色に気付いてから専門家に見てもらうまで１年以上が経過していること等から、過失相殺的な処理として、工事代金から５％を控

(3) 慰謝料請求を認容するほどの事情は認められない。

(4) XらがY₁らに対して雨漏り発生について連絡していれば、Y₁が考えうる補修がなされるであろうこと等から、調査費用及び弁護士費用について、相当因果関係は認められない。

▎解　説

1　木製窓の構造上の固有の瑕疵

　本判決は、木製窓であることを前提として構造上の固有の瑕疵の有無を判断すべきとして、木製窓では、塗装の剥がれや変色等が生じた場合は再塗装などして雨水が内部に浸入するのを防ぐ必要があるとしている。その上で、製品製作当初からの接着剤の隙間とは認められない、木材の接合部が無塗装であることは構造上の固有の瑕疵とはいえない、木製窓の障子の下桟にアルミ製水切がない製品も市場に出回っている以上、当該水切がないことは構造上の固有の瑕疵とはいえないとして、構造上の固有の瑕疵は全て認めていない。当該判断は、木製窓がもともと腐食しやすいことを前提とした判断と考えられる。

2　木製窓の設置上の瑕疵

　ガスケットの取付方法については、原告側と思われる証人の証言等及び調停委員会がガスケット交換を提案していたことを根拠に不備を認定し、設置上の瑕疵が認められるとしている。

3　防火認定の有無と瑕疵

　木製窓の防火認定の有無に関しては、防火認定書やその附属書類の記載上、認定されていることが明らかなもの以外は防火認定されていない瑕疵を認めている。防火性という安全性に関わるものであるため、厳格に判断したと解される。

4　品確法94条1項の「雨水の浸入を防止する部分」の瑕疵

　品確法（住宅の品質確保の促進等に関する法律）は、94条1項において、「住宅を新築する建設工事の請負契約（以下「住宅新築請負契約」という。）にお

いては，請負人は，注文者に引き渡した時から十年間，住宅のうち構造耐力上主要な部分又は雨水の浸入を防止する部分として政令で定めるもの（次条において「住宅の構造耐力上主要な部分等」という。）の瑕疵（構造耐力又は雨水の浸入に影響のないものを除く。次条において同じ。）について，民法（明治29年法律第89号）第634条第1項及び第2項前段に規定する担保の責任を負う」旨規定している。

そのため，建築紛争において，引渡しから10年間の瑕疵担保責任が認められる「構造耐力上主要な部分又は雨水の浸入を防止する部分として政令で定めるもの」の瑕疵であるか否かはきわめて重要である。

本判決が，本件木製窓等の設置や防火認定に係る瑕疵は，品確法94条1項「雨水の浸入を防止する部分」の瑕疵に該当すると判断した点は，窓が「雨水の浸入を防止する部分」に当たることは明白である（品確法施行令5条は，品確法94条1項の「雨水の浸入を防止する部分」として「住宅の屋根若しくは外壁又はこれらの開口部に設ける戸，わくその他の建具」を明示している）以上，当然の判断と思われ，その判断自体が特殊なものではないが，公刊物上，品確法の適用を明示した最初の裁判例である点に意義がある。

基礎からの雨水の浸入や，地下室の位置付け等，上記の「構造耐力上主要な部分等」に該当するかの判断が容易でないケースも少なくなく，将来予定される民法改正後も品確法上は「瑕疵」概念が維持されることから，品確法上の瑕疵の解釈については，今後の裁判例の蓄積が期待されるところである。

5　過失相殺的な処理による控除及び相当因果関係

本判決は，原告らが窓等の変色に気付いてから専門家に見てもらうまで1年以上が経過していること等から，「過失相殺的な処理」として工事代金から5％を控除するとともに，原告らが被告らに対して雨漏り発生について連絡していなかったこと等から調査費用及び弁護士費用については相当因果関係は認められないとしている。

これらの点は，瑕疵現象が発生した場合は，早急に対応を取るべきことを示唆するものであり，施主側にとっては酷とも思われる（施主ないし購入者側において，瑕疵現象発生から直ちに専門家に相談する（できる）例は必ずしも多くないと

考えられる）が，施主ないし購入者側の代理人として活動する弁護士としては，本判決のような考え方が存在することを念頭に置く必要があるといえる。

【大橋　正典＝宮田　義晃】

〔参考文献〕
・　宗宮英俊・NBL 1017号68頁

[10] コンクリート杭と六価クロムの存在する土地の売買契約における瑕疵の有無

東京地裁平成25年11月21日判決（平成24年(ワ)第26150号）
ウエストロー・ジャパン2013WLJPCA11218004，LEX/DBインターネット25515985

争 点

1　コンクリート杭の存在が土地売買契約における土地の瑕疵といえるか
2　法の規制値を超える六価クロムによる土壌汚染が売買契約当時に存在していたか，及び当該土壌汚染が売買契約における「隠れた瑕疵」といえるか
3　商法526条2項により買主である原告の請求が制限されるか
4　原告の被った損害額

判決の内容

■ 事案の概要

　Xは，自社ブランドマンションの企画・開発・販売等を業とする株式会社であり，宅地建物取引業者である。Yは，建築工事及び土木工事の設計施工等を業とする株式会社である。
　XとYは，Xが本件土地上に12階建てマンションを建築することを前提として，平成23年11月21日，地番を28番1，同番2，同番3，同番4，同番5及び同番9とする土地（以下，これらを併せて「本件土地」という）並びに28番地1所在の建物及び28番地2所在の建物（以下，これらの建物を併せて「本件建物」という）を目的とし，売買代金額を6億6000万円とする売買契約を締結した。
　Xは，平成24年1月5日から同月13日までの本件建物基礎コンクリート解

体工事中に，28番9の土地の地中に合計4本のコンクリート杭（以下「本件コンクリート杭」という）の存在を確認した。

　Xが，平成24年3月17日，訴外Kに土壌調査を委託したところ，28番5の土地上の地点の表層－250ミリメートルの土壌から法定の基準値（土壌汚染対策法6条1項1号，同法施行規則31条1項，同別表第三に定められた基準値。以下同じ）である0.05mg/Lを超える0.21mg/Lの量の六価クロムの溶出が認められるとの調査結果が出された。その後，28番4の土地上の地点及び28番2及び同番5の土地上の地点においても，法定の基準値を超える量の六価クロムの溶出が認められるとの調査結果が出された（以下，これらの調査結果によりXが主張している本件土地の六価クロムによる土壌汚染を「本件土壌汚染」という）。

　Xは，訴外Tに対し，本件コンクリート杭引抜工事を代金97万6500円で，本件土地の土壌調査及び汚染土処理工事を代金726万6000円で，それぞれ発注し，これらを支払った。

　Xは，Yに対し，両工事代金合計824万2500円の支払を求めたが，Yがこれに応じなかったため，売主の瑕疵担保責任としての損害賠償請求を求める訴訟を提起した。

■ **判決要旨**

1　コンクリート杭の瑕疵該当性

(1)　瑕疵判断

　民法570条にいう「瑕疵」とは，目的物に何らかの欠陥があることをいうところ，何が欠陥に当たるかについては，当事者の合意，契約の趣旨に照らし，通常の又は特別に予定されていた品質・性能を欠くか否かによって決せられるというべきである。

(2)　コンクリート杭の瑕疵該当性

　本件売買契約では本件土地上にXが地上12階建ての本件マンションを建築することが予定されていたのであるから，本件売買契約において，本件土地について本件マンションを建築することのできる品質・性能を有することが予定されていたといえるところ，本件コンクリート杭が存在することにより，Xは本件マンション建築に必要なピットの設置及び杭を打つことがで

きないのであるから、本件コンクリート杭は瑕疵に該当するというべきである。

2 土壌汚染の発生時期及び瑕疵該当性
(1) 土壌汚染の発生時期

ア　Yは、本件売買契約後に取り壊された本件建物の解体工事によって本件土地が六価クロムによって汚染されたと主張するが、本件土地において六価クロムが検出された地点と、本件建物が所在していた地点は異なる。また、重金属は、一般に、水に溶けにくく、かつ土壌に吸着されやすいため、汚染源が地上にある場合は、地表近くの土壌中に吸着し、地盤深部までは拡散しないことが多いとされ、さらに、六価クロムは、水に対する溶解度が高く、移動性が高いため、雨水等の地下浸透とともに地盤近くまで拡散することがあるなどとされているところ、上記認定のとおり、深度調査によると、六価クロムが地下に浸透していることが認められること、特に本件建物が所在していなかったA地点において、表層-500ミリメートル地点で法定の基準値である0.05mg/Lを超える0.12mg/Lの溶出量が認められ、この地点で六価クロムが表層-500ミリメートルまで浸透していることに鑑みると、上記の調査が行われた4か月程度前に行われた本件建物の解体工事が本件土壌汚染の原因であると考えることは困難である。

イ　また、Yは、平成18年汚染調査において六価クロムが検出されなかったことを根拠として、本件売買契約の時点で本件土壌汚染が存在しなかったと主張している。しかし、平成18年汚染調査による調査地点と本件土壌汚染に係る六価クロムが検出された調査地点とは一致していない。また、平成18年汚染調査から本件売買契約の時点までに28番4の土地上のビルの解体工事が行われているところ、セメント及びセメント系固化剤には六価クロムが含有されていること、28番4の土地上のA地点のみ表層-500ミリメートルまでの法定の基準値を超える程度の六価クロムの浸透が認められたところ、当該ビルは28番4の土地上に存在した地上4階建て、地下1階建ての建物であったことに照らすと、平成18年汚染調査において、六価クロムが検出されなかったことは上記認定を左右するものとは認められない。

ウ　以上に照らすと、本件土壌汚染は、本件売買契約の時点で既に存在し

ていたものと認められる。

(2) 土壌汚染の隠れた瑕疵該当性

ア　隠れた「瑕疵」該当性

六価クロムは，土壌汚染対策法上，人に健康被害を生ずるおそれがあり（同法2条1項，同法施行令1条2号），同法施行規則に定める基準値を超過する六価クロムが土地に含まれている場合には，当該汚染の拡散の防止その他の措置を講ずることが必要となる（同法6条・7条参照）。したがって，同法に定める基準値を超える六価クロムが存在することは，当該土壌汚染が存在することが売買契約の前提となっていたなどの場合を除き，原則として瑕疵に該当するというべきである。

本件では，六価クロムの含有があることを前提としていたなどの事情はないから，本件土壌汚染は，瑕疵に当たるというべきである。

イ　「隠れた」瑕疵該当性

本件土壌汚染は，科学的な測定によってはじめてその存在を知ることができるものであるから，通常の人が普通の注意を用いても発見することができないものというべきであり，買主であるXが本件土壌汚染という瑕疵の存在を知り又は知り得べきであったと認められないから，隠れた瑕疵に該当するというべきである。

3　Xの請求が商法526条2項により制限されるか

XとYは，本件売買契約において，「本件土地に隠れた瑕疵（土壌汚染，既存杭・産業廃棄物等の地中障害物を含むが，これらに限られない。）があったときは，本件土地の引渡しから1年間に限り，売主は瑕疵担保責任を負うものとする」との合意をしたことが認められるところ，当該合意は，商法526条2項の適用を排除する合意というべきであるから，同条項によりXの請求が制限されると認めることはできない。

4　Xに生じた損害額

本件コンクリート杭及び本件土壌汚染という瑕疵を除去しなければ，Xは本件土地を予定どおりに使用できないのであるから，Xの損害額は，これらの瑕疵を除去するために必要となる費用合計824万2500円になるというべきである。

解　説

1　本件コンクリート杭及び本件土壌汚染が存在する土地が売買契約における瑕疵といえるか

(1)　瑕疵判断

　売買契約の瑕疵担保責任における瑕疵判断については，主観説，客観説，折衷説の考え方があるとされる。

　大判昭和8年1月14日（民集12巻71頁）は，「売買の目的物にある種の欠陥があり，これがためその価額を減ずること少なからず又はその物の通常の用途若しくは契約上特定したる用途に適せざること少なからずときは，これいわゆる目的物に瑕疵の存する場合なり」と述べており，主観説に立つと解されている。

　近時の最高裁判決として，最判平成22年6月1日（判時2083号77頁，判例評論625号172頁）がある。これは，売買目的である土地に環境基本法16条1項に定める基準値を超えるフッ素が含まれていたことを理由として，当該土地の買主が，売主に対し，瑕疵担保責任に基づき損害賠償を請求した事案において，本件売買契約当事者間において，売買目的物である土地にフッ素が含まれていないとか，一般的に有害性が認識されていない物質も含まれていないことを特に予定していたとは認められないから，瑕疵があるとはいえないとしており，主観説に立って判断している。

　ほかに，最判昭和41年4月14日（民集20巻4号649頁）（建物建築目的で土地を購入した者が，売主に対して瑕疵担保責任を追及した事案において，「本件土地が東京都市計画事業として施工される道路敷地に該当し，同地上に建物を建築しても，早晩その実施により建物の全部または一部を撤去しなければならない事情があるため，契約の目的を達することができないのであるから，本件土地に瑕疵があるものとした原判決の判断は正当」とした）や，最判昭和56年9月8日（判タ453号70頁）（原審がなした，宅地造成を目的とする土地売買契約において，対象土地が森林法による保安指定を受け伐採等の制限が加えられているために宅地造成できないことは瑕疵に当たるとした判断を，是認した）がある。

　いずれも，主観説に立っていると評価できる。

本判決もこれらと同じく主観説により瑕疵判断を行っている。主観説による場合，①当事者が予定していた契約目的物の品質を認定し，②実際に引き渡された物がそれに見合うか否かを判断することになる。本件におけるコンクリート杭の瑕疵該当性については①の点が，六価クロムによる土壌汚染については②の点が，主な争点となっている。

(2) コンクリート杭の瑕疵該当性

本件における土地の買主Xは，マンションを建築するために本件土地を購入したことは争いがない。マンションの規模にもよるが，高さが13メートル又は延べ面積3000平方メートルを超える建築物で，当該建築物に作用する荷重が最下階の床面積1平方メートルにつき100キロニュートンを超えるものは，基礎の底部（基礎ぐいを使用する場合にあっては，当該基礎ぐいの先端）を良好な地盤に達することとしなければならない（建基令38条3項）。各階約3メートルとすると，5階建て以上のマンションであれば，基礎杭が必要になるといえる。Xが建築する予定だったマンションは12階建てであるから，基礎杭を打つ必要があることは争いようがないといえる。

また，マンションには複数の住戸が存在するから，多数の給排水管を設置する必要が生じる。水は地下から採られ，生活排水・汚水・雨水は全て地下に流されるため，全ての給排水管は，マンション敷地に集約される。これらの給排水管の保守・点検が必要となるため，地下に空間が設けられると便宜に適う。このような理由から，建築基準法上，給排水管の保守・点検のためにピットを設けるべきことは義務付けられていないにもかかわらず，通常は，地下空間が設けられる。このような地下空間をピットと呼んでいる。

また，高さ31メートルを超える建築物には，非常用の昇降機（エレベーター）を設置しなければならない（建基34条2項）。12階建てのマンションは，高さ約40メートルと考えられるから，エレベーターは必ず設置される。もちろん，12階建てのマンションにエレベーターを設置しないことは，実際には考えにくい。エレベーターが1階にも停止する場合，エレベーター直下には一定の高さのピットが設けられ，緩衝器が設置される。このピットの高さについては，エレベーターのかごの速度や緩衝器の大きさにより，1.2メートルから4.0メートルまでの，異なる規制がなされている（建基令129条の10第2

項，平成21年8月4日国土交通省告示第859号）。

　以上からすると，12階建てのマンション建築を予定して土地を購入する場合，基礎杭が打たれ，ピットが設置されることは，当然予定されるべきであるといえる。

　本判決において，ピットや基礎杭を設置することの支障となる本件コンクリート杭の存在が瑕疵とされたことは，適切である。

　なお，本件と似た裁判例として，買主がマンションを建築する予定で，売主も当該予定を知っていた場合における土地売買契約において，当該土地に従前の建物の基礎杭が埋まっており，買主が予定していたマンションを建築するには当該基礎杭を撤去する必要があるといえる場合には，基礎杭が埋まっている当該土地には瑕疵があると認められると判断した東京地判平成10年11月26日（判時1682号60頁）がある。

(3) 六価クロムにより汚染された土壌の瑕疵該当性

　六価クロムは，皮を鞣したり，メッキ処理を施したりするために利用される。鞣して作られた革や，メッキ処理を施された金属自体に害はない。また，コンクリートの材料となるセメントや，地盤改良に利用されるセメント系固化剤にも，六価クロムが含まれている。コンクリートとして固まれば，六価クロムはその中に含まれて固定され，また，改良された地盤中にも固定される。このように，六価クロムは社会生活において有益な物質であるため，広く用いられている。

　しかし，六価クロムが皮膚や粘膜に付着した状態を放置すると，皮膚炎や腫瘍の原因となる。体内に摂取されると，肺や消化器に障害を起こし，癌を発生させることもある。我が国では，日本化学工業跡地を都営地下鉄用地にするべく東京都が購入したところ，昭和48年の調査の際，同土地が六価クロムにより汚染されていることが発覚した事件が，最初の六価クロムによる土壌汚染事故である。

　そこで，土壌汚染対策法は，六価クロムを特定有害物質として規制の対象とする（同法2条1項，同法施行令1条2号）。

　六価クロムに汚染された土壌がそのまま利用できないのであるから，六価クロムによる土壌汚染があることを前提として売買代金を低額に決定した等

の事情がない限り，瑕疵に当たるとする判断は適切であろう。

　ちなみに，六価クロムによる汚染土に関連する裁判例として，東京地判平成23年1月20日（判時2111号48頁）や，東京地判平成23年12月22日（判時2139号31頁）がある。

2　本件土壌汚染が生じた時期

　本件において，Yは，六価クロムが売買契約時から存在したものではなく，Xが土地購入後に行った本件建物基礎解体工事により六価クロムが生じたと主張する。判決要旨2(1)は，Yの主張を否定する理由であるが，少し分かりにくい。

　判決要旨2(1)アにおいて，「重金属は，一般に，水に溶けにくく，かつ土壌に吸着されやすいため，汚染源が地上にある場合は，地表近くの土壌中に吸着し，地盤深部までは拡散しないことが多いとされ，さらに，六価クロムは，水に対する溶解度が高く，移動性が高いため，雨水等の地下浸透とともに地盤近くまで拡散することがあるなどとされている」と述べる点は，六価クロムの一般的な性質についての言及である。

　ここにいう「さらに，」で区別された前半と後半は，六価クロムに対する別の性質が述べられているようであり，これらの理由からどのようにしてYの主張が否定されるのかは分かりにくい。前半は，重金属が水に溶けにくく，地盤深部には拡散しないことが多いと述べ，後半は，六価クロムが水に溶けやすく，岩盤近くまで拡散することがあると述べており，相反する指摘のように理解できるからである。

　六価クロムに限らず，クロムは重金属の一種である。そして，六価クロムは，常温では，顆粒状の固体として存在し，25度の水100mLに対して約63g溶ける。塩が水100mLに対して約27g溶けることに鑑みると（塩が水に溶ける量は，水の温度にあまり影響を受けない），六価クロムは水に溶けやすいといえる。

　つまり，六価クロムが乾燥した土地上に蓄積すると，風に巻き上げられたりして他の場所に移動することがあるが，六価クロムが蓄積した地表に雨が降ると，六価クロムは雨水に溶け，土地に染みこみ，地下水にまで到達する場合があるといえる（日本地下水学会編『地下水・土壌汚染の基礎から応用』39頁

(理工図書，2006），深津功二『土壌汚染の法務』8頁（民事法研究会，2010）参照）。

　また，判決要旨2(1)イにおいて，セメントやセメント系固化剤に六価クロムが含まれていることを指摘するが，そうだとすれば，その六価クロムを含んだ物質が，Xの解体工事によって，Xが六価クロムを測定した地点にまで移動した可能性が考えられるはずである。

　この点に関して，国交省は，セメント系固化処理土検討委員会を設置し，同委員会にセメント改良土からの六価クロム溶出について検討させ，同委員会は，平成15年6月30日，「セメント系固化処理土に関する検討　最終報告書（案）」を発表した。これによれば，適正な施工手順に基づいて作業されたコンクリートであれば，外部への六価クロムの拡散は防止され，また，セメント改良土で六価クロムの溶出のおそれがあっても，溶出が促進される環境でなければ，周辺環境への影響はないと結論付けられている。

　以上のような点も考えると，本件において，買主による本件建物解体工事が六価クロム発生原因でないと結論付けるには，本件建物基礎解体工事により六価クロムが生じる可能性が低いことを前提として，本件建物解体工事においてなされた養生とXが測定した地点との関係から，解体工事により生じた粉塵が他の場所に移動しなかった事実や，六価クロムを測定した地点間の距離が離れていた事実等を確認する必要があったように思われる。

3　商法526条2項について

　本件において，「本件土地に隠れた瑕疵（土壌汚染，既存杭・産業廃棄物等の地中障害物を含むが，これらに限られない。）があったときは，本件土地の引渡しから1年間に限り，売主は瑕疵担保責任を負うものとする」という約定の意味が争いとなった。Xは，当該約定により，買主による目的物の検査及び通知義務を定めた商法526条の適用が排除されると主張し，Yは，当該約定は，瑕疵担保責任期間を民法の期間にしただけの合意であると主張した。

　同条は，民法に定める瑕疵担保責任を追及するための前提条件を課したものであるとする理解に鑑みると（最判昭29・1・22民集8巻1号198頁。近藤光男『商法総則・商行為法〔第6版〕』151頁（有斐閣，2013）），瑕疵担保責任期間を変更する合意は，同条の適用排除合意とは別になし得ることとなる。そうする

と，Yの主張に従っても，同条の適用を排除しない合意であるとまではいえないように思われる。

　なお，同条の趣旨は，善意の買主に善後策を講じる機会を与え，かつ，買主が売主の危険において投機をなすことを防止する必要のある反面，商人として専門知識のある買主は容易に瑕疵を発見しうることに基づくが，買主にとって遵守すべき要件は厳格であるため，検査・通知の遅れのみを理由に，売主が買主の権利行使を拒む例は実務上あまり多くないとされる（江頭憲治郎『商取引法〔第5版〕』27頁（弘文堂，2009））。そうすると，裁判実務上，同条を排除する特約は認められやすいと思われるが，売買契約書の作成にあたっては，商法526条の適用を否定する旨の特約を明確に付すことが，望ましい。

4　売主の瑕疵担保責任としての損害賠償額

　売買契約における瑕疵担保責任としての損害賠償は，法定責任説からは，信頼利益に限られるとされる。

　本件コンクリート杭と土壌汚染原因を取り除くことは，本件土地を契約目的に沿った内容にする行為である。信頼利益と履行利益の区別は困難な場合があるが，建物の補修費用が争いなく認められていることと比較すれば，本件においても，信頼利益の範囲にあると考えてよいであろう。

　Yも，信頼利益でないという主張をせず，Xの請求する本件コンクリート杭と土壌汚染原因を取り除く費用の必要性・相当性についてのみ反論している。

【竹下　慎一】

11 マンションの共用部分の瑕疵（否定）

東京地裁平成26年2月4日判決（平成24年(ワ)第23633号）
LEX/DB インターネット25518001

争点

1　マンションの共用部分である杭頭及び基礎の露出のおそれの有無と瑕疵該当性
2　心理的瑕疵の有無
3　説明義務違反の有無

判決の内容

■ 事案の概要

　原告Xは、平成24年2月14日、宅地建物取引業者である被告Yから中古マンション（以下「本件マンション」という）の一室（区分所有建物）（以下「本件建物」という）を購入したが、売買契約当時、本件マンションの共用部分に以下の①〜③の瑕疵（以下「本件各瑕疵」という）があり、本件マンションは建物としての基本的な安全性を欠いていた、共用部分は専用部分と不可分一体をなすものであり、共用部分に存在する本件各瑕疵は建物の構造や躯体に直結する瑕疵であるから、本件建物の瑕疵に該当するとして、被告Yに対して、売買の瑕疵担保責任及び説明義務違反に基づき損害賠償の支払を求めて訴訟を提起した。

　①　本件マンションの北側の基礎及び杭頭部分が地表に露出した状態となり、安定性を欠くブロック壁及び土砂によって隠された状態にあった。

　②　本件マンションの北側隣地との境界付近の擁壁が法令に違反する二段擁壁であり、擁壁が崩落した場合には、基礎や杭頭が露出する状況にあった。

③　駐車場の荷重処理に無理があり，本件マンションの北側の基礎下外壁や北西側の駐車場にクラックが発生する状態になった。

　これに対し，被告Yは，コンクリートブロック壁や擁壁が崩れるおそれが存在するとしても，それが本件建物の瑕疵になることはなく，それらが崩れたとしても本件マンションに影響するものではない，本件マンションの北側の基礎下外壁や北西側の駐車場のクラックは遅くとも平成24年1月26日には補修されており，売買契約当時には存在しなかった，などとして瑕疵の存在及び説明義務違反について争った。

■　判決要旨

　瑕疵に関する原告Xの主張①ないし③は，本件マンションの管理組合の依頼に基づいてA社が平成23年7月に行った現況調査に基づく現況調査報告書（以下「本件報告書」という）を根拠としているが，A社の代表者は，本件報告書について目視による見解を述べたもので構造計算等による検証が必要であるとしている上，現況調査時の本件マンションの状況では問題を解消していないとするものの，本件マンションが不安定な状況であるか否かについては判断できないとしていることから，本件報告書から，本件各瑕疵により本件建物が建物としての基本的な安全性を欠いた状態にあったと認めることはできない。

　また，本件マンションの管理組合は，平成23年8月下旬に本件報告書の提出を受けた後，ブロック補修工事等を実施し，その結果，本件報告書で定着不良と指摘された部分やクラックは補修されたことから，売買契約が締結された平成24年2月14日には，本件各瑕疵の内容となるコンクリートブロック壁の定着施工不良や基礎，杭頭の地表への露出，駐車場等のクラックは存在しなかったものと認められる。

　さらに，本件マンションの敷地と北側隣地との境界に崩壊の危険性が高く違法な二段擁壁が存在するとの事実を認めるに足りる証拠はなく，二段擁壁が崩壊し，これに伴い本件マンションの基礎及び杭頭を覆う盛り土を囲っているコンクリートブロック壁も崩壊して基礎等が露出して宙に浮く可能性があるとの問題点の指摘は前提を欠く。

以上によれば，原告Xが主張する本件各瑕疵が存在したとは認められず，仮に原告Xが瑕疵として主張する状態が存在したとしても，それにより本件マンションあるいは本件建物が建物としての基本的な安全性を欠く状態にあったとは認められない。なお，原告Xは，一級建築士により，本件建物の構造上・耐震上の危険性につながる問題点が指摘される状態にあることが本件建物の心理的瑕疵に該当すると主張するが，前提として，売買の目的物である建物に構造上・耐震上の危険性があるか否かがまず問題となるのであり，これが認められないにもかかわらず，それに関する問題点を指摘されたことが売買目的物の心理的瑕疵に該当するとは認められない。

　したがって，被告Yが本件各瑕疵を原因とする瑕疵担保責任に基づく損害賠償義務を負うとは認められない。

　なお，説明義務違反についても同様に否定した。

解　　説

　本件は，マンションの共用部分につき，管理組合の依頼により一級建築士が行った現況調査に基づく現況調査報告書に記載された問題点について，同マンションの区分所有建物の購入者である原告Xが，共用部分に存在する本件各瑕疵は建物の構造や躯体に直結する瑕疵であるから，本件建物の瑕疵に該当するとして，宅地建物取引業者の売主（被告Y）に対して，瑕疵担保責任及び説明義務違反の責任を追及したところ，裁判所は，原告が依拠する現況調査報告書をもって本件建物について建物としての基本的な安全性を欠いた状態にあったと認めることができず，また，同報告書で指摘された問題は管理組合による補修工事で補修済みであった等として原告の請求を棄却した事案である。

　マンションの共用部分に瑕疵がある場合に，区分所有建物の購入者が，売主に対して，当該共用部分の瑕疵担保責任を追及できるかについては，議論があり（なお，区分所有法26条2項は，共用部分に生じた損害賠償金の請求等について，管理者が区分所有者を代理する旨を規定している），これを否定する裁判例（東京地判平13・11・14ウエストロー2001WLJPCA11140004）もあるが，マンションの

売買契約は，専有部分に加えて共用部分の共有持分をも対象とするものであり（区分所有法15条２項は，共用部分の共有者は，持分を専有部分と分離して処分できないとしている），共用部分に瑕疵がある場合，区分所有建物の購入者は，売主に対して，瑕疵担保責任を追及できると考えられる。共用部分の瑕疵も売買目的物の瑕疵に該当すると認定された近時の事例としては，東京地裁平成20年３月27日判決（ウエストロー2008WLJPCA03278014）（地中駆体壁の瑕疵），東京地裁平成25年３月11日判決（ウエストロー2013WLJPCA03118001）（ルーフバルコニーの瑕疵）等がある。

　なお，本件では，原告が，一級建築士による本件報告書により本件建物の構造上・耐震上の危険性につながる問題点が指摘される状態にあることが本件建物の心理的瑕疵に該当すると主張したのに対して，裁判所は，その前提となる本件建物に構造上・耐震上の危険性が認められないとして，原告の主張を退けている。

【楠　　慶】

12 行政による建築基準法の解釈の変遷・違いと法律上の瑕疵

東京地裁平成26年2月7日判決（平成24年(ワ)第4419号）
LEX/DB インターネット25517914

争　点

1　地階の用途変更に伴う建築確認申請の要否に関する行政の解釈の変遷・違いと法律上の瑕疵
2　本件の階段の屋内避難階段の要件充足性に関する行政の解釈の変遷・違いと法律上の瑕疵

判決の内容

■　事案の概要

　原告は，売主である被告 Y_1 から，平成20年5月30日，訴外仲介業者の媒介により，店舗事務所ビル（構造：鉄筋コンクリート造陸屋根地下1階付6階建て／建築時の用途：地階ないし3階につき物販店舗，4階から6階につき事務所／売買契約時の用途：地下1階ないし4階につき飲食店舗，5階及び6階につき事務所）（以下「本件建物」という）を購入したが，本件建物について，平成23年7月の目黒区からの通知，指導により，①地階は100㎡を超えており，100㎡を超える階の用途が飲食店舗に変更された際には，建築基準法87条，同法6条1項1号に基づき，物販店舗から飲食店舗への用途変更の確認申請をするべきところ，これをしなかった，②本件建物地階につき，飲食店舗とした場合に，東京都建築安全条例7条の2第1項で規定された避難階又は地上に通ずる2以上の直通階段，同条例7条の2第2項2号，建築基準法施行令123条1項の規定に適合する屋内避難階段のいずれかを設けるべきところ，これらをいずれも設けなかったとの瑕疵が判明し，かかる瑕疵により，本件階段を屋内避難階段

として法令に適合するような改修工事を余儀なくされ，また，飲食店舗への用途変更のための申請を余儀なくされ，これらに係る費用を支出せざるを得ず，同額の損害を被ったとして，被告 Y_1 に対して売買の瑕疵担保責任等に基づいて損害賠償を求め，訴外仲介業者から権利義務を承継した被告 Y_2 に対して，訴外仲介業者の調査報告義務違反（債務不履行）を理由に損害賠償を求めた。

　これに対し，被告 Y_1 は，①について，用途変更申請の基準となる床面積に廊下等の共用部分を含めるかについては様々な見解があり，本件建物を建築した当時，目黒区は，共用部分は用途変更の対象面積には含まれないとの見解を前提にしていた，②について，元々設置されていた本件階段が屋内避難階段に該当するかについても様々な見解があり，本件建物を建築した当時，目黒区はこれに該当するとの見解を前提にしていたとし，上記①，②のいずれについても，被告 Y_1 がとった見解は，解釈上あり得るところである上，建築当時の目黒区の運用ないし見解にも適合したものであったから，瑕疵とはいえないと主張して争った。

■ **判決要旨**

　上記①について，被告代理人が，用途変更申請の基準となる床面積につき，エレベーターホールや避難階段の面積を算入するかについて各特別区の見解を聴取したところ，エレベーターホールが避難経路に当たっていれば，当該面積の一部のみを算入する旨の回答，通路を含めて考えることが多い旨の回答もあったものの，メーターボックスがある場合には各階の床面積に応じて按分して算入する扱いが考えられる旨の回答，共用部分の用途を変更するわけではないので，店舗部分の床面積で考える旨の回答，用途変更に係る部分が壁などで区画されている場合には，その区画されている床面積で考える旨の回答，全国の特定行政庁と指定確認検査機関で構成される日本建築行政会議で議論したところ，全国で扱いにばらつきがあり，統一した指針を作ることができなかった旨の回答等がされた。本件建物の地階については，エレベーターホール及び本件階段は，地階のみの用に供されていることから，上記各部分も含めて用途変更の基準となる床面積とする可能性もある反面，

共用のメーターボックスが存在することから，その面積を各階に按分する可能性もあり，また，店舗部分とエレベーターホールが壁で区画されていることから，店舗部分の床面積（96.42㎡）のみを算入し，用途変更の申請が不要とされた可能性も否定できない，というべきであり，本件建物の地階について，用途変更の申請が一義的に必要であったとはいえないとした。

　上記②について，建築士は，本件建物の建築確認を申請するに先立ち，目黒区役所で，担当者との間で，地階等が飲食店舗へと用途変更されるときのことを念頭に置いて協議をしており，平成18年8月9日，担当者からは，避難階段として認められるための構造につき図面を基に助言された，同月14日，将来的に飲食店舗への利用が予想されるとすると，そのようになっても問題がないことの確認が必要になり，地階への階段は避難階段としての要件を有していることが必要であると回答され，同月18日，上記を踏まえた協議をし，地階への階段は避難階段に当たる旨の回答を得た，同月24日，建築士が，当該階段が屋外避難階段に当たるのか，目黒区に確認したところ，当該階段は屋外避難階段とは考えられない旨の回答を得た等の事実によれば，当時の目黒区の担当者の見解としては本件階段をもって屋内避難階段の要件を充足していると認められ，また，被告代理人が，地下につながる屋内避難階段に屋根がない事例について，建築基準法施行令123条の屋内避難階段の要件を満たすかについて各特別区の見解を聴取したところ，適法と判断することは難しいとの回答がある一方，耐火構造の壁による区画があればよいとの回答，屋根がないのみでは要件を満たさないとは考えず建物全体を見て総合的に判断する旨の回答，階段と他の用途部分の区画ができて直通の階段となっていれば，上部が階段であるような事例では問題がなく，過去にも同様の事例を何件か適法と認めている旨の回答等がなされており，現時点においても，地階への階段が屋根のない形状であったとしても，屋内避難階段に当たらないと判断する行政庁は必ずしも多くないことなどが認められることから，平成23年7月の目黒区の見解として，本件階段が屋内避難階段としての要件を充足していないとのものであるとしても，これを唯一の見解であるということはできず，本件階段が法の要件を充足しない違法なものであるということはできないとした。

その上で，売買の瑕疵担保責任について，本件建物は，法の要件を充足しないものであったということはできず，売買目的物として法律上の瑕疵があったということはできないとするなどして，被告 Y_1 に対する請求を棄却し，訴外仲介業者の調査報告義務違反についても本件売買契約当時，地階につき用途変更の申請をし，また本件階段の形状を変更すべき状態にあったとはいえなかった以上，上記義務に違反するものであったといえないとして，被告 Y_2 に対する請求も棄却した。

解　説

本件は，①地階の用途変更に伴い建築基準法87条，同法6条1項1号に基づく建築確認申請が必要か否か，②地階の本件階段が東京都建築安全条例7条の2第2項2号，建築基準法施行令123条1項の規定する屋内避難階段の要件を充足するか否かという，法律上の瑕疵の有無が問題になった事案である。

裁判所は，上記①について，用途変更申請の基準となる床面積（100㎡を超えるか否か）につき，エレベーターホールや避難階段の面積を算入するかについて，他の各行政庁により見解が様々で，本件建物の地階について，用途変更の申請が一義的に必要であったとはいえないとし，また，②についても，被告 Y_1 が本件建物を建築する際に建築士が平成18年8月から10月に目黒区と協議した際の目黒区の見解は本件階段が屋内避難階段の要件を充足しているとのものであったこと，また，現時点における他の各行政庁における見解も様々であることから，原告が本件建物購入後の平成23年7月に目黒区から受けた通知・指導内容が唯一の見解とはいえず，本件階段が法の要件を充足しない違法なものであるということはできないとし，いずれについても，法律上の瑕疵に該当しない旨の判示をした。

本件は，各行政庁により見解が様々であり，また，当初建築確認を行った行政庁の見解が変遷した，建築基準法令上の問題点について，法律上の瑕疵に該当するか否かが争われた事例であるが，原告Xが，行政庁の指導に従わず，そのために，行政庁から使用禁止，除却などの行政処分がなされた場合

に，審査請求あるいは行政訴訟等の不服申立手続を行い，それでも行政庁の指導内容が覆らなかった等の事情があった場合には，異なる結論に至った可能性もあると思われる。

【楠　　慶】

13 大雨洪水警報発令時の雨水の浸入による損害と瑕疵担保責任

東京地裁平成26年3月20日判決（平成24年（ワ）第23207号）
ウエストロー・ジャパン2014WLJPCA03208013，LEX/DBインターネット25518467

争点

1　大雨洪水警報発令時の雨水の浸入について止水板及び天井ピットの設置・保存に瑕疵があったといえるか
2　管理組合及び管理会社に雨水浸入に関する注意義務違反があったといえるか

判決の内容

■ 事案の概要

　被告Y₁社から本件マンションの地下1階に位置する区分所有建物を賃借して顧客に同建物内のレンタル収納ボックスを利用させていた原告Xが，被告Y₁社，本件マンションの管理組合である被告Y₂管理組合及び同管理組合から管理を委託された被告Y₃社に対し，止水板及び天井ピットの設置又は保存について通常有すべき安全性を欠いた瑕疵があったために，雨水が本件建物内に浸入する本件事故が発生した等主張して，不法行為に基づく損害賠償を求めるとともに，被告Yらは法律上の原因なくして原告Xの顧客に対する損害賠償義務を免れたとして不当利得の返還を求めた事案である。

■ 判決要旨

1　止水板及び天井ピットの設置・保存についての瑕疵の有無

　止水板の設置・保存の瑕疵について，本件大雨及びこれに関する警報の発

令状況によれば，本件大雨当日に大雨洪水警報が発令され降雨が確認された間には，本件マンションの東側道路は既に車両の通行に支障を生じる程度に冠水していたというのであり，1時間あたり最大降雨量や本件マンションの敷地周辺の地勢・地形によれば，本件大雨による雨水は，降雨確認から短時間のうちに上記東側道路に大量に流入して上記のとおり上記道路を冠水させ，本件マンション1階部分に浸入したと認められ，そうすると，本件止水板のうち5箇所に設置されたものを引き上げることにより本件事故の発生を防止することができたとまでは認められず，他に上記5箇所に設置された止水板を引き上げることが不可能ないし困難であったという設置又は管理の瑕疵により本件事故が発生したと認めるに足りる的確な証拠はない。以上によれば，本件止水板にその設置又は管理により生じた瑕疵があってこれにより本件事故が発生したという原告Xの主張は理由がない。

次に，本件天井ピットの設置・保存の瑕疵について，本件大雨による雨水が本件建物に浸入した経路によれば，本件マンション1階に浸入した雨水の少なくとも一部が，同1階床から浸透して本件建物に浸入したことが窺われるが，本件大雨による降雨は降雨確認から短時間のうちに上記東側道路に大量に流入して上記道路を冠水させており，排水設備それ自体ではなく雨水が通流することを本来予定していない本件天井ピットについて，そのような大量の雨水が1階部分に浸入しても階下に浸透しないような防水処理を施すことが，通常有すべき安全性として求められているとはいえず，そのような安全性を欠くことが設置又は管理の瑕疵であることを根拠付ける的確な事情はない。よって，本件天井ピットにその設置又は管理により生じた瑕疵があったということはできず，その余の点を検討するまでもなく，原告の主張は理由がない。

2 管理組合及び管理会社の雨水浸入に関する注意義務違反の有無

また，被告Y$_2$管理組合及び被告Y$_3$社の本件止水板を引き上げて本件建物内に雨水が浸入することを防止すべき注意義務，及び，本件天井ピットに防水処理を施して雨水の浸入を防止すべき注意義務については，原告Xは本件事故による直接の損害を被った顧客にレンタル収納ボックスを利用させる立場にありながら，自らは雨水が本件建物に浸入する事態を予見せず，本件大

雨当日に大雨洪水注意報が発令されても被告Y₃社から連絡を受けるまで，自らは何らの対応もしなかったという原告Xに対して，被告Y₂管理組合やその管理委託先である被告Y₃社が，原告Xに対して，本件建物への雨水の浸入を防止して原告の顧客に損害が発生することを防止すべく，雷注意報ないし大雨洪水注意報の各発令をもって本件大雨による雨水が本件建物に浸入することを予見すべあったということはできず，大雨洪水警報の発令をもって本件止水板を引き上げて他の作業に優先して本件建物への雨水の浸入を防止し，本件マンション1階テナントスペースの入居者が同テナント内に浸入した雨水を点検口から本件天井ピットに排水することを予見してあらかじめこれに対応した防水処理を施して本件建物への雨水の浸入を防止して，もって原告Xの顧客に損害が発生しないようにする義務を負っていたということはできない。以上によれば，本件請求はいずれも理由がない。

解　説

1　止水板及び天井ピットの設置・保存についての瑕疵の有無

　止水板とは，通常水が浸入しない箇所に豪雨や洪水などで水が浸入することを防いだり，浸入しようとする水の流れを変える板のことである。天井ピットとは，天井に取り付けた穴のことであり，通常は扉で密閉されている。本件では，雨水の浸入の原因が止水板及び天井ピットが通常有すべき安全性を欠いた瑕疵があったためであると主張しており，民法717条1項の「土地の工作物の設置又は保存に瑕疵がある」と主張している。

　この点，「土地の工作物の設置又は保存に瑕疵がある」とは，裁判例上，土地の工作物が通常備えているべき性状，設備，すなわち安全性を欠いていることをいう。そして，その判断に際しては，当該工作物の構造，用途，場所的環境及び利用状況等の事情を総合考慮した上，通常予想される危険の発生を防止するに足るものであるかを具体的，個別的に判断するとされる（国家賠償法2条に関する最判昭45・8・20参照）。

　本件では，本件止水板を引き上げることにより本件事故の発生を防止することができたとまでは認められず，止水板を引き上げることが不可能ないし

困難であったという設置又は管理の瑕疵により本件事故が発生したと認めるに足りる的確な証拠はないとして，止水板として通常有すべき性状，設備は欠いていないとして瑕疵該当性を否定した。また，天井ピットについても，排水設備それ自体ではなく雨水が通流することを本来予定しておらず，大量の雨水が1階部分に浸入しても階下に浸透しないような防水処理を施すことが通常有すべき安全性として求められているとはいえないとして瑕疵該当性を否定した。

2 管理組合及び管理会社の雨水浸入に関する注意義務違反の有無

本件では，管理組合及び管理会社に雨水浸入に関する注意義務違反があったとの主張がなされており，民法709条の不法行為責任を主張している。この点，不法行為責任が認められるためには，故意・過失が必要であり，過失の概念としては，第1に，加害行為を行った者が，損害発生の危険を予見したこと，ないし予見すべきであったのに（予見義務）予見しなかったこと（予見ないし予見可能性）と，第2に，損害発生を予見したにもかかわらず，その結果を回避するべき義務（結果回避義務）に違反して，結果を回避する適切な措置を講じなかったという，2つの要素が認められると考えるのが一般的になっている（我妻榮＝有泉亨＝清水誠＝田山輝明『我妻・有泉コンメンタール民法総則・物権・債権〔第3版〕』1323頁（日本評論社，2013））。

本件では，被告 Y_2 管理組合及び被告 Y_3 社について，本件建物への雨水の浸入を防止して原告Xの顧客に損害が発生することを防止すべく，雷注意報ないし大雨洪水注意報の各発令をもって本件大雨による雨水が本件建物に浸入することを予見すべきあったということはできず，大雨洪水警報の発令をもって本件止水板を引き上げて他の作業に優先して本件建物への雨水の浸入を防止し，本件マンション1階テナントスペースの入居者が同テナント内に浸入した雨水を点検口から本件天井ピットに排水することを予見してあらかじめこれに対応した防水処理を施して本件建物への雨水の浸入を防止して，もって原告Xの顧客に損害が発生しないようにする義務を負っていたということはできないとして，管理組合及び管理会社に雨水浸入に関する注意義務違反を否定した。

【南淵　聡】

14 老朽化設備による瑕疵担保責任

東京地裁平成26年5月23日判決（平成25年(ワ)第3490号）
ウエストロー・ジャパン2014WLJPCA05238005，LEX/DBインターネット25519653

争点

中古物件において老朽化したエアコンが瑕疵に当たるか

判決の内容

■ 事案の概要

区分所有建物を被告Y₁学園から売買により取得した原告Xが，当該区分所有建物には老朽化した空調設備があったために損害を被ったとして，被告Y₁学園に対しては瑕疵担保責任に基づき，売買を仲介した被告Y₂社に対しては不法行為責任に基づき，損害賠償を求めた事案である。

■ 判決要旨

1 民法570条の「瑕疵」該当性

本件空調設備は，業務用エアコンの法定耐用年数である15年を大幅に超える約30年を経過し，現在，運転状況に特段の問題はないものの，老朽化が進んでおり，経年劣化により消費電力が増加し，また，新品時のような冷暖房効率は発揮できない上，近い将来正常に作動しなくなり，修理が必要となった場合には，もはや部品を調達できず，空調設備の交換を余儀なくされるおそれがあるといえる。しかしながら，本件各建物のように，新築から長期間が経過したテナントビルの売買においては，これに付帯する空調設備も相応の経年劣化があり，上記のような問題点が存することは，容易に想定し得るものである。

また，原告Ｘ代表者は，本件マンションに空調設備が存在することを認識していたものと認められるところ，本件売買において，被告Y1学園が，原告Ｘに対し，本件マンションの空調設備について一定の品質・性能を保証したような事情を認めるに足りない。以上によれば，本件各建物が本件売買において予定されていた品質・性能を欠いていたということはできず，民法570条にいう瑕疵があるということはできない。

2　宅地建物取引業者の説明義務違反

　不動産の売買を仲介する宅地建物取引業者は，通常の注意をもって取引物件の現状を目視により観察しその範囲で買主に説明すれば足り，これを超えた取引物件の品質，性状等についてまで調査，説明すべき義務を当然には負わないというべきであるところ，本件空調設備について，経年劣化に伴う問題点があることは，原告Ｘにおいて容易に想定し得たというべきであるから，この点について，被告Y2社が調査，説明すべき義務を負っていたとはいえない。したがって，被告Y2社が，本件売買に先立ち，原告Ｘに対し重要事項説明を行うに際し，説明義務違反があったとはいえず，被告Y2社は，不法行為責任を負わないとして，原告Ｘの請求を全部棄却した。

解　説

1　瑕疵の判断基準

　民法570条は，売買契約の目的物に隠れた瑕疵があった場合の瑕疵担保責任を定めている。この点，瑕疵とは，①契約によって通常有すべきことが認められる品質・性能を欠如している場合（主観的瑕疵）と，②通常有すべきものとして一般的に求められる品質・性能を欠如している場合（客観的瑕疵）の２種類が存在する。また，隠れた瑕疵とは，買主が取引上必要な普通の注意をしても発見できないことをいう。なお，民法改正案においては，「瑕疵」という言葉の代わりに，「仕事の目的物が種類又は品質に関して契約の内容に適合しないとき」という言葉が使われている。

　本件では，本件各建物のように新築から長期間が経過したテナントビルの売買においては，これに付帯する空調設備も相応の経年劣化があり，経年劣

化により消費電力が増加し、また、新品時のような冷暖房効率は発揮できない上、近い将来正常に作動しなくなり、修理が必要となった場合には、もはや部品を調達できず、空調設備の交換を余儀なくされるおそれがあることは容易に想定し得るものであるとして、瑕疵には当たらないとした。

2 宅地建物取引業者の説明義務の範囲

　宅地建物取引業法（以下「宅建業法」という）35条は、宅地建物取引業者に対して、宅地建物取引業者が行う媒介に係る売買等の当事者に対して、その者が取得しようとしている宅地・建物に関し、その売買等の契約が成立するまでの間に、宅地建物取引士をして、少なくとも同条に掲げる事項について、これらの事項を記載した書面を交付して説明をさせなければならないと規定している。同条は、「少なくとも同条に掲げる事項について」と規定していることからも明らかなとおり、同条に規定する事項を説明すれば、いかなる場合においても重要事項説明義務を果たしたということはできず、相手方等が、取引の内容（特に不利益な事項）を理解し納得しうる程度のものでなければならないと解されている（中野哲弘＝安藤一郎編『新・裁判実務大系27住宅紛争訴訟法』355頁（青林書院、2005））。

　本件では、不動産の売買を仲介する宅地建物取引業者は、通常の注意をもって取引物件の現状を目視により観察しその範囲で買主に説明すれば足り、これを超えた取引物件の品質、性状等についてまで調査、説明すべき義務を当然には負わないというべきであるところ、本件空調設備について、経年劣化に伴う問題点があることは原告Xにおいて容易に想定し得たというべきであるから、この点について、被告Y_2社が調査、説明すべき義務を負っていたとはいえないとして、宅建業法上の説明義務違反を否定した。

【南淵　　聡】

[15] 契約と異なる材料の混入と瑕疵

名古屋高裁平成27年3月24日判決（平成25年(ネ)第882号）
判例時報2260号37頁

争点

1 契約と異なる材料が混入していたことが瑕疵に当たるか
2 瑕疵担保責任と債務不履行責任との関係

判決の内容

■ 事案の概要

　地方公共団体であるXが，その管理地に係る臨海用地造成事業護岸工事（以下「本件工事」という）について，Yら工事共同企業体（JV）との間で請負契約を締結したところ，同工事で施工されたサンドコンパクションパイル工において，砂が使用されるべきであるにもかかわらず高炉水砕スラグ（製鉄の過程で高炉で鉄鉱石を溶融する際に生じる砂状の鉱滓。以下，単に「スラグ」という場合は高炉水砕スラグを指す）が使用（混入）されたため，工事の目的物に瑕疵が生じ，対策工事を余儀なくされたなどとして，Yらに対し，請負契約上の瑕疵担保責任ないし共同不法行為に基づく損害賠償として，対策工事費用相当額41億1432万2000円等の支払を求めた。

　原審は，瑕疵担保責任に基づく請求について，スラグ混入の可能性を認めつつ，地盤の安全性を損ね，工事の目的の達成に影響を及ぼすようなものではないため，同混入は瑕疵には当たらず，瑕疵に当たるとしても，Yらの故意又は重大な過失によって生じたものではないから，除斥期間が経過しているとし，不法行為に基づく請求については，Yらに不法行為は成立しないとし，Xの請求をいずれも棄却したところ，Xがこれを不服として控訴した。

■ **判決要旨**

1 瑕疵について

　本件請負契約における当事者間の重要な内容について検討すると，本件請負契約は，海を埋め立てて工業用地を造成するため，護岸設置部分に対応する海面下の軟弱な地盤を改良し，強度を高めることを目的として締結されたものであるから，本件工事に係る材料に関して特に重要とされていたのは，砂について，シルト含有率5％以内のもの（細粒分が少ないもの）を使用することであったと認められる。そうすると，本件請負契約において重要視されていたのは，材料の粒度であるというべきであり，天然の砂以外のものが一切使用されないことについては，契約の重要な内容となっていたとまでは認め難い。

　したがって，砂以外の材料が混入していたこと自体をもって，直ちに本件工事の目的物に瑕疵があったということはできず，本件工事の目的物に瑕疵があったかについては，その客観的な品質の具備という観点から判断されるべきである。

　また，本件工事は，工業用地の造成を目的とする護岸建設のための地盤改良工事であるから，一般的な宅地の造成工事などとは性格を全く異にするのであり，本件請負契約の締結の際，将来の自由な土地の利用が予定されていてそのことを前提とした地盤改良工事が想定されていたということはできず，Xにおいて，将来自由な土地の利用が損なわれることになるからといって，本件工事の目的物に瑕疵があるとはいえない。

　そして，本件工事後の地盤について，通常有すべき客観的な品質を備えていないといえないから，本件工事の目的物に瑕疵があるとは認められない。

2 不法行為について

　契約上の合意に反する行為が直ちに不法行為となるものではなく，これが不法行為となるのは，当該行為が不法行為法上の違法性を有する場合である。

　そして，本件において，本件工事を施工するに際し，不要物となったスラグが処分されて混入されたとの事情は認められず，スラグが大量に使用され

たとも，地盤の安全性を損ねる蓋然性が生じたとも認めることはできないし，Yらが，スラグの混入を知りながら，あえて虚偽の報告や説明をしたとは認められないから，不法行為は成立しない。

解　説

1　契約と異なる材料の混入と瑕疵

　請負人が瑕疵担保責任を負うのは，仕事の目的物に瑕疵があるときであるところ（民634条1項），ここにいう「瑕疵」とは，完成された仕事が契約で定められた内容のとおりでなく，使用価値又は交換価値を減少させる欠点があるか，又は当事者があらかじめ定めた性質を欠くなど不完全な点を有することであると解されており（幾代通＝広中俊雄編『新版注釈民法(16)』137頁以下（有斐閣，1989）），瑕疵に該当するか否かに関しては，客観的な欠陥や危険性のみならず，当事者間における合意等の主観的な要素が重要な判断要素となる。

　もっとも，契約で定められた内容のとおりでない施工がされた場合にそれが直ちに瑕疵に該当するわけではないとするのが判例の考え方であり，最高裁平成15年10月10日判決（裁判集民211号13頁）は，契約で定められた内容に反する工事が行われた場合に，それが特に約定され，契約の重要な内容になっているときは，たとえ建築基準法等の建築関係法規の基準を満たし，一般的な安全性を備えているとしても，当該工事には瑕疵がある，としている。

　すなわち，契約で定められた内容に反する工事が行われた場合の瑕疵の判断枠組みとしては，上記最高裁判例の判示に従えば，まず，上記内容が「特に約定され，契約の重要な内容になっている」かどうかが検討され，これが肯定されれば瑕疵があり，否定された場合には，「一般的な安全性を備えている」か否かが検討される，ということになろう。

　本判決も，本件が契約で定められた材料とは異なった物質の混入の可能性がある事案であることから，上記最高裁判例の判断枠組みに沿って，まず本件請負契約において使用される材料に関する「重要な内容」について検討し，本件工事が護岸設置部分に対応する海面下の軟弱な地盤を改良し，強度を高めることを目的としていることに鑑み，材料の粒度が重要視されていた

とし、「天然の砂以外のものが一切使用されない」ことが契約の重要な内容となっていたことを否定したものといえる。

その上で、本判決は、客観的な品質の具備を検討し、これを肯定して瑕疵を否定したものであり、最高裁判例の流れに沿うものといえる。

なお、本判決は、「将来自由な土地の利用が損なわれることになるから瑕疵である」旨のXの主張も本件工事の「工業用地の造成を目的とする護岸建設のための地盤改良工事」という性質を挙げて排斥しているところ、この点も、本件工事の性質に照らして「将来の自由な土地の利用」が本件請負契約における重要な内容になっていない旨の指摘をしたものと考えられる。

2　瑕疵担保責任と債務不履行責任との関係

本件において、Xは、最高裁昭和36年12月15日判決（民集15巻11号2852頁）を根拠とし、瑕疵担保責任と債務不履行責任は両立し、選択的な責任であるところ、Xにおいて、本件工事の目的物にスラグが混入していることを認識した上でこれを履行として認容し、引渡しを受けたものではないから、債務不履行責任を追及できる旨主張した。

これに対し、本判決は、上記最高裁判例は不特定物の売買契約に係るものであり、本件のような請負契約について、直ちに同様に解することができるものではないとした上で、民法は、請負人の責めに帰すべき事由によって生じた仕事の瑕疵（請負人の不完全履行）について、瑕疵の種類や程度に応じて特別の規定（民634条〜640条）を設けているのであるから、これらの規定は、請負人の不完全履行責任の特則であり、不完全履行の一般原則は排除されると解すべきであるとした。さらに、約款に基づいて本件請負契約における当事者の意思を合理的に解釈しても、不完全履行の一般原則は排除されていたとし、Xの主張を排斥した。

瑕疵担保責任と債務不履行責任との関係については、民法における請負人の瑕疵担保責任の規定は、請負人の不完全履行の特則であり、不完全履行の特則は排除されるというのが通説的見解であり、本判決もこれに沿った判断をしたものである。

【宮田　義晃】

16 設計図書と異なる施工と瑕疵

名古屋高裁金沢支部平成27年5月13日判決（平成26年（ネ）第46号）
判例時報2266号61頁

争点

1 設計図書に記載された方法と異なる施工がされていることが瑕疵に該当するか
2 設計図書記載の寸法と実際に使用された鋼材の寸法に誤差があることが瑕疵に該当するか

判決の内容

■ 事案の概要

Xが，建築工事業を営むYに対して建物の建築工事を注文したところ（請負代金600万円），Xは，本件建物には，仕口（柱材と梁材が接合する部分）に内ダイアフラムが施工されていない，使用されている鋼材の板厚が不足している等の重大な瑕疵があって建替えが必要であるなどと主張して，Yに対し，瑕疵担保責任，不法行為等に基づく損害賠償請求として，889万6150円の支払を請求した（なお，控訴審において請求の拡張及び予備的請求の追加がなされている）。

原審は，Xの主張する瑕疵の一部を認めたものの，現状では構造計算上の耐力に問題がなく建替えの必要性は認められず，損害は本件建物の交換価値の低下相当額等106万6150円にとどまるとし，Yの有する請負残代金債権との相殺により，Xの損害賠償請求権は消滅したとして，Xの請求を棄却したことから，Xが控訴した。

■ **判決要旨**

1　内ダイヤフラムの未施工

　原判決は内ダイアフラムの未施工について瑕疵としているところ，本件請負契約に至る経緯等に照らし，XとYの合意内容は，両者で授受された図面に従って建築するということであり，同図面の記載に従って内ダイアフラムを施工することも，本件契約の内容に含まれているというべきであるから，同図面の記載に従って内ダイアフラムが施工されていないこと及びそのことについてXが承諾していなかったことは，当事者間に争いがないから，本件建物には，内ダイアフラムの未施工という瑕疵があると認める余地がある。

　しかし，内ダイアフラムは，高さの異なる梁材が仕口に溶接される場合で，構造耐力を補強する必要があるときに施工されるものであるが，同図面に従って内ダイアフラムを施工するとかえって構造耐力上の支障を生じる場合があること，そのような場合，ハンチを設けたり，リブプレート（構造耐力を補強する部材）を溶接したりするなど別の補強方法を採るのが建設業界の一般的理解であること，Yは，このような一般的に採られている方法に基づいて，内ダイアフラムの施工に代えてリブプレートを溶接したものであり，これが溶接されている仕口は構造耐力上も支障のないことが認められる。

　本件の場合，内ダイアフラムの施工に代えてリブプレートを使用することは，かえって構造耐力を強めることになるのであって，上記のような一般的に採られている方法に背いてまで内ダイアフラムを施工することを特に合意し，それが本件契約の重要な内容になっていたと認めるに足りない。

　これらの事情に照らせば，Yとしては，内ダイアフラムの施工に代えてリブプレートを使用する旨をXに対し事前に説明しておくことが望ましかったといえるものの，内ダイアフラムが施工されていないことをもって，瑕疵に当たるということはできない。

2　鋼材の板厚不足

　建物の建築に使用できる鋼材は，一般に，日本工業規格上の品質等に応じて差異があるものの，長さや幅，板厚について，設計上の寸法と実際に使用される鋼材の寸法との間に多少の誤差があっても許容されていることが認め

られる。

　そうすると，本件建物に使用されている柱材等の板厚が本件契約の設計上のそれと多少異なることから，直ちに瑕疵に当たると認めることはできない。

　Xは，Yとの間で，柱材の板厚及び梁材のフランジの板厚をいずれも9ミリメートルとすることで特に合意し，それが本件契約の重要な内容になっていたから，この合意に違反すれば瑕疵に当たると主張するが柱材の一部の板厚を6ミリメートルから9ミリメートルに変更したのは，Yの判断であり，そのことについてXと協議をしたものではなく，しかも，その理由は本件建物の構造耐力を増すことを目的としていたことに照らすと，一般の場合と同様，構造耐力に支障のない範囲内で資材を使用することが本件契約の内容になっていたということができる。そうすると，日本工業規格上の品質等に応じて一般に許容されている誤差すら許さないほど厳格に，板厚を寸分違わず9ミリメートル等とすることを特に合意し，それが契約の重要な内容になっていたとまで認めることはできず，他にそのように認めるに足りる証拠もなく，瑕疵は認められない。

解　説

1　不適切な設計図書と異なる施工と瑕疵

　請負契約において請負人が担保責任を負う「瑕疵」については，本書判例〔15〕の解説のとおりであり，本判決も，最高裁平成15年10月10日判決（裁判集民211号13頁）で示された判断基準に沿い，契約の重要な内容について詳細に検討しているといえる。

　すなわち，本判決は，内ダイヤフラムの未施工について，当事者間で授受された図面が契約の内容となり，これと異なる施工について瑕疵になる余地がある旨指摘しつつ，図面に従って施工するとかえって構造耐力上の支障を生じる場合があり，請負人は建設業界の一般的理解に基づいた別の補強方法を採って構造耐力を強めたとし，「一般的に採られている方法に背いてまで図面どおりに施工すること」が本件契約の重要な内容とはなっていなかった

という論理で瑕疵該当性を否定している。

　本判決において特徴的なのは、請負人が契約内容となっている設計図書と異なっていることを認識しつつ、施主に無断でそのような施工をしたとしても（すなわち当事者間の明示又は黙示の合意に反する状態になっていたとしても）、上記契約内容に基づく施工が構造耐力という建物の根幹にかかわる点から不適切なものであり、請負人が構造耐力を強める目的で業界において一般的な補強を施した場合には、瑕疵該当性が否定されるとしている点である。

　もっとも、図面に従って施工した場合の構造耐力上の支障の可能性の高さ及び程度、別の補強方法を採った場合の外観の変更やその他の使用上の支障の有無等の事情によっては、本判決と異なり瑕疵該当性が肯定されることもあり得るところであって、本判決の論理を一般化することには慎重であるべきと考えられる。

2　寸法の誤差と瑕疵

　本判決は、鋼材の板厚不足の点について、「日本工業規格上の品質等に応じて一般に許容されている誤差すら許さないほど厳格に、板厚を寸分違わず9ミリメートル等とすること」が本件契約の重要な内容になっていたとまで認めることはできないとして瑕疵該当性を否定している。

　この点については、建物建築の性質上、一般に許容されている誤差すら許さないほどの厳格さを特段の合意なく求められることは請負人にとって極めて酷であり、妥当な判断であると考えられる。

【宮田　義晃】

第2 契約の有効性・仕事の完成をめぐる紛争

17 建物建築請負契約における工事完成の有無

東京地裁平成22年2月19日判決（平成18年(ワ)第8346号）
判例タイムズ1358号130頁

争点

1 建物建築請負契約において，工事が完成したと認められるか
2 建物建築請負契約の注文者が瑕疵修補に代わる損害賠償債権をもって請負代金債権との同時履行を主張することが信義則に反するか

判決の内容

■ 事案の概要

本件は，平成17年4月6日，施主であるYから建物新築工事（以下「本件工事」という）を請け負ったXが，Yに対し，本件工事は遅くとも同年12月21日までに完成しているとして，請負契約に基づき請負残代金等の支払を求めたところ，Yが，①工事は未完成であり，建物も引き渡されていない，②工事には瑕疵があるから，Yの瑕疵修補に代わる損害賠償請求権とXの請負代金請求権とを対当額で相殺する，などと主張して争った事案である。

■ 判決要旨

1 工事完成の有無

本判決は，本件工事は，予定表に沿って，基礎工事，躯体工事，断熱工事，造作工事，内装工事等が施工されたこと，住居として使用するに足りる十分な躯体構造，設備，内外装等を備えていること，市の建築主事が，平成

17年11月25日、本件建物の検査済証を発行していること、建築士作成に係る同年12月2日付の完成検査報告書においても、本件建物の躯体、設備、内外装等に本件工事が未完成であると評価すべきほどの重大な問題があることをうかがわせる記載がないことなどから、本件工事につき予定されていた工程は、同年11月25日までには一応終了しているというべきであり、本件工事は、遅くとも同日までに完成したと認められるとした上で、Yは本件建物に居住していることなどから、引渡しも認められるとして、Yには請負残代金の支払義務があるとした。

2 注文者が瑕疵修補に代わる損害賠償債権と請負代金債権との同時履行を主張することが信義則に反するか否か

請負人の報酬債権に対し注文者がこれと同時履行の関係にある目的物の瑕疵修補に代わる損害賠償債権を自働債権とする相殺の意思表示をした場合、注文者は、請負人に対する相殺後の報酬残債務について、相殺の意思表示をした日の翌日から履行遅滞による責任を負うものと解するのが相当であるが、瑕疵の程度や各契約当事者の交渉態度等に鑑み、当該瑕疵の修補に代わる損害賠償債権をもって報酬債権全額との同時履行を主張することが信義則に反するとして否定されることもあり得る（最判平9・2・14民集51巻2号337頁、判時1598号65頁、判タ936号196頁）とした上で、本件工事には50か所ほどの瑕疵があるが、その多くは建具やキッチン、内装・クロスの調整・補修が必要であるというものであり、その程度も軽微であって、補修費用（54万9436円）は、請負代金総額（1265万8691円）と比較すると約4パーセント、未払残代金（825万8691円）と比較しても約7パーセントにとどまること、Yは、既払の請負代金の一部について銀行からの借入金を返済せず、当該借入債務を連帯保証していたXにおいて連帯保証債務を履行するなど、実質的に請負代金を支払わないまま、本件建物に居住していること、Yは、本件請負代金の原資とするための融資手続にも合理的理由を明らかにしないまま予定の変更やキャンセルを繰り返すなど、協力する姿勢が何らうかがわれないこと等の諸事情を総合考慮すると、Yが本件工事の瑕疵修補に代わる損害賠償債権をもって請負代金債権との同時履行を主張することは、信義則に反すると判断した。

解　説

1　工事完成の有無
(1)　「工事の完成」の法的意義

　特約のない限り，請負代金請求権は仕事の目的物の引渡しと同時履行の関係に立つ（民633条）ことから，請負代金の請求が認められるためには，目的物の引渡しの前提として請負契約の「仕事を完成すること」（民632条）が必要である。

　一方，仕事が完成されてその目的物が引き渡された場合には，注文者は，瑕疵の修補と損害の賠償を請求することができる（民634条1項・2項）。

　しかし，仕事の目的物に瑕疵がある場合，一般に，本来の債務に従った履行がなされたとはいえないことから，そもそも，仕事の目的物に瑕疵がある状態では，仕事が完成しているとはいえないのではないか，が問題となる。

(2)　工事完成の有無の判断基準

　工事が完成したか否かの判断基準について，裁判例（東京高判昭36・12・20高民集14巻10号730頁，判時295号28頁，判タ127号52頁）は，「工事が途中で廃せられ予定された最後の工程を終えない場合は工事の未完成に当るものでそれ自体は仕事の目的物のかしには該当せず，工事が予定された最後の工程まで一応終了し，ただそれが不完全なため補修を加えなければ完全なものとはならないという場合には仕事は完成したが仕事の目的物にかしがあるときに該当するものと解すべきである」とし，この基準は実務上通説となっている。

　一方，工事の完成の有無に関しては，予定された工程が一応終了しているか否かだけでなく，建物の重要な部分に欠陥がないかどうかも判断基準となり得るとの指摘があり（後藤勇『請負に関する実務上の諸問題』20頁（判例タイムズ社，1994）），本判決も，予定表に沿って基礎工事，躯体工事，断熱工事，造作工事，内装工事等が施工されたことに加え，建物が住居として使用するに足りる十分な構造，設備等を有していること，検査済証が発行されたこと，本件建物の躯体，設備，内外装等に未完成と評価すべきほどの重大な問題があるとはうかがわれないこと等を考慮要素とし，本件工事で予定された工程は，遅くとも検査済証が発行された日までには一応終了しており，工事は同

日までに完成したものと認定した。

　工事の完成の有無に関し，予定された工程が一応終了しているか否かに加え，建物に重大な欠陥がないか否か等，他の要件を付加すべきか否かについては，判例は，建物に重大な瑕疵があるためにこれを建て替えざるを得ない場合にも瑕疵担保責任に基づく損害賠償請求ができるとしており（最判平14・9・24裁判集民207号289頁，判時1801号77頁，判タ1106号85頁），これは重大な瑕疵があっても工事が完成していることを前提としているのであるから，建物に重大な瑕疵があっても，最後の工程まで一応終了していれば，工事は完成していると解すべきとの指摘がなされている（小久保孝雄＝德岡由美子編『リーガル・プログレッシブ・シリーズ14建築訴訟』273頁（青林書院，2015））。

　この論点に関しては，工事が未完成の場合には，未完成部分に対応した契約の一部解除を認めた上で，出来高に相応した工事代金の支払義務を認めることになるから，請負代金から未完成部分を除いた代金を支払わせるのと，請負代金全額の支払義務を認めた上で瑕疵修補に代わる損害賠償額とを相殺するのとでは，結果において実質的にほとんど異ならず，仕事の完成の意義をどのように捉えるかはさほど重要な意味はないため，一応「仕事の完成」と一般に承認される程度の定義を提示すれば足り，厳格に解する必要はないとの指摘もなされているところであるが（園尾隆司「請負代金の支払要件となる『仕事の完成』の意義」判タ677号112頁），実際の訴訟では，請負人からの請負代金請求に対し，注文者が仕事の完成を争うケースも多いことから，「仕事の完成」の意義を論ずる実益はなお少なくない。

2　瑕疵修補に代わる損害賠償請求権と請負代金請求権との同時履行の可否

(1)　瑕疵修補に代わる損害賠償請求権と請負代金請求権との同時履行

　仕事の目的物に瑕疵があるとき，注文者は，瑕疵の修補，及び瑕疵の修補に代えて（又は瑕疵の修補とともに）損害賠償の請求をすることができ（瑕疵担保責任。民634条1項・2項），請負人からの請負代金請求に対し，同損害賠償請求権との同時履行の抗弁を主張することができる（同2項）。また，同時履行の抗弁権の存在効果として，注文者は，同損害の賠償を受けるまでは，請負代金請求権につき履行遅滞による責任を負わない。

同時履行関係の認められる債権の範囲は請負代金債務の全額であるのか，対当額についてのみであるのかについて，判例（前掲最判平9・2・14）は，注文者は，瑕疵の程度や各契約当事者の交渉態度等に鑑み信義則に反すると認められるときを除き，請負人から瑕疵の修補に代わる損害の賠償を受けるまでは，報酬全額の支払を拒むことができ，履行遅滞による責任も負わないとする。

(2) **瑕疵修補に代わる損害賠償請求権と請負代金請求権との相殺の可否**

自働債権に抗弁権が付着するときに相殺を許すと，相手方は理由なく抗弁権を奪われることになるから，かかる場合は相殺が債務の性質上許されないものとするのが原則である（民505条1項ただし書）。もっとも，請負代金請求権と目的物の瑕疵修補に代わる損害賠償債権とは，相殺により清算的調整を図ることが当事者双方の便宜と公平にかない，法律関係を簡明ならしめるものとして，対当額による相殺が認められる（最判昭53・9・21裁判集民125号85頁，判時907号54頁，判タ371号68頁）。そして，注文者は，瑕疵修補に代わる損害賠償請求権と請負代金債務との同時履行の抗弁権を有することから，相殺の遡及効（民506条2項）にかかわらず，相殺の意思表示をするまでは履行遅滞による責任は生じないと解すべきであり，注文者は，相殺後の報酬残債務については，相殺の意思表示をした日の翌日から履行遅滞による責任を負う（最判平9・7・15民集51巻6号2581頁）。

(3) **本判決**

本判決は，上記各判例の示した判断に沿ったものであるが，瑕疵の程度が軽微であり，瑕疵補修に要する費用が請負代金全額及び未払請負代金に比して少額であることや，X，Y間の交渉経緯等に照らし，Yが瑕疵修補に代わる損害賠償債権をもって請負残代金債務と同時履行の抗弁権を主張することは信義則に反するとして，Yは相殺の意思表示をするより前であるXの指定した請負残代金の支払期限の翌日から遅滞による責任を負うものとした。

他に本判決と同旨の裁判例として，福岡高裁平成9年11月28日判決（判時1638号95頁，判タ985号197頁）がある。

【村井　美樹子】

18 地下横断歩道タイル張工事の瑕疵及び瑕疵担保責任の期間

東京地裁平成20年12月24日判決（平成17年（ワ）第12018号，平成18年（ワ）第1388号）
判例時報2037号55頁

争点

1 地下横断歩道タイル張工事の瑕疵
2 本件下請契約に基づく瑕疵担保責任期間の解釈
3 瑕疵担保責任により生じた損害

判決の内容

■ 事案の概要

　X_1，X_2はいずれも土木，建築工事の請負等を業とする株式会社であり，Yは建材等の販売・施工等を業とする株式会社，Yの補助参加人はタイル工事の設計，施工，請負等を業とする株式会社である。
1 元請契約
　国は本件地下道の建設を計画し，X_1と本件地下道の工事に関する請負契約を締結し（以下「本件元請契約①」），X_2とも本件地下道の工事に関する請負契約を締結した（以下「本件元請契約②」）。本件元請契約①，②には，Xらの瑕疵担保責任期間につき，原則として引渡日から2年以内，瑕疵がXらの故意又は重大な過失によるものである場合には10年以内と定められている。
2 下請契約
　X_1は，Yに対し本件元請契約①に基づく工事の一部であるタイル張工事一式（以下「本件工事①」）を発注し，下請契約を締結した（以下「本件下請契約①」）。同契約には工事下請基本契約約款（以下「基本契約約款」）が添付されて

おり，基本契約約款には瑕疵担保責任期間の定めがあったが原則の期間は空白になっており，故意又は過失があった場合の期間も空白のままであった。

X_2は，Yに対し本件元請契約②に基づく工事の一部であるタイル張工事一式（以下「本件工事②」，本件工事①とあわせて「本件各工事」）を発注し，下請契約を締結した（以下「本件下請契約②」）。本件下請契約②には，Yの瑕疵担保責任期間につき，原則として引渡日から2年間，瑕疵がYの故意又は重大な過失によるものである場合には10年間と定められている。

3 孫請契約

補助参加人はYから本件各工事を請け負い，本件各工事を完成させて，Xらに引き渡した。

4 Xらの請求

XらはYに対し，本件地下道の広範囲にわたりタイルの浮き，ひび割れ（以下「本件不具合」）が生じたとして，本件下請契約①，②に定められた瑕疵担保責任に基づく損害賠償請求として，原因調査費用，応急処置費用，補修工事費用相当額等の支払を求めた。これに対しYは本件各工事の瑕疵を否定し，瑕疵が認められるとしても瑕疵担保責任期間の経過によりXらの損害賠償請求権は消滅したと主張した。

■ 判決要旨

1 本件各工事の瑕疵

本判決は，本件各工事施工後約6年で，本件地下道の壁面等の広範囲にわたり本件不具合が発生していることを認定した上で，本件各工事の施工要領書，本件各工事に使用した素材の施工要領書，当該素材の試験報告書，「建築工事標準仕様書・同解説JASS19陶磁器質タイル張り工事」がタイル張工事について「建築工事標準仕様書・同解説JASS15左官工事」によるべきと定めていること及び仕様書の内容等から，タイル張工事作業に際しては，必要な下地モルタルの厚みに応じ，数回に分けて作業を繰り返す必要があったところ，本件各工事では必要な作業手順がとられなかったため，本件不具合が発生したものとし，YにはXらに生じた損害を賠償すべき責任があるとした。

2 本件下請契約に基づく瑕疵担保責任期間の解釈

　本件下請契約①の瑕疵担保責任期間が空欄とされていることにつき、X_1が発注者である国との関係で瑕疵担保責任を負わない場合には、下請人であるYに対して瑕疵担保責任を追及することは想定し難いこと、本件元請契約①では10年の瑕疵担保責任期間につき故意又は重大な過失を、本件下請契約①では故意又は過失と規定されていることからしても、本件下請契約①においてX_1とYは瑕疵担保責任期間を本件元請契約①と一致させるという趣旨であったと解するのが相当であるとし、本件下請契約①、②の瑕疵担保責任期間はいずれも故意又は重大な過失がある場合には10年間になるとした。そしてYには重過失が認められるとして、X_1の請求を全て、X_2の請求の一部を認めて、XらのYに対する損害賠償請求を認容した。

解　説

1　地下横断歩道タイル張工事の瑕疵

　本判決は、本件各工事につき、本件各工事施工後約6年で、本件地下道の壁面等の広範囲にわたりタイルの浮き、ひび割れ等の本件不具合が発生していると認定した。

　本件各工事の施工要領書や使用素材の施工要領書、試験報告書及び文献により、下地モルタルを一度に厚く塗ると下地モルタルが剥がれやすくなることから、本件各工事におけるタイル張工事の施工作業については、必要な下地モルタルの厚さに応じ、数回に分けて塗付、乾燥を繰り返す必要があったとした。本件各工事はタイル張工事であるところ、本件各工事の施工要領書のみならず、使用素材の施工要領書や、同素材の試験報告書、文献により、タイル張工事の基準が導き出されているのが特徴的であり、同種の請負契約における瑕疵の認定に関し参考になる。

　また本判決は、鑑定人の鑑定結果等により、本件不具合の原因について、Yの主張するタイル張下地としてのコンクリート性能の不備や地震等の振動、コンクリート面の清掃不足、給水調整処理不良等、日照、雨水等の劣化外力等の可能性はいずれも抽象的なものにすぎず、具体的証拠は存在しない

としてYの主張を排斥した。本件不具合の原因は施工当初における何らかの原因により，接着界面の接着力が不十分となったことにあるとし，検査の結果，施工業者は下地モルタルを数回に分けて塗付，乾燥して塗り付けるべきところ，これを怠ったことに原因があるとした。

　本件不具合は本件各工事から約6年後に発生しているため，瑕疵が認められるとしても，その原因が本件各工事にあるのか，他の外部要因にあるかの判断は比較的困難を伴うものと思われる。本判決はこの点について，ほぼ鑑定人の鑑定結果をもとに，Yの主張する他の可能性を排斥し，本件不具合の原因は施工上の不備にあると認定した。このように本判決では鑑定人の鑑定結果に依拠した判断がなされており，瑕疵担保責任が問題となる事案において参考になろう。

2　本件下請契約に基づく瑕疵担保責任期間の解釈

　本件下請契約②においては，瑕疵担保責任の期間につき，原則として引渡日から2年間，瑕疵がYの故意又は重大な過失によるものである場合には10年間と定められていたのに対し，本件下請契約①については，瑕疵担保責任の期間につき，上記年数の部分が空白になっていたため，本件下請契約①の瑕疵担保責任の期間が問題となった。

　この点本判決は，X_1が発注者である国との関係で瑕疵担保責任を負わない場合には，下請人であるYに対して瑕疵担保責任を追及することは想定し難いこと，本件元請契約①では10年の瑕疵担保責任期間につき故意又は重大な過失と定め，本件下請契約①では故意又は過失と定めていることからしても，本件下請契約①の瑕疵担保責任の期間は本件元請契約①と一致させるという趣旨と解するのが相当であるとした。契約書の記載に不足があった場合の契約解釈の事例として参考になる。

3　瑕疵担保責任による損害

　X_1は本件不具合の補修工事費用全額と訴状送達日翌日から支払済みまでの遅延損害金の請求を行っており，本判決はX_1の請求を全て認めている。

　X_2は本件不具合に関する調査費用及び工事費と弁護士費用を請求していたが，弁護士費用については本件工事の施工不備との相当因果関係が認められないとして否定し，調査費用及び工事費全額と訴状送達日翌日から支払済

みまでの遅延損害金の請求が認められている。瑕疵により補修工事費用が発生した場合に認められる損害は，原則として瑕疵の調査費用及び補修費用ということになるものと思われる。

【石橋　京士】

19 建築基準法違反の建物の請負工事契約の有効性

最高裁平成23年12月16日判決（平成22年（受）第2324号）
判例時報2139号3頁，判例タイムズ1363号47頁

争点

建築基準法違反の建物の建築を目的とする請負工事契約が公序良俗に違反し無効となるか

判決の内容

■ 事案の概要

　本件は，賃貸マンション2棟（以下「本件建物」という）の請負工事契約（以下「本件契約」という）を締結した本訴原告（反訴被告）X（請負人）（以下「X」という）が，本訴被告（反訴原告）Y（注文者）（以下「Y」という）に対して，本工事の請負代金（総額9200万円）及び追加変更工事代金の残金約2600万円を請求した（なお，Yは工事代金のうち7180万円はXに支払っていた）（本訴）のに対して，Yが，Xに対して，本件建物の瑕疵修補に代わる損害賠償等として約4100万円を請求した（反訴）事案である。なお，本件建物については，Yらにおいて，建築確認申請における貸室数より実際の貸室数を多く設けることや，ロフト高を高くすること等，建築確認を取得した後に，一部これと異なる内容の建物を違法に建築することを計画しており，そのため，確認図面のほかに，これと異なる内容の実施図面が作成されていた。そして，実施図面どおりに建物を建築した場合，同建物は，耐火構造に関する規制，北側斜線制限，日影規制，建ぺい率制限，容積率制限，避難通路の幅員制限等の，建築基準法，同法施行令及び東京都建築安全条例に違反する違法建物となるものであった。

1審判決（東京地判平21・3・27（平成18年（ワ）第8630号，平成19年（ワ）第5964号））は，Xの本訴請求について約2400万円を認容し，Yの反訴請求について約1150万円を認容したが，双方が控訴した。控訴審判決（東京高判平22・8・30判時2093号82頁，判タ1339号107頁）は，本件契約について，クリーンハンズの観点から，本件契約は強行法規違反ないし公序良俗違反として私法上無効であり，X及びYの双方とも有効性を主張できないと解するのが相当であるとして，Xの本訴請求とYの反訴請求のいずれも全て棄却した。

これに対して，Xのみが上告受理申立てを行った。

■ 判決要旨

最高裁は，Xの上告受理申立てを受理し，大要以下のとおり判示して，原判決を破棄し，本件を原審に差し戻した。

本件契約は，違法建物となる本件建物を建築する目的の下，建築基準法所定の確認及び検査を潜脱するため，確認図面のほかに実施図面を用意し，確認図面を用いて建築確認申請をして確認済証の交付を受け，いったんは建築基準法等の法令の規定に適合した建物を建築して検査済証の交付を受けた後に，実施図面に基づき違法建物の建築工事を施工することを計画して締結されたもので，上記計画は，確認済証や検査済証を詐取して違法建物の建築を実現するという大胆で，極めて悪質なものであった。加えて，本件建物は，実施図面どおりに建物が建築された場合，北側斜線制限，日影規制，容積率・建ぺい率制限に違反するのみならず，耐火構造に関する規制違反や避難通路の幅員制限違反など居住者や近隣住民の生命，身体等の安全に関わる違法を有する危険な建物となるものであり，違法の程度は決して軽微ではない。Xは，積極的に違法建物の建築を提案したものではないが，建築工事請負を業としていながら，上記の大胆で極めて悪質な計画を全て了承し，本件契約の締結に及んだもので，またXがYからの依頼を拒絶するのが困難であったとの事情もうかがわれないから，本件建物の建築にあたって，Xが明らかに従属的な立場にあったとはいい難い。以上の事情に照らすと，本件建物の建築は，著しく反社会性の強い行為であって，これを目的とする本件契約は，公序良俗に違反し，無効であるというべきであり，本件の本工事代金の

請求を棄却した原審の判断は是認できる。

　他方，追加変更工事については，本件の本工事の施工開始後，区役所の是正指示や近隣住民からの苦情を受けて別途合意の上施工されたもので，その中には本工事により生じていた違法建築部分の是正工事も含まれていたことから，本件の本工事の一環とみることはできない。本件追加変更工事は，その中で計画されていた違法建築部分につき，その違法を是正することなくこれを一部変更する部分があれば，その部分は別の評価を受けるが，そうでなければ，これを反社会性の強い行為という理由はないから，その施工の合意が公序良俗に反するものということはできない。Xは，本訴請求にあたり，本件追加変更工事の施工の経緯と内容，本工事の代金と追加変更工事の代金の区分等を明確にしておらず，本工事の代金部分と追加変更工事の代金部分を区別できないから，Xの敗訴部分は全て破棄を免れない。

解　　説

　本判決は，建築法規に違反する建物の建築を目的とする請負契約が公序良俗違反に当たるとしてこれを無効とすべきことを明示的に判断した初めての最高裁判例とされている（判タ1363号49頁）。

　一般に，行政法規に違反する法律行為の効力については，行政法規を強行法規（公の秩序に関する規定）と取締法規（行政上の取締りを目的とする法規）に区別し，強行法規に違反した場合には法律行為の効力を否定し，取締法規に違反した場合には規定の趣旨，違反行為の反倫理性の程度，違反行為を無効にすることによる一般取引への影響，当事者間の信義・公平等を検討して契約の有効・無効を決定するとされている（塩崎勉＝安藤一郎編『新・裁判実務大系２建築関係訴訟法〔改訂版〕』111～112頁（青林書院，2009））。

　建築工事関係の代表的な行政法規である建築基準法は，その目的を「建築物の敷地，構造，設備及び用途に関する最低の基準を定めて，国民の生命，健康及び財産の保護を図り，もって公共の福祉の増進に資すること」としている（同法１条）が，同法の各規定が全て強行法規に該当するものとは解されず，個別の規定ごとに強行法規と取締法規のいずれに該当するかを検討す

る必要があると思われる。

　そして、前掲書119～120頁で紹介されているように、建築基準法に違反する建物を建築することを目的とする請負契約の有効性について「同法に定める制限の内容は、広範多岐にわたり、各規定が上記の公益保護上必ずしも同一の比重を有するとは限らないし、また具体的な建築物がこれら規定に違反する程度も区々にわたりうるから、特定の建物の建築等についての契約に建築基準法違反の瑕疵があるからといって、直ちに当該契約の効力を否定することはできないが、その違反の内容および程度のいかんによっては右契約そのものが強行法規ないし公序良俗に違反するものとして無効とされる」ことがある（東京高判昭53・10・12判時917号59頁）との見解は、基本的に妥当と解される。

　なお、建築関係法規違反について、当該法規の保護目的、違反による違法性の程度のほかに、「違反状態の是正の余地」、「履行段階」、「当事者間の公平」などを勘案して有効性を論ずべきとする見解（松本克美＝齋藤隆＝小久保孝雄編『専門訴訟講座2建築訴訟』76頁（民事法研究会、2009））や、契約の履行状況や請求内容等の紛争の局面によって、一律に有効、無効を決定することが妥当な解決をもたらすとは限らないから、事案によって、例えば、注文者が建物の引渡しを受けてこれを使用する場合に、（契約は無効だとしても）注文者からの相当な代金請求は信義則上拒否できないことにする等の信義則による調整が必要であるとする見解（横浜弁護士会編『建築請負・建築瑕疵の法律実務』73～75頁（ぎょうせい、2004））もある。

　本件の原審判決（前掲東京高判平22・8・30）は「当該請負契約が建築基準法に違反する程度（軽重）、内容、その契約締結に至る当事者の関与の形態（主体的か従属的か）、その契約に従った行為の悪質性、違法性の認識の有無（故意か過失か）などの事情を総合し、強い違法性を帯びると認められる場合には、当該請負契約は強行法規違反ないし公序良俗違反として私法上も無効とされるべきである。」として契約全て（本工事分及び追加変更工事分）を無効としたが、同判決は上記の東京高裁昭和53年10月12日判決が示した基準を前提に、当事者の関与形態等の主観的要素を付加した上で、より判断基準を具体化したものと解される。

本判決は，本件契約の目的及び一連の計画，当初の計画どおりに従って建築されていた場合の建物の違法の程度，Ｘの関与形態といった要素を勘案して本工事について公序良俗に反し無効であるとしており，基本的な判断基準として原審判決と異なるところはないと解されるが，追加工事については違法建築部分を是正する工事部分については公序良俗に反するものとはいえないとして結論として原審判決を破棄したものである。

　なお，本件では，本工事の代金の大部分が既払であった点にも留意する必要があると思われる。

　また，本件では，Ｘ，Ｙ双方共に，本件契約が公序良俗違反により無効である旨の主張をしておらず，原審において裁判所がその趣旨を指摘して当事者双方に本訴・反訴の取下げを勧告したものの，Ｘが拒否したために原審判決に至っている点も注目される（この点，裁判所は，当事者が民法90条違反による契約の無効を主張しない場合でも，同条違反に該当する事実の陳述さえあれば，当該契約の有効・無効を判断できるとされている（最判昭36・4・27民集15巻4号901頁））。

【楠　　　慶】

20 建設業許可不取得と請負契約の成立

東京地裁平成24年2月3日判決（平成20年(ワ)第31050号）
ウエストロー・ジャパン2012WLJPCA02038003，LEX/DBインターネット25491964

争点

1　建設業の許可を取得していない施工業者との工事請負契約の有効性
2　設計変更指示による追加変更工事に伴い工事代金が増額したといえるか
3　当初請負工事の内容が確定していない場合の瑕疵と瑕疵修補に代わる損害賠償

判決の内容

■　事案の概要

　病院の新装工事を請け負ったXが，同工事の注文者であるYに対し，工事の残代金，及び追加変更工事代金の支払を請求した事案である。これに対してYは，Xは建設業法3条が定める建設業許可を取得していない建設業者であるので，請負契約は建設業法に抵触し，無効であると主張した。また，Yの行った工事は完成していない，完成していたとしても瑕疵があるとして，請負代金と瑕疵修補に代わる損害賠償請求権との相殺を主張した。

■　判決要旨

1　建設業法違反と請負契約の有効性

　建設業法1条の立法趣旨に照らせば，同法3条の許可の規定は無許可業者に対する刑罰規定（建設47条）と相まって，建設業を無許可で現実になされること自体を行政的立場から取り締まることを直接の目的とする，いわゆる

取締法規であり、同法7条は国土交通大臣又は都道府県知事が同法3条の許可処分をするにあたっての基準にすぎないから、これら各法条に反する工事請負契約であっても、その故にその私法上の効力まで否定されるものと解すべきではない。そうすると、本件請負契約は有効と解するのが相当であり、その契約上発生する債権全額を請求することができるといわなければならない。

2 追加変更工事代金発生の有無

（Xが証拠として提出した複数の図面について、その作成日付の信用性やその後の加筆修正の可能性等について検討を加えた上で）結局、本件全証拠によっても、どの図面が本工事を裏付ける客観的な図面であるかは分明ではなく、具体的にどのような追加変更工事がなされたのかについても特に特定することができない。

本件請負契約に係る本工事の内容は契約当初は必ずしも全部は確定しておらず、工事着工直後Yとの確認によって、随時確定されたものと推認するのが相当である。

Xが主張する本件追加変更時の内容は、本工事との区別がつかないものであり、追加変更工事一覧表のうちX主張に係る番号24を除く各追加変更工事は、いずれも本工事に含まれることに帰着すると解するのが相当である。

番号24に係る工事は、いわゆる駄目工事（手直し工事）であって、本工事に含まれる工事である。

よって、Xの追加変更工事代金の主張は、その前提を欠いており、採用することができない。

3 当初請負契約が確定していない場合の瑕疵と瑕疵修補に代わる損害賠償

建築の瑕疵は、完成された仕事が契約で定められた内容どおりではなく、使用価値や交換価値を減少させるか、あるいは当事者があらかじめ定めた性能を欠くなど、契約内容に照らして不完全な点を有することと解される。そして、瑕疵修補に代わる損害賠償請求権については、その修補に必要かつ相当な範囲の限度で賠償が是認されるべきものであって、当事者が請負契約において予定した工事内容と同程度の修補（欠陥の除去）であり、当然にはその

工事のやり直しを意味するものではなく，しかも同じ目的を達するために複数の工事方法があるとしても，最も安価な修補方法の工事費用の程度で賠償が認められるものと解するのが相当である。

　本件工事請負契約については，契約当初の図面等により当該工事の内容が必ずしも完全に確定し得なかったとしても，その契約目的及び趣旨が，Yの経営する本件医院の新装工事であって，不特定多数の患者が出入りする部屋の建築工事であることは，Xもこれを十分に認識し理解していたことが認められるから，本件工事は，クリニックとして社会通念上期待される性状を備えていることが当該契約内容の当然の前提とされていたものと認定するのが相当である。

　本件工事には，天井裏に不要なケーブルが束で残置してあったり，配線方法が正しくないなどの瑕疵があると認められる。

　また，修補費用については，建設業法所定の許可を有しておらず，建築士法所定の資格を有する従業員や設計担当者がいないXが簡単に修補できるものではないことが認められるので，発注者であるYにおいて第三者に修補させる費用を損害として算定するのが合理的である。

解　説

1　建設業法違反と請負契約の有効性

　Xは，建設業法が定める建設業の許可を得ていない業者でありこの点について争いはなかった。Yは，建設業の許可を得ていないXとの間で交わした請負契約は無効であると主張したが，裁判所はYの主張を認めず，建設業の許可を得ていない業者との間でなした請負契約も有効であるとした。

　建設業法3条は，一定の工事を施工しようとする者に対し，大臣，又は知事による建設業許可を受けることを定めているところ，これは，いわゆる取締法規であり，この規定に反して建設業を営んだ者に対し，3年以下の懲役又は300万円以下の罰金の刑事罰が定められている（建設47条1項1号）。

　取締法規違反がある法律行為の私法上の有効性については，食品衛生法による精肉の営業許可を受けていない当事者による食肉の売買契約を有効と認

めたもの（最判昭35・3・18民集14巻4号483頁），食品衛生法違反の有害物質混入のあられ菓子取引を公序良俗違反として無効としたもの（最判昭39・1・23民集18巻1号37頁），白タクの運送契約を有効としたもの（名古屋高判昭35・12・26高刑集13巻10号781頁）などの判例がある。

本件では，建設業法は無許可で建設業をなすことを規制するものであるとして，その違反は，私法上の有効性を否定するものではないと判断された。

2 追加変更工事代金発生の有無

Xは，本件工事は，請負契約後に設計が変更され，当初請負代金2293万円から420万円の追加工事が発生したとして，当初代金の残代金1873万円に加え，追加工事代金を請求していた。

Yは，追加工事が発生したことの証拠として，複数の図面等を提出したが，いずれもその作成日付が不自然であったり，追加工事の発生を裏付ける打合せ議事録もなかったことなどから，追加変更工事の合意は認められないとした。そして，当初請負工事の際の見積書は，打合せを重ねて確定された設計図に基づいて作成されたものではないのではないかという疑念が払拭できないとした。

裁判所は，最終的に，本件請負工事は契約当初は工事内容について必ずしも全部は確定しておらず，工事着工後，随時当事者間で確定されたことが推認されるとし，Xが追加工事と主張する工事は，本工事に含まれるとし，追加変更工事を認めなかった。

3 当初請負契約が確定していない場合の瑕疵と瑕疵修補に代わる損害賠償

本件では，Xがなした工事には複数の瑕疵があるとの主張がなされていた。しかし，前述したとおり，当初の請負契約の内容が確定できないため，Yの主張する瑕疵についての瑕疵該当性が争われた。

裁判所は，図面等により当初の工事内容が完全には確定できないとしても，Yが営むクリニックの新装工事であることについては双方合意していたと認め，クリニックの通常の新装工事の仕様として社会通念上最低限期待される性状を備えることが契約の当然の前提であったとした。そして，本件建物には，当事者が期待していた一定の性状を完全には備えていないとし，瑕

疵に当たると認めた。また，瑕疵修補に係る額は，建設業許可を得ていないXが修補する際の金額ではなく，Yが第三者に修補させるに必要な額が妥当であるとした。

　瑕疵修補に代わる損害賠償として合計274万8035円の損害を認め，工事代金の残代金1873万円と相殺し，1598万1965円の請求を認容した。

【吉田　可保里】

21 監理契約，工事請負契約の成否と設計の瑕疵の存否

東京地裁平成25年11月26日判決（平成24年（ワ）第25719号）
LEX/DB インターネット25516156

争点

1 監理契約，工事請負契約の成否
2 設計の瑕疵の存否

判決の内容

■ 事案の概要

　店舗の内外装の企画及び設計を業とする原告（反訴被告）X（以下「原告X」という）は，喫茶店を経営する被告（反訴原告）Y（以下「被告Y」という）との間で，平成23年3月10日，喫茶店店舗（以下「本件店舗」という）の内装工事に係る設計・デザインに関する契約（以下「本件契約」という）を報酬額117万6000円（支払方法は，初回，施工開始日，竣工日に分割して各3分の1を支払うとの内容）で締結し，その後原告Xは平成23年6月30日ころまでに本件店舗の内装デザインに係る設計図面を作成し，原告Xが被告Yに紹介した施工業者である補助参加人等は平成24年1月中に本件店舗の内装工事を完成させて被告Yに引き渡したが，被告Yが本件契約の最終回の報酬残金を支払わないため，原告Xが，被告Yに対して，報酬残金の支払を求めて訴訟を提起した（以下「本訴」という）。

　これを受け，被告Yは，原告Xに対して，原告Xとの間では設計のほかに，工事監理に関する契約と工事請負契約も締結しており，本件店舗の工事内容に瑕疵一覧表記載の瑕疵があるとして，工事請負契約の瑕疵担保責任あるいは設計ないし工事監理契約上の債務不履行に基づいて損害賠償の支払を

求める反訴を提起した（以下「反訴」という）。これに対して，原告Xは，被告Yとの間で工事監理に関する契約及び工事請負契約は締結していない，そもそも瑕疵はない等としてこれを争った。

■ **判決要旨**

　裁判所は，原告Xの報酬残金の請求を全て認容するとともに，大要以下のとおり判示して，被告Yの損害賠償請求を全て棄却した。

　本件店舗の内装工事については，被告Yと補助参加人との間で建設工事請負契約が締結されていること，被告Yが消防署長宛てに提出した防火対象物使用開始届出書の「施工者」欄にも補助参加人が記載されていること，本件店舗の内装工事のうち，厨房工事等については他の協力業者が施工しており，その見積書も被告Y宛てになっていること，工事代金は原告Xではなく各施工業者に支払われていること等からすれば，原告Xと被告Yとの間で本件店舗の内装工事に係る請負契約が締結されたとは認められない。

　また，工事監理とは，「その者の責任において，工事を設計図書と照合し，それが設計図書のとおりに実施されているかいないかを確認すること」をいうところ（建築士2条8項），原告Xと被告Yとの間で，原告Xが上記業務を遂行することが合意されたとの事実を認めるに足りる直接的な証拠が見当たらず，原告Xがデザイン・設計以外に担当した事務は，施工業者ないし協力業者を選定して被告Yとの請負契約を仲介した程度であり，本件契約に，工事監理まで含まれていたと認めることはできない。なお，原告Xが被告Yに交付を求めた原告X作成に係る発注書には発注項目として「○○カフェ設計監理」と記載されているが，他方で，同発注書の明細欄には「設計管理料」とあることからすれば，同発注書をもって原告Xが工事監理を行う意思も有していたとまでは認められない。

　瑕疵一覧表で被告Yが主張する瑕疵のうち，瑕疵番号1，2及び7以外については内装工事における施工上の瑕疵をいうものであり，その余の点につき判断するまでもなく理由がない。瑕疵番号1，2及び7についても，設計契約上の瑕疵と認めることはできない。

解　説

　本件は、店舗の内装工事につき、原告Xが設計契約の報酬残金の請求を求める本訴を提起したところ、被告Yが、原告Xとの間に、設計契約のほかに、工事監理契約及び工事請負契約が存在しており、工事内容に瑕疵があるとして、工事請負契約の瑕疵担保責任あるいは設計ないし工事監理契約の債務不履行の損害賠償の支払を求める反訴を提起した事案において、裁判所が、工事請負契約の存在、工事監理契約の存在のいずれも否定するとともに、設計契約上の瑕疵の存在も否定したものである。

　まず、工事請負契約の存否に関しては、被告Y自身が、工事施工業者である補助参加人との間で直接建設工事請負契約を締結していることや、消防署長宛てに提出した書面にも施工者欄に原告Xではなく補助参加人を記載したこと等に照らすと、被告Yと原告Xとの間の工事請負契約の存在を否定した判決の結論は妥当であると考えられる。

　次に、工事監理契約に関して、判決では、監理業務の遂行についての合意を裏付ける直接的証拠がないことを理由にその存在が否定されたが、他方で、原告Xが被告Yに交付を求めた原告X作成に係る発注書には発注項目として「○○カフェ設計監理」と記載され、かつ、原告Xが、被告Yに、施工業者を選定して紹介までしていることや、本件契約の報酬金支払日が初回・施工開始日・竣工日に各3分の1ずつとされ、工事の施工状況に応じて支払うことになっていたこと等に照らすと、被告Yと原告Xとの間で設計業務のみならず、工事監理業務の実施についても合意されていたとみる余地が相応に存したものと考えられる。

　なお、「工事監理」とは、監理者が、「その者の責任において、工事を設計図書と照合し、それが設計図書のとおりに実施されているかいないかを確認」し、実施されていない場合には工事施工者へ指摘等を行い、また、建築主への報告等を行うものであるが、「工事管理」は、施工者の現場代理人（施工管理者、現場管理者）等が、工事の適切・円滑な実施のために、工程管理、材料管理、原価管理、安全管理等を行うものであり、両者は全く異なる（「監理」は施工者から独立した監理者（原則として建築士）の業務であるが、「管理」は

施工者の行う業務である)。

　また，設計契約の法的性質については，準委任契約説，請負契約説，混合契約説等の争いがあり，近時請負契約であるとした裁判例が出ているところ，本件では，法的性質につき当事者間に争いがないことを前提にしたためか，準委任契約である旨判示されている点も注目される。

【楠　　慶】

[22] 請負代金請求・瑕疵修補に代わる損害賠償請求

東京地裁平成26年3月18日判決（平成23年(ワ)第8546号・同第38624号，平成24年(ワ)第35957号）
ウエストロー・ジャパン2014WLJPCA03188012，LEX/DBインターネット25518526

争点

1 建物請負工事完成の有無
2 請負人の報酬請求権と注文者の瑕疵修補に代わる損害賠償請求権

判決の内容

■ 事案の概要

本件は，建物建築請負業者である被告Yとの間で建物建築請負契約を締結した原告Xが被告Yに対して，主位的に建物が未完成であることを理由に未完成部分について請負契約を解除したとして，原状回復請求権に基づき未完成工事に相当する請負代金の返還を求めるとともに，履行遅滞に基づく損害賠償請求として約定の違約金などの支払を求め，予備的に被告Yが建築した建物には瑕疵があるとして，瑕疵修補に代わる損害賠償請求として瑕疵修補費用などの支払を，履行遅滞に基づく損害賠償請求として約定の違約金などの支払を求めた事案である。他方，被告Yは，反訴として，原告Xに対して未払の請負代金等の支払を求め，また，原告Xから追加変更工事を請け負ったとして，被告Yが，原告Xに対し，追加変更工事代金の支払を求めた事案である。

■ **判決要旨**

1 建物請負工事完成の有無

　工事完成の有無及び工事未完成を理由とする本件請負契約解除の可否については，民法632条にいう「仕事の完成」とは，工事が予定された最後の工程まで一応終了したことを指し，ただそれが不完全なため補修を加えなければ完全なものとはならないという場合には，仕事は完成したが仕事の目的物に瑕疵があるときに該当するものと解すべきである。

　これを本件についてみるに，原告Xが本件建物に存在する不具合と主張するものは，いずれも，補修を要するものと判断されないか，補修を要するとしても軽微なものである。また，原告Xが残工事と主張するものは，いわゆる「ダメ工事」，すなわち工事がほぼ終わった段階で，手直しの必要があると指摘された部分について，手を加えて改善する工事の域を出ない。しかも，原告Xが，本件建物の引渡しを受けて入居するとともに，本件建物の所有権保存登記をし，さらに本件建物の検査済証の交付を受けていることも考慮すれば，被告Yは，本件請負契約に基づく工事の全工程を一応終了させたものと認めるのが相当である。よって，本件請負契約に基づく工事が未完成であること及び未完成を理由に本件請負契約を解除したとの原告Xの主張はいずれも理由がない。なお，被告Yは，本件請負契約に基づく工事の全工程を一応終了させたものと認められるので，原告Xに対し，本件請負契約に基づく請負代金全額の支払を請求することができる。

2 請負人の報酬請求権と注文者の瑕疵修補に代わる損害賠償請求権

　請負契約の目的物に瑕疵がある場合には，注文者は，瑕疵の程度や各契約当事者の交渉態度等に鑑み信義則に反すると認められるときを除き，請負人から瑕疵の補修に代わる損害の賠償を受けるまでは，報酬全額の支払を拒むことができ，これについて履行遅滞の責任も負わず（最判平9・2・14民集51巻2号337頁），請負人の報酬債権に対し注文者がこれと同時履行の関係にある瑕疵修補に代わる損害賠償債権を自働債権とする相殺の意思表示をした場合，注文者は，相殺後の報酬残債務について，相殺の意思表示をした日の翌日から履行遅滞による責任を負う（最判平9・7・15民集51巻6号2581頁）。よっ

て，本件請負契約に基づく請負代金残額の支払義務は，原告Xが相殺の意思表示をした翌日である平成24年1月14日から遅滞に陥る。原告Xは，請負代金支払義務について瑕疵修補に代わる損害賠償請求権との同時履行の抗弁も主張しているが，同時履行の抗弁の権利主張をする前に，相殺により瑕疵修補に代わる損害賠償請求権が消滅しているので，同時履行の抗弁は主張自体失当である。

　よって，原告Xの請求はいずれも理由がないから棄却し，被告Yの請求は，本件請負契約に基づく請負残代金のうち相殺後の残額及びこれに対する相殺の意思表示の日の翌日からの商事法定利率による遅延損害金並びに追加変更工事代金及びこれに対する追加変更工事完成引渡し後の日から商事法定利率による遅延損害金の支払を求める限度で理由があるから認容し，その余の請求は理由がないから棄却する。

解　説

1　建物請負工事完成の有無

　建物建築請負契約が締結された場合，請負人の契約責任については，建物完成前は債務不履行責任（民415条），建物完成後は債務不履行責任の特則である瑕疵担保責任（民634条）となる。そして，建物完成の時期については，「請負契約が当初予定された最終の工程まで一応終了し，建築された建物が社会通念上建物として完成しているかどうか，主要構造部分が約定どおり施工されているか」等を基準として判断される（東京地判平3・6・14判時1413号78頁）。なお，建物としての外観が一応整った建物であっても，契約の目的を達成することができないような重大な瑕疵がある場合には未完成であるとして契約解除を認めた裁判例（東京高判平3・10・21判時1412号109頁）もある。建築物には安全に居住・利用できることが最低限の必要条件として要求されているのであるから，重大な構造欠陥等があれば，機能的にみて「建物」とは認められないというべきであって，仕事は完成していないと評価しうる（日本弁護士連合会消費者問題対策委員会編『欠陥住宅被害救済の手引〔全訂3版〕』23頁（民事法研究会，2008））。

本件においても，上記見解と同様に，本件請負契約に基づく工事の全工程を一応終了させたものと認めるのが相当であるとして，本件請負契約に基づく工事が未完成であること及び未完成を理由に本件請負契約を解除したとの原告Ｘの主張を退けている。

なお，民法改正案においては，注文者の責めに帰することができない事由によって仕事を完成することができなくなったとき，若しくは，請負が仕事の完成前に解除されたときであっても，請負人が既にした仕事の結果のうち可分な部分の給付によって注文者が利益を受けるときは，その部分を仕事の完成とみなすと定め，注文者が受ける利益の割合に応じて報酬を請求することができるとされる。

2 請負人の報酬請求権と注文者の瑕疵修補に代わる損害賠償請求権
(1) 同時履行の抗弁と信義則

民法533条は，「双務契約の当事者の一方は，相手方がその債務の履行を提供するまでは，自己の債務の履行を拒むことができる。ただし，相手方の債務が弁済期にないときは，この限りでない」と定め，同時履行の抗弁を認めている。この点，請負契約に基づく報酬請求権と，瑕疵担保責任に基づく損害賠償請求権については，双務契約に基づく債務履行の関係ではないが，民法634条2項において同時履行の抗弁の規定を準用している。そのため，判例において，注文者は，瑕疵の程度や各契約当事者の交渉態度等に鑑み信義則に反すると認められるときを除き，請負人から瑕疵の補修に代わる損害の賠償を受けるまでは，報酬全額の支払を拒むことができ，これについて履行遅滞の責任も負わないとされている（前掲最判平9・2・14）。

よって，たとえ請負契約の目的物に瑕疵がある場合においても，瑕疵の内容が契約の目的や仕事の目的物の性質等に照らして重要でなく，かつ，その修補に要する費用が修補によって生ずる利益と比較して過分であると認められる場合においては，必ずしも同時履行の抗弁が肯定されることにはならず，他の事情を考慮して，瑕疵の修補に代わる損害賠償債権をもって報酬残債権全額との同時履行を主張することが信義則に反するとして否定されることもあり得ることになる。本件においては，注文者が瑕疵修補に代わる損害賠償請求権との同時履行の抗弁を主張することが信義則に反するとはされ

ず，注文者が相殺の意思表示を行うまでは，同時履行の抗弁によって，請負人の報酬請求権について履行遅滞にはならないとされた。

(2) 相殺の意思表示と履行遅滞の時期

民法506条1項前段は，「相殺は，当事者の一方から相手方に対する意思表示によってする」と定め，2項は「前項の意思表示は，双方の債務が互いに相殺に適するようになった時にさかのぼってその効力を生ずる」と定めている。そのため，請負人の報酬債権に対して，注文者が瑕疵修補に代わる損害賠償債権と相殺する旨の意思表示をした場合，相殺の意思表示も相殺適状時である目的物引渡し時にさかのぼってその効力を生じ，そのときから報酬残債務について履行遅滞になると考えることもできる。しかし，前掲最判平9・7・15は，「注文者は，請負人に対する相殺後の報酬残債務について，相殺の意思表示をした日の翌日から履行遅滞による責任を負うものと解するのが相当である。けだし，瑕疵修補に代わる損害賠償債権と報酬債権とは，民法634条2項により同時履行の関係に立つから，注文者は，請負人から瑕疵修補に代わる損害賠償債務の履行又はその提供を受けるまで，自己の報酬債務の全額について履行遅滞による責任を負わないと解されるところ（最高裁平成5年(オ)第1924号同9年2月14日第三小法廷判決・民集51巻2号登載予定），注文者が瑕疵修補に代わる損害賠償債権を自働債権として請負人に対する報酬債務と相殺する旨の意思表示をしたことにより，注文者の損害賠償債権が相殺適状時にさかのぼって消滅したとしても，相殺の意思表示をするまで注文者がこれと同時履行の関係にある報酬債務の全額について履行遅滞による責任を負わなかったという効果に影響はないと解すべきだからである。」と判示し，相殺の意思表示をした日の翌日から履行遅滞による責任を負うとし，本件においても同様の判断がなされている。

【南淵　聡】

23 請負契約の一部解除の可否

東京地裁平成26年12月24日判決（平成23年(ワ)第28937号）
判例時報2260号57頁

争点

1 基礎に補修不可能な不具合がある場合に請負契約全体の解除が認められるか
2 訴え提起後の建築士の調査費用相当額の損害賠償が認められるか
3 請負契約解除の場合に住宅エコポイント相当額の損害賠償が認められるか

判決の内容

■ 事案の概要

Xらは，平成21年11月7日，建築請負等を目的とする会社であるYとの間で，鉄筋コンクリート壁式構造3階建建物の建築請負契約（設計監理業務を含む）を締結した（請負代金額は消費税込み8568万円であったが，その後，追加変更工事契約を締結し，消費税込み8841万円となった）。

Xらは，Yに対し，平成22年6月16日までに上記請負代金のうち，4846万8000円を支払った。

Yは平成22年3月，工事に着手し，杭部分の工事（33本），基礎部分（1階床スラブを含み，杭部分を除く）の工事を経て，同年6月17日に1階壁と2階床のコンクリートの打設工事を行った。

ところが，多数の配筋不足などの不具合が発見されたため，XらとYとは，1階床スラブよりも上の1階部分を解体し，解体後，1階床面の状態を確認してから，良好であれば再建築することを合意し，平成22年8月6日，改めて請負代金を8906万1000円（消費税込み）とする追加変更工事請負契約を

締結し，併せて，Yは，Xらに対し，既払金のうち2194万5000円を返金した。

Yは，上記合意に基づき，平成22年8月，1階部分の解体工事を行い（以下「本件解体工事」という），同年9月3日，解体工事を終了させた。

本件解体工事後，本件土地上には本件建物の基礎部分と杭部分が残ったが，少なくとも，基礎部分にも種々の不具合があることが判明したことから，Xらは，Yに対し，基礎から解体して工事をやり直してほしい旨申し入れた。

しかしながら，Yは，基礎については問題がないか，補修で対応可能であるとして，補修工事を申し入れ，Xらはこれを拒絶した。

そして，Xらは，Yに対し，本件請負契約を解除する旨の意思表示をし，解除に伴う原状回復として，支払済みの金員の返還と土地上の基礎部分及び杭部分の撤去等を求めて訴えを提起した。

■ 判決要旨

1 基礎部分及び杭部分の不具合の存在及び補修の可否について

基礎部分の不具合については，新築建物の工事とは評価することができない状態になっており，これを補修して新築建物の工事と評価することができる状態にすることは不可能であり，基礎部分は解体して施工し直すしかない。

他方，杭部分の不具合については，杭の偏芯に関して33本の杭のうちの1本が偏芯しているからといって本件建物自体が直ちに危険な状態になるとも考えにくいほか，杭の施工自体をやり直す必要があるということにはならない。

2 本件請負契約解除の可否について

Yは，上記1の基礎部分の不具合につき解体して施工し直す義務を負うところ，Xらの催告に対してこれを拒絶したものであり，基礎部分の施工の不具合の程度からして，XらとYとの間で，契約の存続に必要な信頼関係は完全に破壊されたものであり，解除は有効である。

3 解除の効力が及ぶ範囲及びYが負う原状回復義務の内容について

基礎部分の工事については，Xらがこの給付を受けるについて利益を有しないから，解除の効力が及び，Yは解除に伴う原状回復義務に基づき，基礎部分を解体する義務を負う。

他方，杭部分の工事については，基礎部分を解体した後，既存の杭の上に新たな基礎を施工することは可能であり，設計にも問題があるとはいえないところ，基礎部分の工事と杭部分の工事や設計業務とは可分であって，Xらは，杭部分の工事や設計業務についてまで契約を解除することはできず，基礎部分の撤去・既払金から杭部分の工事と設計業務に相当する金額を控除した残額の返還を認める。

解　説

1　請負契約の一部解除の可否

判例は，建物等の工事未完成の間に注文者が請負人の債務不履行を理由に請負契約を解除する場合において，工事内容が可分であり，かつ当事者が既施工部分の給付を受けるについて利益を有するときは，特段の事情のない限り，同部分についての契約を解除することは許されない（最判昭56・2・17裁判集民132号129頁）としており，本判決も同判例を引用している。

問題は，一つの請負契約に含まれる基礎部分の工事と杭部分の工事，設計業務が可分といえるかどうかである。この点について，本判決は，基礎部分を解体した後，既存の杭の上に新たな基礎を施工することは可能であるという客観面を重視して，基礎部分の工事と杭部分の工事とは可分であるとした。技術的には，基礎部分と杭とは杭の上端部分で一体となっており，基礎を解体する場合に杭頭を損傷してしまう可能性がないとはいえないが，本判決は一体化した部分について慎重に解体することによって杭を損傷しないようにすることは可能であるとし，上記のような損傷の可能性があることをもって，直ちに，基礎部分の工事と杭部分の工事とは不可分であるということはできないとした。

また，本件のように請負工事が中途で解除され，基礎部分の解体を要する事態に至った場合，注文者としては本件建物を改めて建築する意思を失い，

杭部分が土地に残っても意味がないという状況になる可能性も相当程度あり得るところであるが，本判決は，注文者側の主観的事情によって給付を受ける利益があるか否かの判断が変わると解するのは相当でないとしており，注文者にとってはやや厳しい内容と思われる。本判決が杭を全て抜くことに関する請負人の経済的損失の大きさに言及していることから，双方の負担のバランスを図った可能性もあるが，基礎部分と杭部分を可分とすることの妥当性については議論のあるところと思われる。

　設計業務についても同様であり，本判決は，設計業務も施工業務とは可分であり，設計図書があれば別の業者に施工を依頼することが可能となる点で注文者には設計業務の成果物の給付を受けるについて利益があるとするが，本件のようなケースにおいて，注文者が設計図書を流用して改めて建物を建築することは必ずしも多くないと思われ（注文者は設計図書に問題があると主張し，本判決はその主張を排斥したが，これをもって注文者が裁判所のお墨付きを得たとして設計図書を流用するかは疑問である），この点を理由とすることの可否については検討が必要であろう。

2　訴え提起後の建築士の調査費用相当額の損害賠償請求の可否

　建築紛争において，専門家たる建築士の助力を要すること自体は相当であり，建築士の調査費用のうち合理的な範囲内のものについては相当因果関係のある損害として認めるとするのがほとんどの裁判例に共通する考え方であり，本判決もこれを前提としている。

　本判決において特徴的なのは，訴え提起後の調査費用について判断している点である。本判決は，訴え提起後も相手方の主張に対応して専門家から一定の助力を要すること自体は否定し難いとしつつ，建築士の報酬の内訳などが明らかでなく，訴え提起前の業務に対する報酬と比較しても過大な請求である可能性が否定できないこと，訴え提起後に提出された数多くの意見書等はいずれも裁判所や被告がその提出を求めたものではなく，その内容には重複があったりするなど，客観的に見て本件の解決に必要不可欠なものではなく，これらの意見書に基づく主張が排斥されていること，相手方の主張に対する技術的な反論は訴え提起前の段階で相当程度準備しておくことが可能であったこと等の事情を挙げた上で，約3分の2相当額を相当因果関係ある損

害として認めた。

　建築士の調査や意見書作成のタイミング，報酬内訳等は紛争の経緯等により当然に異なるものであるが，本判決には上記のとおり，いかなる範囲の調査費用が認められるかの判断材料が多く示されており，訴え提起後に建築士に調査や意見書作成を依頼する機会は少なくないことから参考になるものと思われる。

3　住宅エコポイント相当額の損害賠償請求の可否

　住宅エコポイント制度とは，一定の省エネ基準を満たす住宅を新築した場合に，1戸あたり30万ポイント（30万円に相当）を発行する制度であるところ，平成23年7月1日までに工事に着手した物件に限り，エコポイント発行の対象となる。

　本判決は，Xらが本件請負契約を解除したのは平成23年11月のことであるところ，それ以前の段階では，Yに工事続行の意思があるかどうかは必ずしも明らかではないため，Xらとしては，業者を代えて新たに建築工事に着手することに踏み切れないとしてもやむを得ないとし，Xらにおいて，エコポイントの申請に間に合うよう本件土地上に新たな建物を建築する機会があったということはできず，Yが本件請負契約に基づき本件建物を完成させていれば，Xらは住宅エコポイントを取得することができたにもかかわらず，Yの責めに帰すべき事由によりこれを取得することができなかったものであるとして，住宅エコポイント相当額の損害賠償を認めた。

　住宅エコポイントの損害賠償が問題となるケースが今後新たに生じる可能性は高いとはいえないが，この点について判断した裁判例は珍しく，意義があると考えられる。

【宮田　義晃】

第3　建替えの要否をめぐる紛争

24　住宅の不同沈下と建替えの要否

和歌山地裁平成20年6月11日判決（平成17年（ワ）第608号）
消費者法ニュース79号255頁

争点

1　瑕疵の有無（基礎構造選定の誤り等）及び責任の主体
2　不同沈下が生じた場合の基礎工事のやり直し及び建替えの要否

判決の内容

■ 事案の概要

　Xは，平成6年5月18日，被告Y_1との間で建物建築請負契約を締結し，平成7年5月8日に引渡しを受けたが，入居後6か月経過したころから不具合が発生し，平成12年秋ころに地盤が不同沈下していることが判明したため，本件建物に瑕疵があり，そのために本件建物をいったん取り壊した上で再築する必要があるとして，被告Y_1に対しては，民法634条2項の瑕疵担保責任，同法709条の不法行為又は同法715条1項の使用者責任に基づく損害賠償請求として，被告Y_1の代表取締役である被告Y_2に対しては，民法709条の不法行為又は平成17年法律第87号による改正前の商法（以下「旧商法」という）266条の3第1項による損害賠償請求として，本件建物の設計及び工事監理を担当した被告Y_1に所属する一級建築士である被告Y_3に対しては，民法709条の不法行為による損害賠償請求として，連帯して4107万1200円及び遅延損害金の支払を求めた。

■ 判決要旨
1 瑕疵の有無及び責任の主体
(1) 瑕疵の有無
① 基礎構造選定の誤りによる欠陥

平成12年4月26日政令第211号による改正前の建築基準法施行令（以下「旧施行令」という）38条1項は「建築物の基礎は，建築物に作用する荷重及び外力を安全に地盤に伝え，かつ，地盤の沈下又は変形に対して構造耐力上安全なものとしなければならない」と規定している。そして，地盤には支持できる重量に限界があり，地盤にその限界を超える重量がかかると不同沈下を起こす結果となるから，不同沈下を防ぎ，安全な基礎構造とするためには，当該地盤の体力に応じて相当な基礎を設置する必要があるとした上で，本件建物が不同沈下した最大の原因は，不同沈下の懸念があるにもかかわらず，N値60以上の風化砂岩を支持基盤とする杭基礎を打設するなどの対策を講じず，漫然とべた基礎を用いて最上部の盛土層を支持基盤として本件建物を建築したことにあると推認されるなどとして，本件建物の基礎構造は，建築物に作用する荷重及び外力を安全に地盤に伝えることができないため，旧施行令38条1項に違反する欠陥があるとした。

② べた基礎の基礎構造の欠陥

本件建物の基礎の配筋量や耐力に問題があったため，本件建物の不同沈下によりクラックが生じたものと推認されるなどとして，本件建物のベタ基礎は，底盤の配筋量が不足しており，立ち上がり主筋の耐力不足が認められ，安全性が確保されていないため，この点においても旧施行令38条1項に違反する欠陥があるとした。

③ 耐力壁の欠陥

本件建物の筋かいは十分に緊結されていないため，旧施行令45条3項等の基準に反しているとした。

また，本件建物の耐力壁は，構造耐力上必要な軸組の長さを満たしていないため，旧施行令46条4項に違反する欠陥があるとした。

④ 小屋組の欠陥

本件建物 1 階の小屋裏には，小屋梁相互を連絡して小屋組を固める役割を果たす振れ止め，けた行筋かい及び小屋筋かいが，全く施工されていないため，旧施行令46条 3 項に違反する欠陥があるとした。
(2) 責任の主体
① Y_1 について

本件建物には建築基準法令等に違反する種々の欠陥が認められるから，民法634条 2 項に基づき，瑕疵修補に代わる損害賠償義務を負うとともに，Y_1 は，建築業者として，建築基準法施行令等に適合する建物を設計・施工すべき義務に違反して瑕疵がある本件建物を設計・施工した過失があるから民法709条に基づく不法行為責任も負う。さらに，Y_3 は民法709条の不法行為責任を負うところ，Y_3 の使用者として，民法715条 1 項の使用者責任を負う。

② Y_2 について

Y_2 は，Y_1 の代表取締役として，欠陥のない建物を建築して Y_1 が顧客に対して損害賠償義務等を負うことのないようにすべき忠実義務を負っているところ，Y_1 は，建築基準法令に適合しない本件建物を施工したものであり，建設業者にとって，建築物の設計，施工にあたり，建築基準法令を遵守することは，基本的な義務であるから，Y_1 がかかる義務に違反したことについては，被告 Y_2 に重大な任務懈怠があったと認めるのが相当であり，旧商法266条の 3 第 1 項に基づく損害賠償責任を負う。また，被告 Y_2 は，Y_1 の代表取締役として，建築基準法令に適合する建物を建築し，顧客に提供すべき義務を負っているにもかかわらず，これを怠った過失があるから，民法709条の不法行為責任も負う。

③ Y_3 について

Y_3 は，Y_1 に勤務する一級建築士として，建築基準法令に適合する建物を設計・監理すべき義務を負うにもかかわらず，かかる義務に違反して瑕疵のある本件建物を設計・監理した過失があるから，民法709条の不法行為責任を負う。

2 建替えの要否について
(1) 基礎工事のやり直しの要否

本件建物は不同沈下しており，基礎が損傷している上，基礎底盤及び立ち

上がりの配筋量が不足しており，耐力壁も不足しているなど，構造耐力上の安全性につき欠陥が認められるところ，本件建物の構造耐力上の安全性を回復して，本来あるべき姿に修復するには，本件土地の適切な支持地盤まで到達する支持杭を打設して法令に適合した構造耐力上の安全性が確保されたものにする必要があるとした。

　この点，Ｙらは，仮に本件建物の補修が必要であるとしても，解体した上で基礎工事からやり直す必要はないと主張したが，そもそも本件建物について，べた基礎を用いたこと自体が不適切であり，べた基礎を除去して新たに杭基礎を打設する必要があるなどとして，Ｙらの主張を斥けた。

(2) 建替えの要否

　本件建物の基礎工事をやり直すための前提として，本件建物を解体するか，曳き家して移動させる必要があるが，スペースの問題等から曳き家による方法を取ることはできないとした。なお，本件建物をその場でリフトアップし，その下で基礎工事をやり直す方法については，作業時の安全性の点などに疑問があり，採り得ないとした。

　また，本件建物を移動させずに，小口径の鋼管を杭にして，本件建物の重量を利用して杭を押し込み，本件建物を水平にする方法（アンダーピーニング工法）については，地震による水平力に対する安全性を確保することや，本件建物を完全に水平な状態にすることができない可能性があり，適切ではないとし，同じく，本件建物を移動させずに，瞬結タイプのセメント系注入材を地盤に注入し，建物を持ち上げるとともに地盤の支持力を高める方法（アイリフト工法）についても，工事が奏功したか確認する方法がないことなどに鑑みれば適切ではないとし，結局，本件建物の欠陥を補修するためには，本件建物をいったん取り壊し，適切な支持地盤まで杭基礎を打設した上で，建物を再築するよりほかないとした。

3　結　論

　建物再築費用，代替建物レンタル費用，引越し費用，慰謝料，調査鑑定費用，弁護士費用等合計3828万1000円の損害を認容した。

解　説
1　地盤調査義務及び適切な基礎構造選定義務

　本判決においては，瑕疵の一つとして，基礎構造選定の誤りによる欠陥が認定されているが，適切な基礎構造を選定するために地盤調査を行うことが必要か，すなわち，地盤調査義務があるかということが問題となる。

　この点，本判決においては，地盤調査義務自体については言及していないが，本事案において，地盤調査は実施されていないところ，本判決が「本件建物が不同沈下した最大の原因は，（中略）漫然とべた基礎を用いて最上部の盛土層を支持基盤として本件建物を建築したことにあると推認される」と判示していることから，地盤調査義務を前提としているように読むことができる。また，本事案同様，平成12年改正前の旧建基令下の福岡地裁平成11年10月20日判決（判時1709号77頁）も「一般に建物を建築する業者としては，安全性を確保した建物を建築する義務を負うものであるから，その前提として，建物の基礎を地盤の沈下又は変形に対して構造耐力上安全なものとする義務を負うものというべきであり，右義務を果たす前提として，建物を建築する土地の地盤の強度等について調査すべきであり，その結果強度が不十分であれば，盛り土部分に対して十分な展圧を掛けるか，強度が出る地盤まで支持杭を伸ばして基礎を支える構造にするなどの措置をとる義務を負うものと解される」と判示しており，適切な基礎を選択する前提として地盤調査義務を認めている。

　さらに，平成12年改正後の建基令38条3項「建築物の基礎の構造は，建築物の構造，形態及び地盤の状況を考慮して国土交通大臣が定めた構造方法を用いるものとしなければならない」の規定に基づいて建設省告示第1347号の第1が制定され，建築物の基礎の構造は，基礎を支える地盤の長期に生ずる力に対する許容応力度（改良された地盤にあっては，改良後の許容応力度とする。以下同じ。）が$20kN/m^2$未満の場合にあっては基礎ぐいを用いた構造と，$20kN/m^2$以上$30kN/m^2$未満の場合にあっては基礎ぐいを用いた構造又はべた基礎と，$30kN/m^2$以上の場合にあっては基礎ぐいを用いた構造，べた基礎又は布基礎としなければならないと規定された。

このように地盤の許容応力度に応じて基礎を選択しなければならなくなった結果，地盤の許容応力度を確かめる必要が生じ，事実上地盤調査を行うことが不可欠になったといえ，事実上，地盤調査が義務付けられたといえる。

2 建替えの要否
本判決は，基礎構造の選定自体が不適切であり基礎工事をやり直す必要があるとした上で，基礎工事をやり直す方法として，曳き家による方法，アンダーピーニング工法，アイリフト工法等について検討を加え，いずれも適切ではないとした上で建替えが必要だと結論付けており，慎重な検討をしているといえよう。

3 その他
本判決は，設計施工業者であるY_1について，民法634条2項，709条，715条1項の責任，同社の代表取締役であるY_2について，旧商法266条の3第1項，民法709条に基づく責任，建築士であるY_3について，民法709条の責任を認めており，建築基準法令違反等がある場合において，それぞれの立場の者について，どのような責任が問題となるかを考察する参考になると思われる。

【髙木　　薫】

第4　請負代金をめぐる紛争

25　注文と異なるリフォームの場合の請負代金請求の可否

札幌地裁平成21年11月10日判決（平成20年（ワ）第228号）
LEX/DB インターネット25442485，裁判所ウェブサイト

争　点

1　請負人のしたリフォームが注文と異なるものであった場合に，請負人は請負代金を請求できるか
2　完成した工事に著しい瑕疵がある場合，請負人は請負代金を請求できるか

判決の内容

■　事案の概要

注文者であるYは，Y所有の建物につき，内装改装等の工事をXに依頼し，工事代金は出来高払とした。XがYに対し本件工事の請負代金として378万円の支払を求める本訴を提起したところ，Yが，本件工事はYが注文したものと全く異なるか，著しい瑕疵のあるものであるなどと主張し，Xに対し，本件工事により設置されたバルコニー等の撤去等のために必要な費用について損害賠償を請求する反訴を提起した事案である。

■　判決要旨

本判決は，まず，Yの注文した工事（以下「本件工事」という）は床下の防湿工事，物置の改築，1階居間のベランダ設置，物干し台の設置，窓枠及び階

段の補修等の内装工事であったこと，Xは，本件工事についてYと細かな打合せをすることなく，施工内容の概略を説明する図面，見積書などを作成交付することもないまま，物置，サンルーム及びバルコニーの設置並びに内装工事等を下請業者に発注して施工したこと，本件工事は，床下に浸水が発見されたのを契機として中断されたことなどを認定した。

1　注文と異なるリフォームの場合の請負代金請求の可否

　その上で，本判決は，Xのした工事のうち，①床下防湿工事は，建物の床下防湿対策として無意味であるから，債務の本旨に従った工事を何ら施工していないというほかなく，床下防湿工事に関するXの請負代金請求は理由がない，②Xの設置したバルコニーは実用に耐えないことが明らかであり，Yがこのようなバルコニーの設置を注文したとか，事後に了解したとは到底考えられず，サンルームについても，Yの注文とは全く異なるものであったことなどを認定した上で，注文と全く異なる工事をしても，請負人がその工事の報酬を請求することはできないし，注文者がそのような工事の成果を受領する義務はなく，請負人は，請負契約に伴う付随義務として，注文者の利益に反する工事や注文と全く異なる工事をしない義務を負うと解されるから，注文者の利益に反する工事を行うことは債務不履行（付随義務違反）に該当するとし，Xは，バルコニー及びサンルームの撤去に要する費用について債務不履行による損害賠償責任を負うとした。

2　工事に著しい瑕疵がある場合の請負代金請求の可否

　また，③物置の設置については，Yの注文に基づいて設置されたものであるが，著しい瑕疵があり，いったん撤去して設置し直すしか瑕疵を是正する手段がないとして，物置設置工事の出来高は零円であるし，Xは，民法634条2項に基づき，瑕疵修補に代えて物置の撤去に要する費用を賠償すべき責任を負うとした。

■ 解　説

1　請負人の仕事完成義務と債務不履行責任

　請負人は仕事の完成義務を負い，注文者は完成された仕事の結果に対して

報酬を支払わなければならない（民632条）。報酬の支払義務は仕事の目的物の引渡しと同時履行の関係に立つから，請負人は，引渡しの前提として，工事を完成させなければ，報酬の支払を受けることができない（民633条）。仕事が未完成である場合には，一般の債務不履行責任の問題となり損害賠償請求権や契約解除権が発生することとなる（民415条・541条・543条等）。

　一方，仕事が完成されて目的物の引渡しがあれば，注文者は，請負代金を支払う義務があるのであって，仕事の目的物に瑕疵があっても，そのことのみを理由として請負代金の支払を拒絶することはできないが，請負人の瑕疵担保責任に基づく瑕疵の修補又は（及び）損害賠償請求権との同時履行を主張し，瑕疵の修補又は（及び）損害賠償の履行があるまで請負代金の支払を拒絶することができる（民634条1項・2項）。

2　出来高部分の報酬請求の可否

　工事は一部分施工されたが，未完成のまま注文者が請負人の債務不履行により契約を解除しようとする場合，工事内容が可分であり，しかも当事者が既施工部分の給付に関し利益を有するときは，特段の事情がない限り，既施工部分については契約を解除することができず，ただ未施工部分について契約の一部解除をすることができるにすぎない（最判昭56・2・17裁判集民132号129頁，判時996号61頁，判タ438号91頁）。これは，建築工事については，既施工部分だけでも契約の目的を達することができる場合には，既施工部分を除却するのではなく注文者が一定額の報酬を支払って未完成工事を引き取ることが，当事者の利益及び社会経済の観点から合理的であるとの理由による。同様に，工事の履行不能は確定しているが請負契約が解除されなかった場合であっても，既施工部分が注文者に利益をもたらすものである場合には，その出来高に応じて請負人の報酬請求権を認めるのが相当であるとの指摘がある（齋藤隆編著『建築関係訴訟の実務〔3訂版〕』163頁（新日本法規出版，2011））。

　いずれの場合であっても，既施工部分の報酬請求が認められるためには，既施工部分につき注文者が給付を受ける利益を有することが必要である。

　裁判例の中には，外形上は一応仕事が完成したといえる場合であっても，目的物の瑕疵が極めて重大であって，本来の効用を有せず，注文者が目的物を受領しても何らの利益を得ない場合は，実質的にみれば注文にかかる建物

が完成していない場合と何ら差異はないとして，仕事が完成していない場合に準じ，注文者は請負代金の支払を拒むことができるとしたものがある（大阪高判昭59・12・14判タ549号187頁）。これらによると，請負代金請求が認められるためには，工事に請負代金と対価性を有するだけの利益がなければならないものと解される。

3 本判決
(1) 請負人のした工事が注文と全く異なるものであった場合
　請負人のした工事が注文した内容と全く異なるものであった場合は，そもそも，債務の本旨に従った履行がなく，「仕事を完成」したともいえないから，請負人に報酬請求権は発生しないと解すべきであろう。また，請負人が注文と異なる工事をしたことにより，注文者に損害が発生した場合には，債務不履行責任に基づき損害賠償義務を負うことも当然といえる（民415条）。このような理由から，本判決は，床下防湿工事，バルコニー及びサンルームの設置工事については，Xの請負代金請求を認めず，Xには，債務不履行責任（民416条）に基づき，撤去費用等の損害を賠償する責任があるとしたものと解される。

(2) 請負人のした工事に著しい瑕疵がある場合
　本判決は，物置の設置については，Yの注文に基づいて設置されたものであるとしても，著しい瑕疵があり出来高は零円であるとして，Xの請負代金請求は認めなかった。一方で，本判決は，Xは瑕疵担保責任（民634条2項）に基づき瑕疵修補に代えて撤去費用等の損害を賠償する責任があるとしているが，これは，瑕疵担保責任の前提として仕事は完成しているとの判断があるものと考えられる。すなわち，本判決は，物置の設置工事は，Yの注文に基づいて一応完成されたものであるが，著しい瑕疵があるためにその工事による利益はないものとして，物置の設置工事に関するXの報酬請求を認めなかったものと解される。

【村井　美樹子】

26 建築予算規模の増額と設計者の債務不履行責任

東京地裁平成24年3月27日判決（平成21年（ワ）第5281号）
ウエストロー・ジャパン2012WLJPCA03278018，LEX/DBインターネット25492805

争点

建築予算規模を大幅に上回る設計を行ったことが債務不履行に当たるか

判決の内容

■ 事案の概要

Xは，平成19年3月3日，一級建築士事務所の株式会社であるY₁との間で，貸室兼自宅（以下「本件建物」という）の建築に関する設計業務及び工事監理業務を内容とする建築士業務委託契約を締結したが，XはY₁が，契約で定められた建築予算規模を大幅に上回る設計を行い，また，設計業務完了期限を守らなかったなど，債務不履行があることを理由として契約を解除し，Y₁に対しては，契約の解除に伴う損害賠償請求権に基づき，Y₁の代表者であり設計を担当したY₂に対しては，不法行為による損害賠償請求権に基づき，損害金の支払を求めた。

■ 判決要旨

本判決は，建築士法18条2項から，当初の予算を超過したことや当初の設計業務期限を守らなかったことをもって，直ちに設計者側に債務不履行が成立するのではなく，その予算とされる金額がどのような経緯で決定されたか，予算で収まるような設計をする旨を明示的に約したといえるか，予算超過の程度や設計業務の遅延の程度やそれらが生じた要因を総合考慮して，債

務不履行の成否を検討すべきであると判示した上で，契約締結の際に示された概算予算額は，契約締結時点で，建物の個々の材質，色彩，仕様，グレードに関するXの要望を網羅的かつ具体的に反映されることを前提としていたわけではなく，実際にも，Y_2がその後Xから頻繁に示される多数の要望を予測した上で上記建築予算額内やこれに近い金額でXの希望する設計内容での建築が可能であることを約束ないしXに期待させた上で設定されたものでもないと認定し，また，後にY_1が提示した見積金額は，契約締結時の工事概算予算額を大幅に超過するものといえるが，それは，Y_1がXに対して情報提供等を怠るなどして，Xに誤った見込みをさせた結果，見積金額が増額したのではなく，むしろ，Xが，契約締結後，Y_2に対し，建築設計，構造，設備，材料，色彩等のあり方について，頻繁にかつ詳細に建築費用が大幅に増額する方向での要望を示し，Y_1からは，コストダウンの意向を示さないと工事概算予算額を守れないことを執拗に忠告され，しかも，そのことを複数の建築業者からの具体的な見積額の提示を受けることにより現実的に知らされたのみならず，その後も複数にわたる減額案を具体的に示されながらも，自らの意向を大きく修正することのないまま自ら望む設計内容に固執したことに起因するものであると判断し，Y_1に債務不履行は認められず，設計を担当したY_2にも不法行為の事実を認めることはできないと判示した。

解　説

1　建築過程について

　本件は，設計者と施工者が異なる事案であるが，このような場合，建築物が施工されるまでの手続は，大きく設計段階と施工段階に分けることができる（松本克美＝齋藤隆＝小久保孝雄編『専門訴訟講座2建築訴訟〔第2版〕』240頁以下（民事法研究会，2013））。

(1)　設計段階

　設計者は，建築主から設計の依頼を受けると，建築主と綿密な打合せを重ねて，建築主の建物に関する要望事項を具体化し，当該地域の都市計画上の制限や消防その他の各種法令との適合性を検討する。

建築主が設計業務を建築士に委託すると、建築主と建築士との間で、設計業務委託契約が締結される。

設計業務は、設計業務の過程に応じて、基本設計と実施設計に区分される。基本設計とは、設計者が建築主の建築意図、要望などを理解して基本的設計方針を策定し、それに基づき建築物の全体の概要を、具体的な基本設計図面に表現し、作成することをいう。これに対し、実施設計とは、確定された基本設計に基づいて、工事を具体的に実施するために必要な程度に詳細な図面や仕様書などの実施設計図面を作成することをいう。

設計者は、設計の委託者に対し、設計の内容に関して適切な説明を行うよう努めなければならない（建築士18条2項）。

(2) 施工段階

建築主と施工者は、実施設計に基づき作成された設計図書に基づいて請負代金額を合意するほか、請負代金の支払方法及び工期などを定めて、工事請負契約を締結する。施工者は、設計図書に基づいて工事を進める。

(3) 本件の進捗状況

本件において、Y_1は、設計図書を作成し、建設会社に見積依頼をしているが、Xは建設会社と請負契約を締結する前にY_1との間の契約を解除したようであるから、本件は、施工段階に至らず、設計段階で建築作業が頓挫したものと思われる。

2 設計に関する設計者の債務不履行責任

建築主が設計者に対し、債務不履行責任を理由とする解除や損害賠償を主張する場合、債務不履行の内容として、①予算超過の設計である、②設計図面の作成が遅延した、③建築主の要望と異なる設計である、④設計図面に瑕疵や法令違反部分がある、などが主張される。

本件では、Xは、①、②、④の債務不履行を主張しているが、本稿では、①の成否についてのみ論ずる。

3 本件の交渉経緯

設計予算をめぐる紛争においては、交渉経緯がポイントの一つとなることから、参考として、本件の事実関係を掲記する。

(1) Xが、平成19年1月10日、Y_2に本件建物の新築のための相談をした

際に，かつて途中で頓挫した本件建物の設計計画を Y_2 に見せたところ，Y_2 は，当該設計計画は相当高額な仕様が用いられており，2億2500万円程度の費用を要すると伝えたが，Xが，予算が1億2000万円くらいしかないと返答し，これを受けて Y_2 が減額案を提示したものの，Xはこれに応じず，1億2800万円の予算で設計業務を行ってほしい旨伝えたことから，Y_2 はかかる額を前提として概算予算書案を作成することとなった上，その後，Xは，材料についてより多額の費用を要する設計をいくつも要求するに至り，Y_2 が何度も減額案を提示したものの，Xは一切これに応じないまま，結局，同年3月3日，X及び Y_1 は予算概算を1億2807万2250円とする契約を締結するに至った。

(2) 平成19年3月9日から同年9月25日までの間に，Xから，設計に関する要望・意見が多数出されたが，いずれも非常に費用が嵩む内容であった。

(3) Y_2 は，平成19年6月から7月にかけて，Xに対し，Xの要望内容では到底予算内に収まらないために，建築，構造，設備，材料等について，費用が軽減される方向に考え方を改めなければならない旨忠告したが，Xがこれに応じる姿勢が見られず，Y_2 は，同年8月7日，Xと相談した上，いったん設計を終了することとして，これまでのXの要望を反映させた内容で建設会社に見積りを取ることとした。その結果，建設会社4社から見積りが届いたが，その最低金額は2億4900万円で最高金額は2億9400万円であった。Y_2 は，平成19年10月5日，Xに対し，当該見積結果を示し，3回にわたり，建築予算の削減案を示し，その中で，Y_2 は，当初の概算予算で収めるためには，構造や設備等を変更して工事費を削る必要があることや，Xの予算をある程度上乗せしなければならないことを伝えた。しかし，Xは，これらの削減案について一部賛成するも，従来の希望内容に固執することが多々あった。Y_2 は，かかるXの態度を踏まえて，同年12月から平成20年1月にかけて，再度建設会社に見積りを取り，建設会社4社から見積りが届いたが，その最低金額は1億9110万円で最高金額は2億3600万円であった。Y_2 は，Xにかかる見積結果を示した。

4 設計者の予算遵守義務

設計は，建築主から，完成した建物のイメージを聴取し，これを具現化す

るものであるが，建築主としては，その建築費用について予算を定めており，その予算額から乖離するような建築費用を要する建物の設計は望まないのが通常である。したがって，設計契約においては，通常，その予算の範囲内で建築できる建物の設計を行うことがその契約内容になっているといえ，設計者がこれに反する設計をした場合，原則として，債務の本旨に従った履行がされたとはいえない。もっとも，建築主は，最少の予算で，理想の建物の実現を求めるため，予算に比して規模，構造，仕様等過剰な要求をすることも多く，客観的に見て，建築主の希望をかなえるような建物の設計を行い得ないという場合も考えられる。そうした場合は，設計者が設計を完成させることができなかったとしても，それが設計者の責めに帰すべき債務不履行ということはできない。ただし，設計者としては，建築主に対し，建築主の提示する予算では希望どおりの建物の建築は不可能であることを説明すべき義務を負う場合もあるといえよう（小久保孝雄＝徳岡由美子編『リーガル・プログレッシブ・シリーズ14建築訴訟』32頁（青林書院，2015））。

　本判決は，建築士法18条2項により，設計者は法的規制や自己の設計思想に基づきながら，委託者の注文に従った設計を行い，委託者が工事予算を提示した場合，設計者は基本的には，この予算の範囲内で設計する義務を負うとしながらも，設計者と施工者が分かれる場合には，予算が示されても，工事代金は設計者ではなく施工者と委託者との間で決定するものであることや，工事予算が提示されたとしても委託者のどのような希望までも予算内に収める義務までは負わないと判示し，判決要旨記載のとおり，債務不履行の成否の検討に際しては，諸般の事情を総合考慮すべきであるとの一般論を述べているが，かかる一般論について異論はなかろう。

　本件は，当初から，Xの注文に従った設計をした場合，費用が到底Xの提示する予算には収まらないものであったことに加え，Y₁として，Xに対して，見積り等を示しながら，再三その旨を説明し，減額案を提示するも，ことごとくXがこれに応じず，その結果Xから一方的に契約を解除されたという事案である。かかる事情に鑑みると，Y₁がXの提示する予算の範囲内の設計を完成させることができなかったことも不合理ではなく，また，設計者に要求される説明義務も十分に尽くしているといえ，契約締結時にXの提示

する予算額に近似する額の概算予算書案を作成したことのみをもって、Y_1 に対し、X提示の予算額に近似する額での設計義務を課すのは妥当ではない。したがって、Y_1 に債務不履行が成立しないとした本判決の判断は、妥当であろう。

【稲垣　司】

第5 責任主体

27 建築確認申請書の工事監理者欄に自己の名前を記載することを許容した建築士の不法行為責任

佐賀地裁平成22年9月24日判決（平成19年（ワ）第794号）
判例時報2118号81頁

争点

1　建築業者の宅地造成に関する調査義務

2　工事監理業務を行わないにもかかわらず建築確認申請書の工事監理者欄に自己の名前を記載することを許容した建築士は建物請負契約の発注者との関係でいかなる義務を負うか

判決の内容

■ 事案の概要

Aは，建設会社Y_1（代表者Y_2二級建築士）との間で，A宅（以下「本件建物」という）を建築する旨の請負契約を締結し，Y_1は本件建物の建築工事（以下「本件工事」という）を完成させAに引き渡したが，その後本件建物に沈下が確認された。本件建物の建築確認申請は，一級建築士であるY_3が行い，建築確認申請書の工事監理者欄にはY_3の名前が記載されていたが，Y_3は本件工事の工事監理業務を行わなかった。Aが死亡し，Aを相続したXは，本件建物の基礎に瑕疵があるとして，Y_1に対し，主位的に不法行為，予備的に瑕疵担保責任に基づき，Y_2に対し取締役の第三者責任に基づき，本件建物の補修工事費用等として4539万8564円及び遅延損害金の支払を求めた。X

は，Y₃に対しても，AとY₃との間に本件工事に係る工事監理契約が成立したことを前提に，主位的に不法行為の成立，予備的に債務不履行責任の成立を主張するとともに，仮にAとY₃との間に工事監理契約が成立していないとしても，不法行為が成立すると主張し，同額の損害賠償を求めた。

■ 判決要旨

1 建築業者の宅地造成に関する調査義務

本判決は，瑕疵とは，完成された仕事が契約で定められた内容どおりでなく使用価値若しくは交換価値を減少させる欠点があるか，又は，当事者があらかじめ定めた性質を欠くなど，不完全な点を有することをいうと判示した上，本件建物の基礎は，本件土地の地盤の沈下又は変形に耐えられる安全性を欠いていたと言わざるを得ないから，本件基礎には瑕疵があると認定した。そして，建物の建築業者は，建物の基礎を地盤の沈下又は変形に対して構造耐力上安全なものとする義務を負っており，その前提として，建物を建築する土地の地盤について必要な調査を行い，地盤に対応した基礎を施工すべき義務を負っていると解するのが相当であると判示し，Y₁は当該調査義務を尽くしていないから，Xに対し不法行為責任を負うと認定し，代表者であるY₂についても取締役の第三者責任を認定した。

2 建築確認申請書の工事監理者欄に自己の名前を記載することを許容した建築士の発注者に対する責任

本判決は，AとY₃との間の工事監理契約の成立は認めなかったが，建築士法及び建築基準法において建築士に建築物の設計及び工事監理業務の専門家としての特別の地位が与えられていることに照らして，建築士は，その業務を行うにあたり，建築物を建築する者に対する関係において，設計及び工事監理に関する建築士法及び建築基準法の規定による規制の潜脱を容易にする行為等，その規制の実効性を失わせるような行為をしてはならない法的義務があることを認め，建築士が故意又は過失によりこれに違反する行為をした場合には，その行為により損害を被った建築物の建築主に対し，不法行為に基づく賠償責任を負うものと解するのが相当であると判示した。その上で，本件においては，Y₃が建築確認申請書に工事監理者として自己の名前

を記載した以上は，Ａと工事監理契約を締結して工事監理業務を行うべき義務を有していたというべきであり，これが不可能な場合には，Ａをして工事監理者の変更を届けさせる等の適切な措置を執るべき法的義務があったのに，これを怠ったとして，Y_3はＡに対し不法行為責任を負うと認定した（ただし，Y_3が工事監理に関し，建築士法及び建築基準法を潜脱する事態を招いた一因には，ＡがY3と工事監理契約を締結せず，建築確認申請手続についてのみ一級建築士としてのY_3の名称及び肩書を安易に利用したことがあるとして，5割の過失相殺を認めた）。

解　説

1　建築業者の宅地造成に関する調査義務

　本判決は，建物の建築業者は，安全性を確保した建物を建築する義務を負っており，建物の基礎を地盤の沈下又は変形に対して構造耐力上安全なものとする義務を負っていると判示し，その前提として，建物を建築する土地の地盤について必要な調査を行い，地盤に対応した基礎を施工すべき義務を負っていると解するのが相当であると一般論を述べているが，この一般論について異論はなかろう。

　本件では，本件土地が宅地造成地であり，調査会社から軟弱地盤対策が一部必要という報告を受けたという事情があったにもかかわらず，Y_1が現実に行った調査は市役所の担当部署に本件土地の状況を尋ねたのみというのであって，上記調査義務に違反したと認定されたのは当然と思われる。また，本件では，いわゆるスレーキング現象により不同沈下が発生しているところ，Y_1に同現象が発生することの予見可能性まで必要なのかという論点もあったが，本判決は，何らかの原因による不同沈下の可能性についての予見可能性があれば足り，具体的な沈下の原因についての予見可能性までは必要ないと解すべきであると論じており，同種事案の参考になろう。

2　建築確認申請書の工事監理者欄に自己の名前を記載することを許容した建築士の発注者に対する責任

　本件の中心論点は，工事監理業務を行わないのに，建築確認申請書の工事監理者欄に自己の名前を記載することを許容した建築士の責任如何である。

いわゆる「建築士の名義貸し」ともいわれる論点である。

　本判決でも引用されている最高裁平成15年11月14日判決（民集57巻10号1561頁，判時1842号38頁，判タ1139号73頁。以下「最高裁平成15年判決」という）は，建売住宅の購入者が，当該建売住宅の建築販売をした建築業者から依頼され建築確認申請書の工事監理者欄に自己の名前を記載することを許容したが工事監理業務を行わなかった建築士に対して不法行為責任を追及した事案において，「建築士は，その業務を行うに当たり，建築物を購入しようとする者に対する関係において，建築士法3条から3条の3まで及び建築基準法（平成10年法律第100号による法改正前のもの）5条の2の各規定等による規制の潜脱を容易にする行為等，その規制の実効性を失わせるような行為をしてはならない法的義務があり，故意又は過失によりこれに違反する行為をした場合には，その行為により損害を被った建築物の購入者に対し，不法行為に基づく責任を負う」として，建築士が契約関係にない建築物購入者に対して不法行為責任を負う場合があることを認めた。

　本判決は，最高裁平成15年判決が建築士の建築物購入者に対する不法行為責任を肯定する論拠とするところは，本件のような建築士と建築主との関係でも当てはまるものと述べている。本件では，被害者というべき建築主（A）が，建築士（Y₃）が名義だけの工事監理者となることを了解しているという事情が認定されており，Y₃の不法行為責任を認めるのは酷という見方もあろうが，建築士法及び建築基準法において建築物の設計及び工事監理を建築士に独占させるなど，設計及び工事監理等の専門家としての特別の地位が認められていることからすれば，建築士はこれらの法の規制を潜脱してはならない高度な義務を課せられているというべきであるから，建築士の不法行為責任を認め，ただし，過失相殺で具体的事案の妥当性を図った本判決は正当と評価し得よう。

　なお，名義貸しをした建築士の不法行為責任が認められるとして，建築物の瑕疵による損害につきいかなる範囲の責任を認めるかについてはケースバイケースの判断になると思われるが（最高裁平成15年判決は全損害のうち1割の責任を認めた原審の判断を是認した事案），本判決では，Y₃が義務を果たし適正に工事監理が行われれば損害が生じなかったとして，全損害について相当因果関

係を認めている。

【山田　敏章】

28 建物の設計監理者の不法行為責任

東京地裁平成20年1月25日判決（平成17年（ワ）第17703号）
判例タイムズ1268号220頁

争点

1 債務不履行に基づく損害賠償請求権の消滅時効
2 不法行為が成立する設計及び監理の瑕疵
3 居住利益相当額の損益相殺の可否
4 不法行為に基づく損害賠償請求権の消滅時効

判決の内容

■ 事案の概要

Xは亡母と共同で，設計会社であるYとの間で，平成8年2月10日付で自宅新築工事に関する設計監理契約を締結するとともに，訴外施工会社との間で同年4月5日付で工事請負契約を締結したところ，Yが作成した設計図書に不備があったこと及びYの工事監理に不備があったことにより建物に重大な瑕疵が発生し，その補修費用等の損害を被ったとして，平成17年8月29日付で債務不履行ないし不法行為に基づき，亡母からの相続分も含めて損害の賠償を求め本件訴訟を提起した。なお，Xは，訴外施工会社についても共同被告として訴訟提起していたが，本件訴訟が調停に付された際，訴外施工会社との間では和解が成立している。

■ 判決要旨

1 争点1について

Yは株式会社であるから，Yとの間の本件設計監理契約の債務不履行に基づく損害賠償請求権は，商行為により生じた債権であるというべきところ，

Xは，平成8年12月11日，訴外施工会社から本件建物の引渡しを受けているから，この時点でYの監理行為が終了したことが認められ，XのYに対する損害賠償請求権は，同日から5年が経過した平成13年12月11日の経過により，時効消滅したというべきである。

2 争点2について

設計監理者は，設計及び監理の委託を受けた建物建築工事にあたり，当該建物に建物としての基本的な安全性が欠けることがないように配慮すべき注意義務を負うと解するのが相当であり，設計監理者がこの義務を怠ったために建築された建物に建物としての基本的な安全性を損なう瑕疵があり，それにより居住者等の生命，身体又は財産が侵害された場合には，設計監理者は，これによって生じた損害について不法行為による賠償責任を負うというべきであるとした上で，およそ住宅の性能として欠くべからざる事項は，構造的欠陥がないことと漏水のないことであり，こうした事項に関する瑕疵は，構造的欠陥による倒壊の可能性や漏水による水損を生じさせることになるから，原則として，建物としての基本的な安全性を損なうものと解するべきであるとし，また，防蟻処理に関する瑕疵も，蟻被害により構造部分の朽廃を進行させ建物の倒壊の可能性を生じさせるものであるから，原則として，同様に建物としての基本的な安全性を損なうものと解するべきであるとした。

(1) 防水工事不良について

Yは，本件建物の防水工事に関し，仕様書やその他の図面で防水工事の施工方法を具体的に指示していなかったものと認められるところ，こうした防水工事に関する図面及び指示の不足により，本件建物に建物としての基本的な安全性を損なう瑕疵が生じたとすれば，Yは，本件設計監理契約の当事者であるXらに対し，不法行為責任を負うというべきであるなどとした上で，玄関扉及び枠・框施工不良による腐食及び玄関庇の出の不足，建物開口部のサッシュ機能選定の失敗及び防水施工の不良，1階リビングルームの上部に位置する2階屋上からの漏水及び1階リビングルーム天井の黒染み等については，本件建物の防水工事に関するYの設計監理が不十分であったことに起因する建物の瑕疵であり，しかも，建物としての基本的な安全性を損なう瑕

疵であるとした。他方，玄関ポーチ独立柱コラムの不完全施工については，本件建物の防水工事に関するYの設計監理が不十分であったことに起因する建物の瑕疵であるといえるが，漏水箇所が建物内部に影響を与えるようなものでないことに照らすと，建物としての基本的な安全性を損なうほどの瑕疵ということはできないとした。

(2) 構造に関する工事不良

Yは，本件建物の基礎工事に関し，基礎伏図等の図面で基礎工事の施工方法を具体的に指示していなかったものと認められ，こうした基礎工事に関する図面の不足や十分な監理を行わなかったことによって，本件建物に建物としての基本的な安全性を損なうような瑕疵が生じたとすれば，Yは，本件設計監理契約の当事者であるXらに対し，不法行為責任を負うというべきであるなどとした上で，1階床下基礎の不良な斫り及び1階床下土台の不良欠込みによる給水管の貫通について，本件建物の基礎工事に関するYの設計監理が不十分であったことに起因するものと認められ，こうした状態は，土台の耐久力を著しく損なうものであり，建物の構造自体に重大な欠陥を生じさせることになりうるから，建物の基本的な安全性を損なう瑕疵であるとした。

(3) 防蟻処理不良

Yは，本件建物の防蟻処理に関し，仕様書やその他の図面で防蟻処理の施工方法を具体的に指示していなかったものと認められるところ，こうした防蟻工事に関する図面及び指示の不足により，本件建物に建物としての基本的な安全性を損なう瑕疵が生じたとすれば，Yは，本件設計監理契約の当事者であるXらに対し，不法行為責任を負うというべきであるとした上で，玄関下足入れ上部窓部からの漏水及び蟻被害及び1階リビングルーム南面連窓からの漏水及びヤマトシロアリ被害について，防蟻処理工事等に関する被告の設計監理が不十分であったことに起因する建物の瑕疵であり，建物としての基本的な安全性を損なう瑕疵であるとした。

(4) その他の不具合

小屋裏の換気口がないこと，小屋裏収納計画中止の復旧工事未完及び放置，小屋裏小屋束の接継ぎ仕口不良・隙間，小屋裏モヤ梁・軒梁等のヤニの全面吹き出し，小屋裏の壁内が油虫のすみかとなっていることについては，

屋根構成木材に対し結露による腐朽の可能性や、火災の危険性を生じさせており、構造体に対し悪影響を与え、本件建物の存立に支障を生じさせかねないものであるから、建物としての基本的な安全性を損なう瑕疵であるし、Yの設計監理が不十分であったことに起因するものと認められるから、Yは不法行為責任を負うとした。他方、2階洋室A南側開き窓の開閉不良、北側外壁タイルの亀裂、1階キッチン物入れの開き計画不良、ブラインド不良等については、本件建物の基本的な安全性を損なうものとはいえない、あるいは、そもそも瑕疵とは評価できないなどの理由でYは不法行為責任を負わないとした。

3　争点3について

Xが本件建物に居住していたことによる居住利益相当額を損害額から控除すべきである旨のYの主張について、Xの請求は、建替費用を請求するものではないから、Yの主張は前提を欠き理由がないとした。

ただし、認定した瑕疵の補修工事により、本件建物は引渡し後約11年が経過しているにもかかわらず、補修部分が新築同様となることから、Xは、この点に関し利得を得ることになるというべきであるから、認定した瑕疵の補修費用相当額から上記利得相当分を控除するのが相当であるとして、同利得分については、認定した補修費用相当額の合計1537万4937円を、通常の木造建物の存立期間である30年で除した上で、本件建物の経過年数である11年を乗じた額である563万7477円（1円未満四捨五入）と認めるのが相当とした。

4　争点4について

不法行為に基づく損害賠償請求権の消滅時効の起算日に関し「加害者を知った時」とは、加害者に対する賠償請求が事実上可能な状況のもとに、その可能な程度にこれを知った時を意味するものと解するのが相当であるとした最高裁判例（最判昭48・11・16民集27巻10号1374頁）を引用し、証拠及び弁論の全趣旨等を総合すると、Xは、本件建物引渡し直後から、本件建物の不具合について認識していた事実が認められるものの、平成16年9月15日ころに建築設計事務所が作成した調査報告書を受領して、同報告書に「本件建築工事トラブル事件の主たる要因は、設計監理者としての責任を十分に果たさず、業務委託契約に於ける業務内容が忠実に履行されなかった事に起因してい

る。」との記載がされていたことから，初めて本件建物の不具合について，Yに責任があることを認識したものと認められるから，Xが加害者を知ったのは上記同日ころというべきであるところ，本件訴訟は，上記同日ころから3年が経過する前に提起されているから，Yの主張は理由がないとした。

5 結　論
各瑕疵についての補修工事費用等，仮住居費用，調査費等の一部，慰謝料，弁護士費用を損害として認めた。

解　説

1 最高裁平成19年7月6日判決との関係

建物の購入者が直接的な契約関係のない建物の設計者，施工者らに対し不法行為等に基づく損害賠償を請求した事案について，最高裁平成19年7月6日判決（民集61巻5号1769頁）は，「建物の建築に携わる設計者，施工者及び工事監理者（以下，併せて「設計・施工者等」という。）は，建物の建築に当たり，契約関係にない居住者等に対する関係でも，当該建物に建物としての基本的な安全性が欠けることがないように配慮すべき注意義務を負うと解するのが相当である。そして，設計・施工者等がこの義務を怠ったために建築された建物に建物としての基本的な安全性を損なう瑕疵があり，それにより居住者等の生命，身体又は財産が侵害された場合には，設計・施工者等は，不法行為の成立を主張する者が上記瑕疵の存在を知りながらこれを前提として当該建物を買い受けていたなど特段の事情がない限り，これによって生じた損害について不法行為による賠償責任を負うというべきである。」と判示している。

この点，本判決は，Yとの間で設計監理契約を締結したXがYに対して不法行為等に基づく損害賠償請求をした事案，すなわち，直接的な契約関係がある事案についても，上記平成19年最判と同様「建物としての基本的な安全性を損なう瑕疵」であるかどうかを不法行為責任成立の判断基準として採用するとともに，構造的欠陥がないことと漏水のないことは，住宅の性能として欠くべからざる事項であるところ，構造的欠陥及び漏水に関する瑕疵は，

構造的欠陥による倒壊の可能性や漏水による水損を生じさせることになるから，原則として，建物としての基本的な安全性を損なうものと解するべきであるとし，また，防蟻処理に関する瑕疵も，蟻被害により構造部分の朽廃を進行させ建物の倒壊の可能性を生じさせるものであるから，原則として，同様に建物としての基本的な安全性を損なうとした上で，個別の瑕疵について「建物としての基本的な安全性を損なう瑕疵」といえるか否かの検討を加えている。

また，上記平成19年最判は，「建物としての基本的な安全性を損なう瑕疵がある場合には，不法行為責任が成立すると解すべきであって，違法性が強度である場合に限って不法行為責任が認められると解すべき理由はない。例えば，バルコニーの手すりの瑕疵であっても，これにより居住者等が通常の使用をしている際に転落するという，生命又は身体を危険にさらすようなものもあり得るのであり，そのような瑕疵があればその建物には建物としての基本的な安全性を損なう瑕疵があるというべきであって，建物の基礎や構造く体に瑕疵がある場合に限って不法行為責任が認められると解すべき理由もない。」と判示し，建物の基礎やく体に瑕疵がなくても不法行為責任の成立の余地を認めたが，「建物としての基本的な安全性を損なう瑕疵」といいうる具体例としては，バルコニーの手すりの瑕疵を挙げるのみであった。

この点，本判決の事案においては，前記のように構造的欠陥及び漏水に関する瑕疵や防蟻処理に関する瑕疵は，原則として，建物としての基本的な安全性を損なうとした上で，さらに，これらにかかる個別の瑕疵について「建物として基本的安全性を損なう瑕疵」といえるか否かの検討を加えており，当該判断基準の具体的な当てはめとして，参考になろう。

なお，上記最判の差戻し控訴審の上告審（最判平23・7・21裁判集民237号293頁，本書判例〔42〕参照）においては，「建物の構造耐力に関わらない瑕疵であっても，これを放置した場合に，例えば，外壁が剥落して通行人の上に落下したり，開口部，ベランダ，階段等の瑕疵により建物の利用者が転落したりするなどして人身被害につながる危険があるときや，漏水，有害物質の発生等により建物の利用者の健康や財産が損なわれる危険があるときには，建物としての基本的な安全性を損なう瑕疵に該当するが，建物の美観や居住者

の居住環境の快適さを損なうにとどまる瑕疵は，これに該当しないものというべきである。」と判示しており，「建物としての基本的な安全性を損なう瑕疵」として複数の具体例が示されている。

2　争点3（損益相殺）について

本判決は，居住利益相当額を損害額から控除すべきである旨のYの主張について，Xの請求は，建替費用を請求するものではないとして斥けているが，一定の場合に，建替費用相当額の損害賠償請求においても買主の居住利益等を控除することはできないとした最高裁判例（最判平22・6・17民集64巻4号1197頁，本書判例〔37〕）があるので，参照されたい。

3　その他

争点1については，特筆すべき点はないが，争点4について，「加害者を知った時」の解釈として，加害者に対する賠償請求が事実上可能な状況のもとに，その可能な程度にこれを知った時とする最高裁判例を引用し，本件建物の不具合について認識していただけでは足らず，建築設計事務所が作成した調査報告書により本件建物の不具合について，Yに責任があることを認識した時期を起算点としている点は参考になると思われる。

【髙木　　薫】

29 耐震強度偽装がされた建築確認申請につき，建築確認を行った建築主事の注意義務違反

名古屋高裁平成22年10月29日判決（平成21年（ネ）第312号・同第814号）
判例時報2102号24頁，判例タイムズ1363号52頁

争点

1　耐震強度偽装がされた建築確認申請につき，建築確認を行った建築主事に注意義務違反が認められるか

2　設計上の瑕疵のために建築物が基本的安全性を欠いたことについて，経営指導契約を締結していた経営コンサルタントに，注意義務違反が認められるか

判決の内容

■　事案の概要

　本件は，ビジネスホテル（以下「本件建物」という）を建築・営業するため，原告Xが，経営コンサルタント業者の被告Y_2と経営指導契約を，設計業者Aと設計・監理業務委託契約を，建設業者Bと建築請負契約をそれぞれ締結し，また，本件建物の建築計画につき被告Y_1（県）の建築主事から建築確認を受け，本件建物完成後引渡しを受けて，ビジネスホテルを営業していたところ，構造設計を担当した一級建築士Cによる耐震強度偽装が発覚したために，本件建物を建て替えたという事案である。原告Xは，①被告Y_1に対して，被告Y_1（県）の建築主事が建築確認に関する事務を適正に遂行し，違法建築物の出現を未然に防いで建築主に不測の損害を被らせないようにすべき注意義務を怠り，重大な法令違反がある建築確認申請に対して建築確認をしたことを理由に，②被告Y_2に対して，経営コンサルタントとして設計業者

及び建設業者を適切に指導監督し，違法建築物の設計及び施工を防止すべき注意義務を怠ったことを理由に，国家賠償法1条1項又は民法上の不法行為に基づいて建替費用相当額のうち，設計業者及び建設業者から補填された残額（約5億1575万円）の請求を行い，被告らが責任原因を争った。

原審（名古屋地判平21・2・24判時2042号33頁，判タ1301号140頁）は，①について，建築主は，自身の建築計画について，建築基準関係規定適合性に関する限りは，自身が依頼した建築士よりも建築主事に対して，より高い信頼を寄せたとしても何ら不合理ではなく，そのような信頼は法的に正当なものと評価すべきとして，建築主事は，これに高い信頼を寄せて建築確認申請をする個々の建築主に対して，その信頼に応えるべく，専門家としての一定の注意義務を負うとし，耐震壁のモデル化の問題とピロティ階の問題につき，安全性の根拠や真意を設計者に問い合わせる等，一定の調査をなすべき注意義務を負っていたところ，被告 Y_1 の建築主事がこれに違反したとして被告 Y_1 の国家賠償法上の責任を認め，②について，本件経営指導契約は被告 Y_2 が適切な設計業者を選定し，かつその設計・施工監理業務を適切に指導監督することを契約上の責務に含むものと理解しうるとした上で，被告 Y_2 が本件建物の構造につき当初よりも更に構造耐力上の危険性を増大させた設計図書を作成させ，これを被告 Y_2 の一級建築士において認識しながら特段問題視せずに本件建物の完成に至らせたとして，被告 Y_2 の不法行為責任を認めた。これを受け，被告 Y_1 及び被告 Y_2 らが控訴した。

■ 判決要旨

本判決は，大要以下のとおり判示して，上記①の被告 Y_1 の建築主事の注意義務違反を否定して原審判決を変更した一方，上記②の被告 Y_2 の注意義務違反を認め，被告 Y_2 の控訴を棄却した。

①について，まず，建築主の財産権も建築基準法上の保護法益に含まれるか，との点につき，同法の定めた建築基準を満たした建築物が建築されることは，周辺住民のみならず，（違法建築物を建築した場合，後に建替えを迫られる等大きな不利益が生じるといった意味で）建築主自身にとっても利益であり，国家賠償請求との関係では建築主の財産権も同法の保護法益に含まれるとした。

次に，建築主事の注意義務違反の内容については，建築主事による審査の違法を理由とする建築主からの国家賠償請求の判断にあたっては，建築基準関係規定に直接定めのある項目についての審査の違法を理由とするものであるか否かで区別し，前者に該当する場合には，時間的制約等，当時の建築基準関係規定が定めていた審査基準を基礎とし，建築主事の注意義務違反の有無を判断すべきであり，後者，すなわち建築基準関係規定に直接定められていない事項についての審査の違法を理由とする場合であれば，それらに関連して上記規定に定める審査事項違反となるような重大な影響がもたらされることが明らかなのにそれを故意又は重過失により看過して確認処分をした場合でない限り，注意義務違反の責任は問われないというべきであるとした。そして，耐震壁のモデル化の審査について，モデル化の具体的方法については法令上特段の規定がなく，建築主事において，本件の構造計算書が本件の耐震壁を1枚と評価している点について，不正確で誤った耐震設計であるとして建築確認をしないという判断に至らないのは不自然ではなく，かつ，更に調査を尽くして構造計算の不正確な点を指摘するに至らなかったことが注意義務に違反するとは認められず，建築主事が，本件の耐震壁を1枚と評価したことについて故意又は重過失は認められない，ピロティ階等の問題についても，建築主事に注意義務違反があったとは認められないとした。

②については，被告Y_2は，Xに対して，耐震偽装等が施された構造計算がなされないようにする信義則上の注意義務を負っていたところ，被告Y_2が選定した設計業者Aの委託した構造設計担当の一級建築士Cによる耐震偽装に気付かず放置しており，信義則上の注意義務に違反したとした。

解説

　一級建築士の構造計算書の偽装による耐震偽装建築物に関する訴訟は多数提起されており，建築確認を行った地方公共団体や指定確認検査機関の責任を追及すべく，提起された訴訟も少なくない。そのうち，地方公共団体の責任を認めたものとして本件判決の原審の前掲名古屋地裁平成21年2月24日判決と静岡地裁平成24年12月7日判決（判時2173号62頁，本書判例〔34〕），指定確

認検査機関の責任を認めたものとして横浜地裁平成24年1月31日判決（判時2146号91頁）があり，これらの責任を否定したものとして，奈良地裁平成20年10月29日判決（判時2032号116頁），前橋地裁平成21年4月15日判決（判時2040号92頁），福岡地裁小倉支部平成21年6月23日判決（判時2054号117頁），東京地裁平成21年7月31日判決（判時2065号82頁），京都地裁平成21年10月30日判決（判時2080号54頁），東京地裁平成22年11月25日判決（判時2108号79頁），東京地裁平成23年1月26日判決（判時2122号89頁），東京地裁平成23年3月30日判決（判時2126号73頁），東京高裁平成24年2月28日判決（判時2167号36頁），名古屋地裁平成25年1月22日判決（判時2180号76頁，本書判例【35】），最高裁平成25年3月26日判決（裁判集民243号101頁，本書判例【36】）等がある。

　本件は，原審で建築主事の責任が認容されていたところ，国家賠償請求との関係では建築主の財産権も建築基準法の保護法益に含まれるとし，建築主事の行為が建築主との関係で違法となる余地を認めつつ，建築主事の注意義務違反の内容について，建築基準関係規定に直接定めのある項目についての審査の違法を理由とするか否かで区別し，前者であれば，時間的制約（なお，当時建築確認の審査期間は21日間とされていたところ，一連の問題を受け，改正後の建築基準法6条4項により35日間とされた）等，当時の建築基準関係規定が定めていた審査基準を基礎とし，建築主事の注意義務違反の有無を判断すべきとされ，後者，すなわち建築基準関係規定に直接定められていない事項についての審査の違法を理由とする場合は，それらに関連して審査事項違反となるような重大な影響がもたらされることが明らかなのにそれを故意又は重過失により看過して確認処分をした場合でない限り，注意義務違反の責任は問われないとしたものである。

　なお，この問題については，北村和生「違法な建築確認と国家賠償責任─耐震偽装国家賠償訴訟を中心に─」立命館大学政策科学21巻4号49～66頁が，各裁判例を詳細に分析・検討しており，大変参考になる。

【楠　　　慶】

30 建替えが必要な瑕疵がある場合の売主，施工者等の責任

名古屋地裁平成20年11月6日判決（平成18年(ワ)第1554号）
最高裁判所民事判例集64巻4号1204頁

争点

1. 瑕疵の存否及び建替えの要否
2. 売主，施工者，設計監理者の責任
3. 役員の責任
4. 居住利益の控除の可否

判決の内容

■ 事案の概要

建売住宅を購入したXらが，当該建物には建替えが必要な重大な瑕疵があるとして，売主であるY$_1$に対しては，不法行為による損害賠償請求権ないし瑕疵担保責任による瑕疵修補に代わる損害賠償請求権に基づいて，建売住宅を施工したY$_2$及び破産者であるY$_3$の破産管財人並びにその設計監理を行ったY$_4$及び同被告の一級建築士であるY$_5$に対しては，それぞれ不法行為による損害賠償請求権に基づいて，Y$_1$，Y$_2$，Y$_4$の代表取締役Y$_6$並びにY$_3$の取締役であるY$_7$及びY$_8$に対しては，それぞれ不法行為による損害賠償請求権ないし取締役の第三者に対する損害賠償責任に基づいて合計3969万8330円及び遅延損害金の支払を求めた。

■ 判決要旨

1 争点1について

本件建物には，Xら主張の瑕疵があることが認められ，それらの瑕疵の修

補を行うには,本件建物を解体し,再築する以外に方法がなく,建替えが必要であるとした。

なお,YらのブレースによるMarchar耐震補強工事によって瑕疵の修補ができるとの主張については,ブレースを施工するためには,内外装を撤去して再施工する必要がある上,柱梁の接合部に溶接不良の箇所が数多く見られることなどから,ブレースによる補強のみで建物の安全性を確保できるか多大な疑問があり,瑕疵修補工事としては,およそ不十分なものといわざるを得ず,採用できないとした。

2 争点2について

(1) 売主 Y_1 について

本件建物を X らに販売したものであり,住宅の品質確保の促進等に関する法律（以下「品確法」という）88条1項（現95条1項）,民法634条2項により,瑕疵担保責任に基づいて瑕疵修補に代わる損害賠償責任を負うことは明らかであるとした。

また,本件建物に存在する瑕疵は極めて重大なものであって,建物として通常有するべき基本的な安全性さえ欠如するに至っているものであり,かかる瑕疵が生じるについては,Y_2,Y_3破産管財人,Y_4及び Y_5 について,少なくとも過失が優に推認され,同被告らに不法行為責任が認められることは明らかであるところ,Y_1 は,本件建物について,建売目的で,自ら施主となって Y_2 に施工を,被告 Y_4 に設計及び施工監理を請け負わせ,Y_4 に雇用されている Y_5 を実務担当者として設計及び施工監理を行わせて建築し,これを X らに販売したものであり,施工の下請をした Y_3 を含め,Y_2,Y_4 は,いずれも関連会社であって,Y_2 及び Y_4 とは代表取締役も同じくしているばかりでなく,建売住宅の建築と販売について互いに役割を分担し,一体となって事業運営をしていたものであり,本件建物の建築及び販売もそうした事業としてなされたものである上,設計及び施工監理を担当した Y_5 は,Y_1 の取締役でもあって,設計及び施工監理の面については,Y_1 においても瑕疵の生じないように十分に監督しうる緊密な関係にあったと認められることからすれば,本件建物を販売した Y_1 についても,建物として通常有するべき基本的な安全性を欠如する本件建物を販売したことについて,少なくとも過失が

あったことは優に推認しうるものであり，不法行為による損害賠償責任を負うとした。

(2) 施工者 Y_2, Y_3, 設計監理者 Y_4 及び Y_4 の一級建築士 Y_5 について

Y_2 及び Y_3 は，Y_2 が元請業者，Y_3 が下請業者として，本件建物を建築したもので，それぞれ建設業者として，建築基準法に定める基準に従い，構造上の安全性のある建物を建築する義務を有するものであり，また，Y_4 は，設計事務所として，Y_1 から，本件建物の設計及び施工監理を請け負うとともに，建築確認申請の代理を受託し，Y_5 は，Y_4 に雇用されている一級建築士として，本件建物の設計及び施工監理の実務を担当し，本件建物の設計をなし，建築確認申請を代理し，施工監理を行ったものであるところ，本件建物に存在する瑕疵は極めて重大なものであって，建物として通常有するべき基本的な安全性さえ欠如するに至っているものであり，かかる瑕疵が生じるについては，瑕疵の内容及び程度からして，施工面においても，設計及び施工監理面においても，少なくとも過失があったことは優に推認しうるものであり，Y_2, Y_3, Y_4 及び Y_5 において，それぞれ不法行為による損害賠償責任を負うというべきであるとした。

なお，設計及び施工監理については，契約上は，Y_4 が Y_1 から請け負い，Y_4 の使用人である Y_5 がこれを担当したものと理解されるが，仮に，Y_5 が契約当事者であったとしても，Y_4 の事業の一環として請け負ったものであることは明らかであるから，Y_4 は，使用者責任を負うというべきあり，いずれにしても，不法行為による損害賠償責任を負うことになるとした。

3 争点3について

Y_1, Y_2 及び Y_4 の代表取締役 Y_6, Y_3 の取締役 Y_7 及び Y_8 の責任について，本件全証拠を総合しても，瑕疵のある本件建物を建築し，あるいは，販売したことについて，それぞれ個人として不法行為責任（会社との共同不法行為を含む）を負うべき理由があるものとは，いまだ認めるに足りず，また，取締役の第三者に対する損害賠償責任についても，それぞれ取締役として悪意又は重過失による任務懈怠があったものとは，いまだ認めるに足りないとした。

4 争点4について

Xらは入居後，少なくとも本件口頭弁論終結時まで5年4か月余の期間に

わたり，本件建物に居住し，使用について目立った障害もなく，使用を継続し，居住の利益を享受しているところ，かかるXらが享受した居住の利益は，少なくとも，Xらの附帯請求である遅延損害金に見合う程度に達しているものと推認されるとし，衡平の原則に照らし，本件口頭弁論終結時までの遅延損害金との損益相殺を認めるのが相当であるとした。

5 結 論

Y_1，Y_2，Y_3破産管財人，Y_4及びY_5について，取壊費用，新築費用，仮住居費用，引越し費用，調査費用，慰謝料，弁護士費用等，原告それぞれについて合計1564万4715円を認容した。

解 説

1 争点1について

本件においては，本件建物に構造耐力上主要な部分の瑕疵があることは証拠上明らかであり，本判決においてもそれほど詳しい検討を加えることなく建替えが必要であると認定されている。

2 争点2について

(1) 売主であるY_1の不法行為責任について，本判決は，Y_2らに不法行為責任が認められることは明らかであることを前提に，本件におけるY_1の立場やY_2やY_4らとの関連性（代表者の共通性，事業運営の一体性，監督可能性など）からY_1についても，建物として通常有するべき基本的な安全性を欠如する本件建物を販売したことについて，少なくとも過失があったことは優に推認しうると判示しており，いかなる場合に売主に過失が認められるかを考えるにあたり，参考になると思われる。

(2) 施工者であるY_2ら及び設計監理者であるY_4らの不法行為責任については，本判決が「本件建物に存在する瑕疵は極めて重大なものであって，建物として通常有するべき基本的な安全性さえ欠如するに至っているものであり，かかる瑕疵が生じるについては，瑕疵の内容及び程度からして，施工面においても，設計及び施工監理面においても，少なくとも過失があったことは優に推認しうる」と判示しているように，瑕疵の内容及び程度が極めて重

大なものであり，建物として通常有するべき基本的な安全性さえ欠如するに至っているという事実を施工や設計及び施工監理において，過失があったことを推認させる重大な事実と捉えていることは参考になるといえる。

3 争点3について

本判決が役員個人の不法行為責任及び取締役の第三者に対する損害賠償責任をいずれも否定しているように，いかに建物に重大な瑕疵があったとしても，そのことから直ちに役員の責任が認められるわけではない。本件において，代表者の共通性や会社間の事業運営の一体性が認定されているにもかかわらず，役員の責任が否定されていることから，役員個人の不法行為責任や取締役の第三者に対する損害賠償責任が認められるためには，役員としての具体的な関わりなど，ハードルの高い立証が求められると考えられる。

4 争点4について

本判決とは異なり，控訴審（名古屋高判平21・6・4民集64巻4号1225頁）においては，原告らに損益相殺の対象とすべき利益（居住利益）があるとすることはできないとされた。この点については，上告審（最判平22・6・17民集64巻4号1197頁，本書判例〔37〕）においても争点となっているので（結論として損益相殺を否定），そちらの解説を参照されたい。

5 その他

(1) 本稿では，争点として挙げていないが，損害について，Ｙらは，品確法の適用があるといっても，ＸらとＹ₁との間の契約が特定物についての売買契約である以上，本件建物にいかに重大な瑕疵があったとしても，損害賠償額は本件建物についての売買代金相当額の限度に限られる旨主張した。

この点について，本判決は「品確法88条1項により，売主においても請負人と同様に民法634条2項の担保責任を負うこととされている以上，瑕疵の修補のために建物の建替えを要する場合には，建替費用の全額を賠償する責任を負うというべきである。」としてＹらの主張を斥けている。なお，控訴審（前掲名古屋高判平21・6・4）も結論において同様。

(2) 控訴審（前掲名古屋高判平21・6・4）において，Ｙらは同人らが損害賠償金の支払に応じた場合，解体撤去されるべき本件建物は，Ｙらの所有となるべきであり，鉄骨など再利用が可能な資材については，Ｙらに引き渡され

るべきものであるから，損害賠償金の支払と再利用可能な資材等の引渡しとは同時履行の関係にあるものというべきとの主張を追加した。

　この点，控訴審は，「損害賠償による代位（民法422条）とは，債権者が，損害賠償として，その債権の目的である物又は権利の価額の全部の支払を受けたときに，債務者がその物又は権利について法律上当然に債権者に代位するというものであるから，本件建物のうち再利用可能な資材等の所有権がXらからYらに移転するためには，これに先立って，YらがXらに対し，損害賠償として，その価額を支払うことを要することが明らかである。」として，Yらの主張を斥けている。

【髙木　薫】

31 建物の設計監理者の第三者に対する不法行為責任

福岡高裁平成21年2月6日判決（平成19年(ネ)第576号）
判例時報2051号74頁，判例タイムズ1303号205頁

争点

不法行為が成立する設計及び監理の瑕疵（建物としての基本的な安全性を損なう瑕疵）とはどのようなものか

判決の内容

■ 事案の概要

　本件は，9階建ての共同住宅・店舗として建築された建物をその建築主から購入したXらが，本件建物にはひび割れや鉄筋の耐力低下等の瑕疵があると主張して，本件建物の設計及び工事監理をしたY_1及び本件建物の売買に宅地建物取引業者として売主の代理としてかかわったY_3に対しては，不法行為に基づく損害賠償を請求し，本件建物の施工をしたY_2に対しては，注文主からの請負契約上の地位の譲受けを前提として瑕疵担保責任に基づく瑕疵補修費用又は損害賠償を請求するとともに，不法行為に基づく損害賠償を請求した事案である。

　原審は，瑕疵の一部についてY_2の瑕疵担保責任及びY_1とY_2の不法行為責任を認めたが，Xらのその余の請求とY_3に対する請求については，棄却した。

　これに対し，Xら及びY_1，Y_2が控訴したところ（なお，XらはY_3に対しては控訴しなかった），差戻前控訴審は，Y_1らの敗訴部分を取り消し，Xらの請求をいずれも棄却した。

　これに対し，Xらが上告受理申立てをしたところ，上告審においては，差

戻前控訴審判決のうち，Ｘらの不法行為に基づく損害賠償請求に関する部分のみを破棄し，同部分につき，福岡高等裁判所に差し戻したため，本判決（差戻後控訴審）においては，設計・施工者等が不法行為責任を負う場合があることを前提として，本件建物に建物としての基本的な安全性を損なう瑕疵があるか否か，ある場合にはそれによりＸらの被った損害があるか等Ｙらの不法行為責任の有無が審理対象となっている。

■ **判決要旨**

「建物としての基本的な安全性を損なう瑕疵」とは，建物の瑕疵の中でも，居住者等の生命，身体又は財産に対する現実的な危険性を生じさせる瑕疵をいうものと解され，建物の一部の剥落や崩落による事故が生じるおそれがある場合などにも，「建物としての基本的な安全性を損なう瑕疵」が存するものと解されるとした上で，Ｘらが請求する不法行為に基づく損害賠償請求は，財産権侵害であり，「建物としての基本的な安全性を損なう瑕疵」が存在することによる瑕疵補修費用相当額を損害と観念するものであるから，Ｘらが所有権を有している間に，瑕疵補修費用相当額の損害が発生していることが必要とし，本件建物は，平成14年６月17日，競売によりＸらから第三者に売却されているところ，Ｘらに対する不法行為責任が発生するためには，少なくとも，同日までに，「建物としての基本的な安全性を損なう瑕疵」が存在していることを必要とすべきであるとし，以下のように，各瑕疵について検討を加え，結論として，本件においては，本件建物に建物としての基本的な安全性を損なう瑕疵があり，それにより居住者等の生命，身体又は財産が侵害されたものということはできないから，Ｙらの不法行為責任は認められないとして，Ｙらの敗訴部分取り消して，Ｘらの請求を棄却するとともに，Ｘらの控訴を棄却した。

1 ひび割れについて

各種ひび割れについて，雨水が容易に浸入する状況にあり，コンクリート内部の鉄筋を腐食させるおそれがある，耐久性を損なうおそれがある，漏水の原因になり，コンクリート内の鉄筋が腐食する可能性もあるとしながらも，当審口頭弁論終結時までに，ひび割れを原因とした事故が起こったとい

う報告がないことなどからすれば，Xらが本件建物を所有していた平成14年6月17日までに現実に鉄筋を腐食させ，そのことにより，建物の一部が崩落したり剥落が生ずるような危険が生じ，居住者等の生命，身体又は財産に対する現実的な危険性が生じていたものとは認められないとした。

2　A棟屋上の塔屋ひさしの鉄筋露出

鉄筋の露出について，当該部分の下端鉄筋のかぶり厚さが不足しているため，鉄筋が腐食し，コンクリート部分が剥落したものと認められるとしながらも，A棟屋上は，普段人の出入りが予定されていない場所であり，その後のコンクリートの剥落も報告されてもいないことからすれば，居住者等の生命，身体又は財産に対する現実的な危険性は認められないとした。

3　鉄筋の耐力低下

鉄筋の耐力の低下によって，直ちに建物の一部の剥落や崩壊が生じるものとは認められず，Xらが所有権を失ってから6年以上経過しながら，何らかの事故が発生したとの報告もないのであるから，Xらが本件建物を所有していた当時，居住者等の生命，身体又は財産に対する現実的な危険性が生じていたものとは認められないとした。

4　B棟床スラブ（天井スラブ）の構造上の瑕疵

3階屋上床梁において，構造計算上，上主筋が3本不足して設計されている箇所があることが認められるなどとしながらも，Xらが所有権を失ってから6年以上経過しながら，何らかの事故が発生したとの報告もないのであるから，Xらが本件建物を所有していた当時に，居住者等の生命，身体又は財産に対する現実的な危険性が生じていたものとは認められないとした。

5　B棟配管スリーブの梁貫通による耐力不足

設計図書と異なる施工と補強がなされており，補強によって梁の耐力が保たれているかはにわかに即断できないなどとしながらも，Xらが所有権を失ってから6年以上経過しながら，何らかの事故が発生したとの報告もないのであるから，Xらが本件建物を所有していた当時に，居住者等の生命，身体又は財産に対する現実的な危険性が生じていたものとは認められないとした。

6　設備関係の瑕疵

そもそも瑕疵とはいえないとしたものもあるが、例えば、外階段の手すりの高さ不足については、施工の瑕疵に当たるというべきであるとしながらも、一定の高さは確保されており、そこを通行する居住者等の通常使用によっても落下の危険性があるものとは認め難い上、現実に事故も起きていないのであるから、居住者等の生命、身体又は財産に対する現実的な危険性が生じていたものとは認められないとするなど、いずれについても、居住者等の生命、身体又は財産に対する現実的な危険を生じさせたものとは認められないとした。

解　　説

1　本判決の意義

　最高裁平成19年7月6日判決（民集61巻5号1769頁）は「建物の建築に携わる設計者、施工者及び工事監理者（以下、併せて「設計・施工者等」という。）は、建物の建築に当たり、契約関係にない居住者等に対する関係でも、当該建物に建物としての基本的な安全性が欠けることがないように配慮すべき注意義務を負うと解するのが相当である。そして、設計・施工者等がこの義務を怠ったために建築された建物に建物としての基本的な安全性を損なう瑕疵があり、それにより居住者等の生命、身体又は財産が侵害された場合には、設計・施工者等は、不法行為の成立を主張する者が上記瑕疵の存在を知りながらこれを前提として当該建物を買い受けていたなど特段の事情がない限り、これによって生じた損害について不法行為による賠償責任を負うというべきである。」と判示して当審に差し戻した。

　この点、本判決は、最高裁が示した「建物としての基本的な安全性を損なう瑕疵」とは、「建物の瑕疵の中でも、居住者等の生命、身体又は財産に対する現実的な危険性を生じさせる瑕疵」をいうと解した上で、当該基準に基づき各瑕疵について具体的な検討を加えたものであり、どのような瑕疵が上記最判のいう「建物としての基本的な安全性を損なう瑕疵」といえるかの参考事例として一定の意義はあったといえる。

2　本判決の問題点

上記のように，本判決は，参考事例として一定の意義はあったといえるが，結論として，本件建物に建物としての基本的な安全性を損なう瑕疵があり，それにより居住者等の生命，身体又は財産が侵害されたものということはできないとして，不法行為責任を否定したことに対して，本判決が上記最判にはなかった「現実的な危険性」概念を建物としての基本的な安全性概念に加重して付加したことの帰結である旨問題点が指摘されていた（松本克美「建築瑕疵に対する設計・施工者等の不法行為責任と損害論―最判2007（平成19）・7・6判決の差戻審判決・福岡高判2009（平成21）・2・6を契機に―」立命館法学324号342頁）。

　そして，実際に，本判決の上告審（最判平23・7・21裁判集民237号293頁，本書判例〔42〕参照）は，「『建物としての基本的な安全性を損なう瑕疵』とは，居住者等の生命，身体又は財産を危険にさらすような瑕疵をいい，建物の瑕疵が，居住者等の生命，身体又は財産に対する現実的な危険をもたらしている場合に限らず，当該瑕疵の性質に鑑み，これを放置するといずれは居住者等の生命，身体又は財産に対する危険が現実化することになる場合には，当該瑕疵は，建物としての基本的な安全性を損なう瑕疵に該当すると解するのが相当である。」と判示して，再び破棄差戻しをする判決を下している。

【髙木　薫】

32 請負契約書上の監理者の責任

仙台地裁平成23年1月13日判決（平成13年(ワ)第214号）
判例時報2112号75頁

争点

1 請負契約書上の監理者の責任
2 建築確認申請書上の監理者の使用者責任

判決の内容

■ 事案の概要

　Xが，Y$_1$との間で工事請負契約を締結し，同契約に基づいて建物の引渡しを受けたところ，同建物には設計図書や建築基準法令に違反する瑕疵があるとして，請負人であるY$_1$に対しては瑕疵担保責任又は不法行為に基づく損害賠償金を，同契約の工事請負契約書に監理者として署名捺印したY$_2$に対しては債務不履行又は不法行為に基づく損害賠償金を，同建物の建築確認申請書に工事監理者として記載された訴外Aの使用者であるY$_3$に対しては民法715条に基づく損害賠償金等をそれぞれ連帯して支払うよう求めた。

■ 判決要旨

1 請負契約書上の監理者の責任

　確かに，本件請負契約の契約書において，工事監理者はY$_2$個人とされているが，Y$_2$が上記契約書に署名捺印した経緯に照らすと，上記契約書をもって，直ちにY$_2$が工事監理をする義務を負っていたとは認定できない。
　そして，XとY$_1$の間においては，上記契約書が作成された平成10年6月30日までに，Y$_2$が，本件建物の施工に関し，現場に常駐する現場管理人とは別に，工程，品質，予算，安全などの管理を統括的に行うことについての

合意が成立していたと見るのが相当である。

そして、上記合意のうち工程、品質の管理という点について見ると、工事監理とは、工事と設計図書を照合し、それが設計図書のとおりに実施されているか否かを確認することをいうところ（建築士２条７項（現８項））、本件建物についての工事監理は、一級建築士のみがなし得るものとされている（建築士３条１項３号）。

そうであれば、一級建築士の資格を持たないY_2において、設計図書や建築基準法令に違反しているか否かを確認すべき義務を負わせることは、上記法令に実質的に違反するとともに、現実的に見ても期待し得ないものであるから、これらを確認することについてまで、X側とY_2との間で合意が成立していたとは認め難い。

したがって、Y_2が行うべき工程、品質の管理は、工事の進捗状況の確認や、一見して明らかな材料の量的、質的不足の有無の確認など、外形的、事務的な部分に限定されるというべきであり、Y_2は、Xが主張する設計図書ないし建築基準法令に違反した施工がなされないように工事監理を行うべき注意義務を負うものではない。

２ 建築確認申請書上の監理者の使用者責任

(1) 建築士の注意義務について

建築士には、建築士法上、建築物を建築し、又は購入しようとする者に対し、建築基準関係規定に適合し、安全性等が確保された建築物を提供することなどを目的として、建築物の設計及び工事監理等の専門家としての特別の地位が与えられていることに鑑みれば、建築士は、その業務を行うにあたり、建築士法などの法令の規定による規制の潜脱を容易にする行為など、その規制の実効性を失わせるような行為をしてはならない注意義務があるというべきである（最判平15・11・14民集57巻10号1561頁参照）。

上記解釈を踏まえて検討するに、訴外Aは、建築確認申請書において、工事監理者としてその氏名を記載しているところ、実際には、XないしY_1から、本件建物の施工に関して工事監理を依頼されたことはなく、また、平成10年４月ころの時点で、Y_1は、本件建物の施工に関する工事監理はY_1が担当するとの認識を有していた。

そうであれば，訴外Aは，実際には自らが工事監理を行わないことを認識しながら，建築確認申請書において，同人が本件建物の施工に関する工事監理を行う旨の記載をしたのであるから，建築基準関係規定に違反した建築工事が行われないようにするため，遅くとも本件建物の建築工事が着手されるまでの間に，Y_1に対し，工事監理者の変更の届出をさせる等の適切な措置を講じるべき注意義務があったというべきである。

しかるに，訴外Aは，上記建築確認申請書の記載について適切な措置を講じないまま放置し，Y_1が，建築基準法（ただし，平成18年6月法律92号による改正前のもの）5条の4第1項，同2項，建築士法3条1項に違反して，工事監理者を置かないまま本件工事を実施することを容易にし，その結果本件具体的瑕疵の発生を招いたものである。

したがって，訴外Aは，上記注意義務に違反したものとして民法709条の不法行為責任を負い，同人の使用者であるY_3は，Xに対し，民法715条に基づく責任を負うというべきである。

上記注意義務は，専門家である建築士の特別の地位に基づくものであり，Xの認識によって左右されるべきものではない。

(2) 責任の範囲について

Y_3の責任の範囲に関しては，工事監理が適切になされていれば通常は瑕疵の発生を未然に防止することができると考えられることに加え，建築士法上，一定の建築物については一級建築士が独占的に工事監理を行うこととされ，法的にも瑕疵の発生の防止が積極的に期待されていることに鑑みると，およそ想定し得ないほどの著しい違法性のある工事が行われたといえるような特段の事情がない限り，瑕疵に起因する損害について，ことさらその範囲を限定的に解すべき理由はない。

本件工事は，およそ想定し得ないほどの著しい違法性のあるものであるとまではいえず，本件具体的瑕疵は，適切に工事監理がなされていればいずれも防止できたと考えられるから，瑕疵に起因する損害について，Y_3の責任を限定的に解する必要はないというべきである。

3 損害賠償債務の関係

Y_1は瑕疵担保責任に基づく損害賠償責任を，Y_3は民法715条に基づく損害

賠償責任を，それぞれXに対して負うことになり，これらの責任に基づく損害賠償債務は不真正連帯債務の関係にあると解される。

解　説

1　監理者の責任

工事監理者は，監理の対象となる工事に応じた合理的な方法により工事が設計図書のとおりに実施されているかいないかを確認し，工事が設計図書のとおりに実施されていない場合には施工者に対して是正を指示するほか，施主に対してその旨の報告をする債務を負っていると解されている（小久保孝雄＝徳岡由美子編著『リーガル・プログレッシブ・シリーズ14建築訴訟』367頁以下（青林書院，2015））。

上記債務の不履行により生じた瑕疵について，監理者は損害賠償責任を負い，その責任範囲は施工業者と基本的に変わりはないといえる。

さらに，判例は，建物の建築に携わる設計者，施工者及び工事監理者は，建物の建築にあたり，当該建物に建物としての基本的な安全性が欠けることがないよう配慮すべき注意義務を負っているとしている（最判平19・7・6民集61巻5号1769頁）。

本判決も，上記判例を引用し，その趣旨から，建物の設計者，施工者及び工事監理者は，建物の建築主や居住者に対し，広くその生命，身体及び財産に損害を与えないよう配慮すべき注意義務を負うものと解すべきであるとしている。

2　一級建築士の資格を持たない請負契約書上の監理者の責任

本判決は，請負契約書上工事監理者とされていた者の責任を否定しているが，これは同人が請負契約書に署名捺印した経緯及び一級建築士の資格を持っていないことを重視したことによるものと解される。

すなわち，本判決は，Y_2はX側から工事現場に呼び出され，Y_1代表者から工事担当者としてサインするように依頼されたことから，同人らの面前で契約書に署名捺印したと認定し，X側は，Y_2が本件建物の工事監理者ではなく，単なる工事担当者であることを了解していたこと等の事情も総合し，

XとY₁の間には，本件建物の設計施工だけでなく，工事監理も担当する旨の合意が成立していたと解するのが相当であり，Y₁は，上記の合意の一内容として，Xに対し，一級建築士の資格を持った工事監理者を定めて工事監理を行うべき法的義務を負っていたというべきであるとした。

　すなわち，本判決の判断は，注文者においてY₂が工事担当者にすぎないことを了解していたこと，一級建築士の資格を持たないY₂はそもそも本件設計図書ないし建築基準法令に違反した施工がされないように工事監理を行うべき注意義務を果たすことが不可能であることを前提とするものであると解されるから，請負契約書に署名捺印したにすぎない名目的な監理者の責任を一般的に否定したものではないことに注意が必要である。

【宮田　義晃】

33 新築住宅の瑕疵に関する住宅瑕疵担保責任保険法人の責任

東京地裁平成23年3月25日判決（平成18年(ワ)第19090号）
ウエストロー・ジャパン2011WLJPCA03258029

争点

新築住宅の瑕疵に関する住宅瑕疵担保責任保険法人の責任の有無

判決の内容

■ 事案の概要

X_1及びX_2は，それぞれ，住宅の新築工事に関する請負契約をY_1との間で締結した。Xらが注文した各建物は，Y_1によって建築され，Xらに対し，それぞれ引き渡された。

Y_2は，特定住宅瑕疵担保責任の履行の確保等に関する法律（以下「履行確保法」という）における住宅瑕疵担保責任保険法人であるところ，Y_1に対し，本件各建物について住宅性能保証をした。Y_2は，住宅性能保証をするにあたり，本件各建物の施工途中で複数回に渡り現場の検査を行い（基礎配筋検査，構造体検査，外装下地検査，及び完了検査），Y_1に対し，いずれの検査にも合格の判定を下していた。

X_2は，本件各建物に瑕疵があると主張し，Y_1に対して，主位的に請負契約の債務不履行解除による請負代金の返還及び損害賠償を，予備的に請負契約の瑕疵担保責任による瑕疵の修補に代わる損害賠償を，X_1は，Y_1に対し，請負契約の瑕疵担保責任による瑕疵の修補に代わる損害賠償をそれぞれ請求した。

またXらは，Y_2に対し，検査機関が行うべき検査を十分に行わず，瑕疵を見逃したと主張し，不法行為に基づき，瑕疵修補費用等の損害賠償を請求した。

■ **判決要旨**

1 X₂による請負契約解除の可否

X₂邸の工事は，最終工程を終了し，引渡しを終えている。またX₂が主張した瑕疵のうち，その一部は瑕疵があると認められるが，いずれも修補可能であることも考慮すると，本工事は完成したものであり，X₂は請負契約を解除できない。

2 Xらに生じた損害

（裁判所は以下のとおりXらの主張した瑕疵のうちその一部を瑕疵であると認め，Y₁に対する損害賠償請求を一部認めた）

X₁邸の瑕疵の修補費用，及びこの5％に相当する現場経費を加え，これらの合計の10％に相当する一般管理費並びにこれらについての消費税を加えた1128万6579円を損害として認める。

またX₁は，作曲関係の職に従事しているものであるところ，前記の瑕疵を修補するために，X₁邸に設置された録音機材を移転させる必要があり，その費用として85万円を損害として認める。X₁は瑕疵に関する調査費用として127万2030円を支払ったことが認められるところ，X₁が負担した調査費用のうち，瑕疵と相当因果関係のある損害として50万円を認める。X₁邸には構造上のものを含む瑕疵があり，その修補には仮住まいを要し，修補には約40日程度が必要とされることを考えると，精神的苦痛は100万円と評価できる。

X₂邸の瑕疵の修補費用，及びこの5％に相当する現場経費を加え，これらの合計の10％に相当する一般管理費並びにこれらについての消費税を加えた955万1108円を損害として認める。

X₂は，引渡し後も本建物に居住できなかったとしてエアコン代，建物維持管理費用等，住宅借入金等特別控除相当額等の支払を求めているが，同時期に引渡しを受けたX₁がX₁邸に居住できていること，瑕疵はいずれも修補可能であり，現にX₂は本建物の1階部分を修補して事務所として使用していることからすれば，エアコン代等を生じた瑕疵と相当な因果関係のある損害と認めることはできない。

X₂は引渡しを受けてから，本建物を事務所として使用を開始するまでに

支払った賃料等の賠償を求めているところ、瑕疵の修補に要する期間は約40日間であるから、自宅マンションの賃料月額29万円を基準に、修補期間中の賃料38万6666円の限度で損害と認める。

また、裁判所は X_2 が負担した調査費用、慰謝料についても X_1 と同様の判断をした。

3 Y_2（住宅性能保証機構）の責任

Y_2 は、本件各建物についての性能保証をしたものであるが、その内容はあくまでも本件各建物に住宅の品質確保の促進等に関する法律（以下「品確法」という）及び同施行令所定の瑕疵が生じた場合に、請負人（登録ビルダー）である Y_1 が X らに対して行う修補工事に要する費用の一部を Y_1 に対して負担し、また、Y_1 が破産したような場合には、上記修補工事を他の登録ビルダーに行わせることなどを内容とするものであって、Y_2 と契約関係にあるのは X らではなく、Y_1 である。

Y_2 は、本件建物に一定の瑕疵が生じた場合に、X らが行う修補工事又は同工事に要する費用の一部について責任を負う者であるにすぎず、Y_2 が当該瑕疵が発生しないように監理、監督をし、請負人である Y_1 に対して工事の是正を促すべき契約上の義務を X らに対して負っていたものということはできない。また、Y_2 は、その検査に合格し、性能保証をした建物に前記瑕疵が生じた場合には、当該保証に基づき、発注者である X らに対して債権的な保証義務を負うことがあったとしても、それと別個に X らに対する注意義務を負っていたものというべき根拠を見出すことはできない。したがって、上記注意義務等に違反したことを理由として、X らに対して不法行為責任を負うものと解することはできない。

解　説

1　新築住宅の瑕疵担保責任と住宅瑕疵担保責任保険

品確法により新築住宅の請負契約において施工業者は、構造耐力上主要な部分及び雨水の浸入を防止する部分に関する瑕疵について引渡し後10年間瑕疵担保責任を負う。そして、これら特定の瑕疵に関する責任の履行を確保す

るため，施工業者は一定額の保証金を供託するか，住宅瑕疵担保責任保険法人との間で住宅瑕疵担保責任保険契約を締結しなければならない（履行確保法3条1項・2項）。不動産業者が売主となる新築住宅の売買をする場合についても，売主である不動産業者は同様に一定額の保証金を供託するか保険契約を締結しなければならない（同法11条1項・2項）。そして前述した特定の瑕疵により損害が発生した場合，注文者又は買主は，一定の要件の下で，供託金から優先弁済を受けたり保険金を請求することができる。また，施工業者が瑕疵担保責任を履行した場合には，保険から一部補填を受けることができる。

　住宅瑕疵担保責任保険法人は，当該建物の施工中，建築工程に沿って現場検査を複数回実施し，当該建物の工事が保険付保のための設計施工基準に適合しているかどうかを確認することとなっている。つまり，瑕疵担保責任保険により10年間の瑕疵担保責任の履行が補償されるのは，住宅瑕疵担保責任保険法人による検査を経た住宅に限られる。

2　住宅瑕疵担保責任保険法人の義務

　本件でXらは，住宅瑕疵担保責任保険法人がなすべき検査を十分に行っていなかったと主張し，住宅瑕疵担保責任保険法人に対し，瑕疵の修補費用等の損害賠償を求めた。しかしながら，住宅瑕疵担保責任保険は，上記1にて述べたとおり，新築住宅の施工業者又は売主と住宅瑕疵担保責任保険法人との間で契約されるものである。すなわち，住宅の購入者，注文者との関係では契約関係にはなく，あくまでも住宅に特定の瑕疵が生じ，損害が発生した場合にはじめて住宅の購入者らに対し保証義務を負う。そのため，住宅の購入者らは住宅瑕疵担保責任保険法人に対し，直接債務不履行責任を追及することはできない。住宅瑕疵担保責任保険法人が行う現場検査は，保険付保のために一定の設計施工基準に適合しているかどうかを確認するものであって，当該新築住宅の施工業者らに対し，瑕疵のない住宅を供給するよう監理，監督したり，是正を求めるなどの義務はない。

　また，住宅瑕疵担保責任保険法人は，住宅の購入者らとの関係で瑕疵のない住宅が供給されるよう注意する義務はなく，不法行為責任も追及することはできない。

【吉田　可保里】

34 構造計算書・構図の誤りに基づく設計会社及び建築確認をした市の責任

静岡地裁平成24年12月7日判決（平成19年(ワ)第1624号，平成20年(ワ)第691号）
判例時報2173号62頁

争　点

　分譲マンションの耐震強度不足のため取り壊しを余儀なくされ損害を被った建築主は，誤った構造計算書等の作成に関与した設計会社とその取締役及び従業員に対する不法行為責任及び建築確認をした市に対する国家賠償法上の責任を追及できるか

判決の内容

■ 事案の概要

　Xは，建築主として分譲マンション（以下「本件建物」という）を建築・販売したところ，本件建物の耐震強度不足が発覚し，買主からの全戸買取りを余儀なくされた。そこで，Xは，本件建物の耐震強度不足の原因が構造計算書及び構造図の誤りにある等と主張して，本件建物の建築確認を行った建築主事の所属する被告Y_1（市），Xが本件建物の設計業務を委託した設計事務所の取締役Y_2，Y_3及び従業員Y_4，同設計事務所が設計業務のうち構造設計業務を委託した設計事務所たるY_5及びその取締役であるY_6並びにXが本件建物の施工を依頼したY_7に対し，Y_1については，国家賠償法1条1項に，Y_2については会社法の施行に伴う関係法律の整備等に関する法律78条，商法（平成17年法律第87号による改正前のもの。以下「旧商法」という）266条の3第1項（現会社法429条1項）に，Y_3については，民法709条及び旧商法266条の3第1項（現会社法429条1項）に，Y_4については民法709条に，Y_5については，民法

709条及び会社法の施行に伴う関係法律の整備等に関する法律25条，有限会社法（平成17年法律第87号により廃止。以下「有限会社法」という）32条，旧商法78条2項及び民法44条1項（平成18年法律第50号による改正前のもの。以下「旧民法44条1項」という）（現一般社団法人及び一般財団法人に関する法律78条・117条・118条）に，Y_6については民法709条に，Y_7については，民法415条，709条及び715条1項に基づき，それぞれ損害賠償を請求した事案である。

■ 判決要旨

1 基本的安全性を損なう瑕疵による損害賠償責任

建物の建築に携わる設計者，施工者及び工事監理者は，居住者等に対しても，建物としての基本的な安全性が欠けることがないように配慮すべき注意義務を負い，この違反により建物としての基本的な安全性を損なう瑕疵があり，居住者等の生命，身体又は財産が侵害された場合には，特段の事情がない限り，不法行為による賠償責任を負う（最判平19・7・6民集61巻5号1769頁）とした。

2 設計を行った設計事務所（Y_5）及び取締役（Y_6）の責任

上記の観点のもと，Y_6は，法令の基準を満たしていないことを示している判定表の記載された最終頁を抜いた構造計算書を提出し，本件建物の建築確認申請（以下「本件申請」という）について構造計算書の最終頁の追完を求められた際も，法令の基準を満たしていることを示している判定表の記載された構造計算書の最終頁のみを追完し，従前提出してあった法令の基準を満たさないこととなる計算過程が記載された構造計算書をそのままにし，構造図を差し替えることもしなかったのであり，またその結果建築された本件建物が法令上の基準を満たさず，Y_1から是正勧告を受け，結局，取り壊さざるを得ない結果となったのであるから，本件建物に建物としての基本的な安全性が欠けることがないように配慮すべき注意義務に違反したというほかないとし，また，Y_5についても，旧民法44条1項が準用されるとして（有限会社法32条，旧商法78条2項），両者の責任を肯定した。

3 設計を委託した設計事務所役員等（Y_2～Y_4）の責任

Y_3及びY_4は，Y_5から提出された構造計算書の最終頁が欠落していること

に気付かぬままに，本件申請をし，その後 Y_1 からの是正指示があった際も Y_5 に直接対応させ，是正が正しくされたかどうか確認しようともしていないのであるから本件建物に建物としての基本的な安全性が欠けることがないように配慮すべき注意義務に違反したものと認められる。

そして，同設計事務所の取締役であった Y_2 及び Y_3 には，構造設計の外部委託先から提出された構造計算書のチェック体制を構築するなどして，損害賠償責任が発生しないよう一定の措置を講ずる義務があるというべきであるとし，これに違反した Y_2 及び Y_3 は，旧商法266条の3第1項（現会社法429条1項）に基づく損害賠償責任を負うとした。

4 市（Y_1）の責任

本件申請を確認した建築主事の補助者たる担当者は，構造計算書の最終頁の欠落に気付き，追完を求めたのであるから，結論部分の記載された最終頁が追完された際に，既に提出されている計算過程の部分と追完された最終頁が連続したものであることを慎重に確認すべきであったにもかかわらず，Y_5 の追完を受け入れ，その結果，法令の定める基準を満たしていない本件建物について建築主事において確認済証を交付するに至ったのである。

かかる担当者らによる建築確認は，職務上通常尽くすべき注意義務を尽くすことなく漫然と提出済みの構造計算書の計算過程と整合しない結論部分が記載された最終頁の追完を許したものであるから，Y_1 は国家賠償責任を負うとした。

5 建築会社（Y_7）の責任

Y_7 については，施工の段階にて，本件建物に建物として基本的な安全性が欠けていることについて予見可能性があったとは認め難いとして責任を否定した。

解　説

本件マンションの耐震強度不足が発覚したのは平成19年である。元一級建築士による構造設計書偽造事件をきっかけに，国土交通省が無作為抽出した全国のマンションの耐震強度を調査したことで発覚した。

本件のような構造計算書の偽装が社会問題化したことで，平成19年5月には「特定住宅瑕疵担保責任の履行の確保等に関する法律」が成立，公布され，住宅の売主等の瑕疵担保責任履行の実行を確保するための保険や供託の仕組みを活用した資力確保措置が義務付けられるようになり，また同年6月には一部改正された建築基準法が施行され，構造計算適合性判定制度の導入，確認審査期間の延長，3階建て以上の共同住宅に対する中間検査の義務付け等，建築確認・検査が厳格化されるに至った。

　本判決においては，原告から設計業務を請け負った設計事務所の役員ら（Y_2〜Y_4），さらに当該設計事務所から設計業務を委託された設計事務所（Y_5），及び同設計事務所の役員（Y_6）の不法行為責任等が肯定されている。

　しかし，本件においてY_2〜Y_4の設計事務所が被告とされなかったのは，同事務所が既に倒産に至っていたためであるように，実際には，設計事務所や役員らの責任が肯定されても，賠償金を支払う能力がないことが大きな問題となる。

　今後同種の事案においては，前掲の「特定住宅瑕疵担保責任の履行の確保等に関する法律」による資力確保にも期待がもたれるところであるが，建築確認に対する国家賠償責任の追及の重要性は高い。

　建築確認は，地方公共団体の機関である建築主事が，当該建築計画が法令に適合するものであることを，公権的に判断，確定するものであるから（建基4条，地自2条8項），行政庁による「公権力の行使」として，国家賠償法適用の対象になると解されている（山口地岩国支判昭42・8・16訟月13巻11号1333頁）。また，指定確認検査機関の確認についても，判例（最決平17・6・24裁判集民217号277頁）は特定庁の国家賠償責任が生じうることを認めている。

　この点問題になるのが，建築確認に基づく国家賠償責任上の注意義務としてはどのような義務が求められるかである。これについて前掲山口地岩国支判昭42・8・16は，「右建築計画には設計上構造計算を誤った瑕疵が存在したが，主事は，右構造計算が法令の規定に適合するか否かを審査すべき職務上の義務を有するのにこの義務に違反し，右瑕疵を看過して確認したのであるから，当然過失の責に任ずべきものである」としており，「瑕疵を看過」したことで当然に義務違反が認められると解釈する余地を残す判断をした

(松本克美＝齋藤隆＝小久保孝雄編『専門訴訟講座２建築訴訟〔第２版〕』47頁（民事法研究会，2013））。

　これに対し，本判決は，「結論部分の記載された最終頁が追完された際に，既に提出されている計算過程の部分と追完された最終頁が連続したものであることを慎重に確認すべきであったにもかかわらず，……職務上通常尽くすべき注意義務を尽くすことなく漫然と提出済みの構造計算書の計算過程と整合しない結論部分が記載された最終頁の追完を許した」ことに義務違反を認めており，前掲の判断と異なり，単に瑕疵の看過があったことのみならず，具体的に求められる注意義務の内容及びその違反を検討している。

　本判決の判断に従えば，瑕疵を看過したが，注意義務を尽くしても見抜くことができないような，巧妙，難解な偽造があった場合については注意義務違反が認められないとも考えられる。機械技術の進化により，そのような偽装が行われる危険性は高まる一方であるが，当該偽装について，どの程度の注意義務が求められるのか，今後の判例・学説が注目される。

【堀岡　咲子】

35 建築主事の建築主に対する注意義務

名古屋地裁平成25年1月22日判決（平成20年（ワ）第3887号）
判例時報2180号76頁

争点

1 建築主事の建築主に対する注意義務の有無
2 建築主事が負う注意義務の具体的な内容
3 本件における建築主事の注意義務違反の存否

判決の内容

■ 事案の概要

本件は耐震偽装事件の一つである。

建築主である原告は，本件建物についての建築確認（以下「本件建築確認」という）を行った建築主事が属する被告（県）に対し，同建築主事が本件建物の構造計算の偽装を看過し，適正な審査を怠り違法に建築確認を行ったため，補修工事費用等の損害を被ったとして，国家賠償法1条1項に基づき，損害賠償を求めた。

■ 判決要旨

1 建築主事の建築主に対する注意義務の有無

建築確認の制度は，建築主や建築業者の建築物に対する所有権の保護を目的として制定されたものではなく，また建築確認が建築主等に対し当該建築物の安全性を保証するものでないことも明らかである。

しかし，建築基準法が，脆弱な建築物が建築されて，これが地震等の際に倒壊するなどして，関係者に被害が発生することを防ぐ趣旨で制定され，また，建築基準法1条は「この法律は，建築物の敷地，構造，設備及び用途に

関する最低の基準を定めて、国民の生命、健康及び財産の保護を図り、もって公共の福祉の増進に資することを目的とする。」と規定していて、保護の対象者を限定する趣旨とはうかがわれず、さらに、建築主にとっては、確認審査を受け、確認済証の交付を受けなければ、当該建築物の工事に着手することができないという負担を負うことに照らすと、建築主の当該建築物に関する財産的利益が保護の対象から全く除外されているものと解することは困難である。

建築確認制度においては、建築主の財産的利益を保護することも目的としており、建築主事は、建築主に対して職務上の法的義務を負担しているものであって、これに違背した場合には、国家賠償法上違法となるというべきである。

2　建築主事が負う注意義務の具体的な内容

建築確認審査は、そもそも、当該建築計画を建築基準関係規定に当てはめて、その要件充足の有無を判断するという裁量性の乏しいものであるところ、審査事項が多岐にわたり、かつ、審査の期間も制約されていることからすると、建築基準法は、建築主事に対し、全ての申請書類を、民間図書等で示される工学的知見をもって厳密に逐一審査することまでは求めてはいないものというべきである。建築主事の審査は、建築基準関係規定に基づき建築確認申請に添付された図書及び同規定によって定められた事項が対象となるのであって、審査の対象とならない留意事項や推奨事項等は、設計者の判断に委ねられているものというべきである。

建築確認制度は、建築専門家である建築士の技術的能力、職業倫理、責任感に対する信頼を前提として構築されているものということができる。

以上によれば、建築主事は、建築基準関係規定に基づき建築確認申請に添付される図書及び同規定によって定められた事項を対象として、当該建築計画を建築基準関係規定に当てはめて、その要件充足の有無を審査、判断するものであり、その資料として提出される建築士作成の設計図書等については、建築士の技術的能力、職業倫理、責任感に対する信頼を前提として審査すれば足りるということができる。

3　本件における建築主事の注意義務違反の存否

入力データ部分も含めた電算出力部分が「構造計算の部分」に当たり、本件建築確認申請書への添付を要しないものであったから、本件建築主事には、電算出力部分について確認審査する義務はない。

建築確認申請書への添付を要しないこととされた構造計算部分が添付されているか否かによって建築主事の審査対象が異なることになるというのは合理的ではなく、添付を要しない構造計算部分が添付されていた場合であっても、同部分は建築主事の審査対象ではない。

本件建築確認当時においては、上記のとおりルート三において構造計算を行う場合の耐震壁のモデル化について定めた建築基準関係規定は存在せず、設計者の工学的判断に委ねられており、建築主事の審査の対象ではなかったというべきである。したがって、建築主事としては、設計者の行ったモデル化を前提に、耐震強度が1.0以上であることを確認すれば足りる。

本件建物は構造規定でいうところのピロティ型式の建築物であるが、ピロティ型式の建築物の安全性に関する特別の配慮がされているか否かは建築主事の審査の対象ではなかった。

入力データ部分と出力データ部分については添付を要すると解するとしても、当時の建築基準法上、建築主事は、構造計算書の要所と、エラーメッセージの有無を確認すれば足り、入力データと出力データを逐一照合するまでの義務はない。

建築確認審査において、構造計算に関して何らかの計算がなされている箇所は、手計算部分に限っても多岐にわたる上、前記のとおり建築主事は21日間という限られた時間の中で確認審査を行わなければならないのであるから、通常の建築確認審査の過程で、その全ての箇所を検算することは不可能ないし非現実的であり、建築主事において逐一検算を行うような網羅的な審査を行うべきことを建築主事の審査義務の内容と解することはできない。

跳ね出し部分については、建築基準関係規定に定めは存在せず、設計者の工学的判断に委ねられており、建築主事の審査の対象になっていなかった。

大臣認定番号がヘッダーに印字されるべき部分は本件電算出力部分であり、本件建築確認申請書への添付を要せず、本件建築主事の確認審査の対象ではなかったものである。

したがって，本件建築主事が，本件電算出力部分のヘッダーに本件プログラムが適用範囲内で使用され，かつ，計算処理が正常終了したことを示す大臣認定番号の印字がないことを看過したとしても，違法であるとはいえない。

解　　説

1　建築主事の建築主に対する注意義務の有無

本判決は，建築主事は，建築主に対しても職務上の法的義務を負担し，これに違背した場合は国家賠償法上違法となるとしている。当該判断は，本判決の2か月後に言い渡された最高裁平成25年3月26日判決（本書判例〔36〕）と同旨である。

2　建築主事が負う注意義務の具体的な内容

本判決は，建築確認における裁量の乏しさ，審査事項の多さ，審査期間の制約等を根拠に，建築主事に申請書類を，民間図書等で示される工学的知見をもって厳密に逐一審査することまでは求められてはおらず，建築基準関係規定に基づき建築確認申請に添付された図書及び同規定によって定められた事項が建築主事の審査の対象となるとしており，さほど精緻な審査をすべき注意義務は認めていない。

3　本件における建築主事の注意義務違反の存否

上記判断に基づき，添付を要しない構造計算部分については審査の対象ではない，構造計算書の要所と，エラーメッセージの有無を確認すれば足り，入力データと出力データを逐一照合するまでの義務はない，等と判示している。

【大橋　正典】

36 建築確認に関する建築主事の法的義務

最高裁平成25年3月26日判決（平成22年(受)第2101号）
最高裁判所裁判集民事243号101頁，裁判所時報1576号8頁，裁判所ウェブサイト

争点

1　建築主事は建築主の申請に係る建築物の計画について建築確認をするにあたり建築主である個人の財産権を保護すべき職務上の法的義務を負うか

2　上記義務を負いうるとして，建築主事による建築確認が国家賠償法上違法となるのはいかなる場合か

3　本件における国家賠償法上の違法の有無

判決の内容

■ 事案の概要

本件は耐震偽装事件の一つである。

建築物の建築主である上告人Xは，建築基準法（平成14年法律第22号による改正前のもの。以下同じ）6条4項によりその計画の確認をした建築主事が属する被上告人Yに対し，確認の申請書に添付された構造計算書に一級建築士による偽装が行われていたことを看過してされた確認は国家賠償法1条1項の適用上違法であり，それによって改修工事費用等の財産的損害を受けたとして，同項に基づき損害賠償を求めた。

■ 判決要旨

1　建築主事の建築主に対する法的義務

建築確認制度の目的には，建築基準関係規定に違反する建築物の出現を未然に防止することを通じて得られる個別の国民の利益の保護が含まれてお

り，建築主の利益の保護もこれに含まれているといえるのであって，建築士の設計に係る建築物の計画について確認をする建築主事は，その申請をする建築主との関係でも，違法な建築物の出現を防止すべく一定の職務上の法的義務を負う。

2 建築主事による建築確認が国家賠償法上違法となる場合

建築主事による当該計画に係る建築確認は，例えば，当該計画の内容が建築基準関係規定に明示的に定められた要件に適合しないものであるときに，申請書類の記載事項における誤りが明らかで，当該事項の審査を担当する者として他の記載内容や資料と符合するか否かを当然に照合すべきであったにもかかわらずその照合がされなかったなど，建築主事が職務上通常払うべき注意をもって申請書類の記載を確認していればその記載から当該計画の建築基準関係規定への不適合を発見することができたにもかかわらずその注意を怠って漫然とその不適合を看過した結果当該計画につき建築確認を行ったと認められる場合に，国家賠償法1条1項の適用上違法となるものと解するのが相当である（なお，建築主事がその不適合を認識しながらあえて当該計画につき建築確認を行ったような場合に同項の適用上違法となることがあることは別論である）。

もっとも，上記に示した場合に該当するときであっても，建築確認制度は建築主が自由に建物を建築することに対して公共の福祉（建築基準法1条）の観点から設けられた規制であるところ，建築士が設計した計画に基づいて建築される建築物の安全性は第一次的には建築士法上の規律に従った建築士の業務の遂行によって確保されるべきものであり，建築主は自ら委託をした建築士の設計した建築物の計画につき建築基準関係規定に適合するものとして建築確認を求めて建築主事に対して申請をするものであることに鑑みると，その不適合に係る建築主の認識の有無又は帰責性の程度，その不適合によって建築主の受けた損害の性質及び内容，その不適合に係る建築主事の注意義務違反の程度又は認識の内容その他の諸般の事情に照らして，建築確認の申請者である建築主が自らの申請に応じて建築主事のした当該計画に係る建築確認の違法を主張することが信義則に反するなどと認められることにより，当該建築主が当該建築確認の違法を理由として国家賠償法1条1項に基づく損害賠償請求をすることができないものとされる場合があることは否定でき

ない。

3 本件における国家賠償法上の違法の有無

本件建築物の２階以上の梁間方向の耐震壁が１枚の有開口耐震壁としてモデル化されていた点については、本件建築確認当時の建築基準関係規定には建築物のモデル化の在り方や内容に関する定めはなく、本件建築物の計画が建築基準関係規定に明示的に定められた要件に適合しないものであるとはいえない。

本件建築物の１階の剛性率が10分の６以上とされていた点については、建築士によって作成された申請書類には、適切な入力データに基づき大臣認定プログラムにより計算された結果として記載されていたものであるところ、本件建築物の１階は２階以上と比べて耐震壁が大幅に少ないことが申請書類の記載内容から看取されるとしても、そのことから直ちに、１階の柱などの設計内容いかんにかかわらず１階の剛性率が10分の６以上となることがあり得ないとはいえないから、申請書類の記載事項における誤りが明らかであったとはいえず、本件建築主事が１階の剛性率及びその基礎となる入力データの各数値の適否につき疑問を抱き、申請者に他の資料の提出を求めてそれらと符合するか否かを確かめるなどしなかったことをもって、当該事項の審査を担当する者として職務上当然に照合すべきであったにもかかわらずその照合がされなかったともいえない。

耐力壁の断面の検討における設計用せん断力に虚偽の数値が用いられていた点については、建築士によって作成された申請書類には当該数値が上記と同様の方法による計算に基づくものとして記載されていたところ、本件プログラムは標準仕様では応力解析で得られた数値が耐力壁の断面の検討のために自動的には入力されず手作業で入力しなければならないものであり、本件構造計算書の作成の際に上記検討を自動化するための追加機能は付されていなかったが、大臣認定プログラムは100種類以上あってその種類や追加機能の有無によって手作業で入力すべき項目の範囲等は多種多様であるため、建築主事が個々のプログラムについて耐力壁の断面の検討のために手作業で入力すべき項目の有無や範囲等を逐一把握するのは所定の審査の期限を考慮すると困難である上、本件プログラムの出力結果が膨大なものであり手作業で

入力された数値も相当多岐にわたることは記録上明らかであるから，申請書類の記載事項における誤りが明らかであったとはいえ，本件建築主事が手作業で入力された各数値の適否につき疑問を抱き本件プログラムの出力結果から必要なデータを抽出してそれらのデータと符合するか否かを逐一確かめるなどしなかったことをもって，当該事項の審査を担当する者として職務上当然に照合すべきであったにもかかわらずその照合がされなかったともいえない。

本件建築主事が職務上通常払うべき注意をもって申請書類の記載を確認していればその記載から本件建築物の計画の建築基準関係規定との不適合を発見することができたにもかかわらずその注意を怠って漫然とその不適合を看過したものとは認められず，他にそのように認められるべき事情もうかがわれないから，本件建築確認が国家賠償法1条1項の適用上違法となるとはいえない。

解　　説

1　建築主事の建築主に対する法的義務

本事件の原審は，そもそも，建築主事は建築主の申請に係る建築物の計画について建築確認をするにあたり建築主である個人の財産権を保護すべき職務上の法的義務を負うものとはいえないとして，上告人Xの請求を棄却していた。かかる判断は，建築確認申請は建築主自らが委託した建築士によるものである以上，当該建築計画に建築基準関係規定違反があり，建築主事がこれを看過したからといって，建築主が国家賠償法上違法と主張することは一切できないという趣旨と考えられる。

本判決は，建築確認制度の法的な保護対象から建築主自身も排除されていない旨を示しつつ，建築主の認識の有無や帰責性の程度等の諸般の事情によっては，信義則上，国家賠償請求ができない場合があるとしている。

建築主といっても，建築に関する専門知識の有無・程度，違法な建築計画への関与の度合い等は様々に異なるのであり，本判決の基準は，事案に応じた具体的妥当性を確保しうるものと考えられる。

2 建築主事による建築確認が国家賠償法上違法となる場合

本判決は,「建築主事が職務上通常払うべき注意をもって申請書類の記載を確認していればその記載から当該計画の建築基準関係規定への不適合を発見することができたにもかかわらずその注意を怠って漫然とその不適合を看過した結果当該計画につき建築確認を行ったと認められる場合」に国家賠償法上違法となると判示する。

この「建築主事が職務上通常払うべき注意」とは,実際に行われている建築主事の実務というべきものを指すと解され,建築基準関係規定が,ある要件を明示的に定め,かつ,申請書類の記載事項における誤りが明らかであるにもかかわらず,他の資料等との照合を怠った場合との例示も勘案すると,さほど精緻な審査をすべき注意義務は認めていないこととなる。

建築主は自ら建築した者であるから,ある程度の自己責任は認められるかもしれないが,本件と異なり,購入者に違法建築物件を購入してしまったことに関して自己責任を認めうる場合は少ないと考えられ,以上のような注意義務の内容をかなり制限した判断によるならば,建築確認制度による設計者の故意・過失による違法な建築計画の排除機能はかなり制限されたものになると思われる。本判決は,最高裁昭和59年10月26日判決(民集38巻10号1169頁)を援用して,建築確認制度の趣旨を違法建築物の出現を未然に防止することと判示しているが,かかる趣旨に照らせば,建築主事の注意義務は,より高度なものと判断する余地はあったのではないであろうか(ただし,耐震偽装事件以降,構造計算書の第三者機関による構造審査(ピアチェック)の一部義務化や設計者・監理者の賠償責任保険の拡充,住宅瑕疵担保履行法の制定等の対応がなされており,立法的・実務的対応によって,類似事件が起きた場合の被害者保護は一定程度確保されたといえる)。

3 本件における国家賠償法上の違法の有無

本件において,上告人Xは,①構造計算における建築物のモデル化の在り方が,現実の力の加わり方と異なること,②本件建築物のうち少なくとも1階の剛性率は10分の6以上ではなかったにもかかわらず,10分の6以上とされていた,③耐力壁の断面検討のための数値が,応力解析上の数値と異なっている,との事実の看過を摘示しているが,本判決では,①については建

築基準関係規定に明示的に定められた要件に適合しないものとはいえない，②・③については，これらが明らかな誤りとはいえず，審査を担当する者として職務上当然に照合すべきであったにもかかわらずその照合がされなかったとはいえない，として，国家賠償法上の違法はないと判断している。

【大橋　正典】

第6　損害の認定

37　建替費用相当額の損害賠償請求における居住利益の控除の可否

最高裁平成22年6月17日判決（平成21年(受)第1742号）
最高裁判所民事判例集64巻4号1197頁，判例時報2082号55頁，判例タイムズ1326号111頁

争点

不法行為に基づく建替費用相当額の損害賠償請求において買主の居住利益等を控除できるか

判決の内容

■　事案の概要

　建売住宅を購入したXらが，当該建物には建替えが必要な重大な瑕疵があるとして，売主であるY₁に対しては，不法行為による損害賠償請求権ないし瑕疵担保責任による瑕疵修補に代わる損害賠償請求権に基づいて，建売住宅を施工したY₂及び破産者であるY₃の破産管財人並びにその設計監理を行ったY₄及び同被告の一級建築士であるY₅に対しては，それぞれ不法行為による損害賠償請求権に基づいて，Y₁，Y₂，Y₄の代表取締役Y₆並びにY₃の取締役であるY₇及びY₈に対しては，それぞれ不法行為による損害賠償請求権ないし取締役の第三者に対する損害賠償責任に基づいて損害賠償を求めた事案において，第1審がY₁ら一部被告の建替費用相当額の賠償責任を認める一方，Xらが居住利益を得ているとして，これと遅延損害金との損益相殺を認めたことに対し，Y₁らが控訴し，Xらも附帯控訴したところ，原審は，

第1審同様，Y₁らの建替費用相当額の損害の賠償責任を認めたが，居住利益については，第1審とは異なり，損益相殺の対象とすべきではないとした。これに対し，Y₁らがXらがこれまで本件建物に居住していた利益や本件建物を建て替えて耐用年数の伸張した新築建物を取得するという利益は，損益相殺の対象として，建替えに要する費用相当額の損害額から控除すべきであるなどとして，上告受理申立てをした事案である。

■ 判決要旨

売買の目的物である新築建物に重大な瑕疵がありこれを建て替えざるを得ない場合において，当該瑕疵が構造耐力上の安全性にかかわるものであるため建物が倒壊する具体的なおそれがあるなど，社会通念上，建物自体が社会経済的な価値を有しないと評価すべきものであるときには，上記建物の買主がこれに居住していたという利益については，当該買主からの工事施工者等に対する建替費用相当額の損害賠償請求において損益相殺ないし損益相殺的な調整の対象として損害額から控除することはできないと解するのが相当であるとし，本件建物には，構造耐力上の安全性にかかわる重大な瑕疵があるのであるから，これが倒壊する具体的なおそれがあるというべきであって，社会通念上，本件建物は社会経済的な価値を有しないと評価すべきものであることは明らかであり，Xらがこれまで本件建物に居住していたという利益については，損益相殺ないし損益相殺的な調整の対象として損害額から控除することはできないとした。

また，Xらが，社会経済的な価値を有しない本件建物を建て替えることによって，当初から瑕疵のない建物の引渡しを受けていた場合に比べて結果的に耐用年数の伸長した新築建物を取得することになったとしても，これを利益とみることはできず，そのことを理由に損益相殺ないし損益相殺的な調整をすべきものと解することはできないとして，Y₁らの上告を棄却した。

解説

第1審（名古屋地判平20・11・6民集64巻4号1204頁，本書判例〔30〕）において

は、本件建物の瑕疵（構造耐力の不足等）の存否及び建替えの要否とともに、本件建物の販売会社の不法行為責任等についても争点となったが（いずれも肯定）、本稿においては、上告審における主たる争点である不法行為に基づく建替費用相当額の損害賠償請求において買主の居住利益等を控除できるかについて解説する。

1 本判決の意義

一見すると、公平の見地からは、Y₁らが主張しているように、損害賠償を受けるまで当該建物に居住していたという利益や当該建物を建て替えることによって、当初から瑕疵のない建物の引渡しを受けていた場合に比べて結果的に耐用年数の伸長した新築建物を取得することになった利益について、損害賠償額の算定にあたり、損益相殺的な調整がなされるべきとも思える。実際に、そのような立場に立つ学説や裁判例も多数存在する。

しかし、宮川裁判長が補足意見で述べているように、建物の購入者である消費者からすれば、建物の瑕疵は容易には発見できないことが多く、仮に一定の瑕疵を発見したとしても、瑕疵の内容を具体的に特定するには専門家に依頼して調査してもらうなどすることが必要であり、かなりの時間を要するのが通常であるといえる。

また、売主等に当該瑕疵について賠償を求めても売主等が当該瑕疵の主張を争い、求めに応じないケースは多いと思われる。

そして、買主としては、既に当該建物を取得するにあたって、住宅ローンを組むなどしている場合が多いであろうから、売主等が当該瑕疵の主張を争っている間、経済的な理由等から仮に当該建物が安全性を欠いた建物であったとしても、やむを得ず居住を続けざるを得ないことが通常と思われる。

にもかかわらず、居住していることを利益と考え、あるいは売主等からの賠償金により建物を建て替えると耐用年数が伸長した新築建物を取得することになるとして、そのことを利益と考え、損益相殺ないし損益相殺的な調整を行うとすると、賠償が遅れれば遅れるほど賠償額は少なくなることになる。

このような結論は、建て替えざるを得ないような重大な瑕疵があるにもかかわらず、当該瑕疵の主張を争うといった誠意なき売主等を利するという事

態を招き，公平ではないといえる。重大な欠陥があり危険を伴う建物に居住することを法的利益と考えること及び建物には交換価値がないのに建て替えれば耐用年数が伸長するなどと考えることは，いずれも相当でない。

　もっとも，瑕疵が重大ではない場合にまで，上記のような損益相殺ないし損益相殺的な調整が許されないとすることは，公平の見地からは妥当とはいえないであろう。

　したがって，目的物である新築建物に重大な瑕疵がありこれを建て替えざるを得ない場合において，当該瑕疵が構造耐力上の安全性にかかわるものであるため建物が倒壊する具体的なおそれがあるなど，社会通念上，建物自体が社会経済的な価値を有しないと評価すべきものであるとき，と限定して上記のような損益相殺ないし損益相殺的な調整の対象として損害額から控除することはできないとした本判決は妥当なものといえる。

2　留意点

　本判決を検討するにあたり注意したいのは，本判決は，目的物である新築建物に重大な瑕疵がありこれを建て替えざるを得ない場合全てにおいて，居住利益を控除できないとしているわけではなく，例として，当該瑕疵が構造耐力上の安全性にかかわるものであるため建物が倒壊する具体的なおそれがある場合を挙げ，そのような社会通念上，建物自体が社会経済的な価値を有しないと評価すべきものである場合には，居住利益を控除できないと判示している点である。

　すなわち，目的物である新築建物に重大な瑕疵がありこれを建て替えざるを得ない場合，イコール社会通念上，建物自体が社会経済的な価値を有しないと評価すべき場合（居住利益の控除が許されない）とは判示していない。

　例示している以外のいかなる場合に，社会通念上，建物自体が社会経済的な価値を有しないと評価すべき場合に該当するのかについては，今後検討されるべき課題であり，判例の蓄積が待たれるところである。

【髙木　薫】

38 補修費用が建替費用を上回る場合の損害額

神戸地裁平成23年1月18日判決（平成19年(ワ)第1046号）
判例時報2146号106頁，判例タイムズ1367号152頁

争点

1　アンダーピニング工法の補修費用
2　瑕疵の補修が可能であるものの補修費用が建替費用を上回る場合の損害額をいかに解すべきか

判決の内容

■ 事案の概要

　平成8年9月15日，Xは，Y_1との間において，土地上に，建物を建築する請負契約（代金1920万9500円，なお，その後の追加工事代金98万8800円）を締結し，平成9年6月18日，完成した本件建物の引渡しを受けた。
　しかし，Xは，本件建物には，基礎の欠陥及び使用上の欠陥が存しているため建替えが必要であるとして，Y_1及び同社の事業を承継したY_2に対し，瑕疵担保責任又は不法行為による損害賠償請求権（選択的併合）に基づいて，建替費用相当額2427万円等合計3226万3000円及び遅延損害金の支払を求めた。

■ 判決要旨

1　瑕疵の有無及び責任の主体

　本判決は，まず，本件建物には，基礎が軟弱地盤に対応できていない構造上の瑕疵を含む重大な瑕疵が含まれているとして瑕疵を認めた上で，このような瑕疵を含む本件建物を建築したY_1には，建物建築を請け負った業者として負う瑕疵のない建物を建築する注意義務に違反した過失が存するものと

認められるから，Y1は，不法行為責任として，本件建物に瑕疵が存在することによってXに生じた損害を賠償する義務を負うとした。

そして，本件建物に瑕疵が存することによる損害賠償債務については，本件契約を締結したY1の事業を承継したY2も重畳的に債務を引き受けたものと認められ，連帯してその責任を負うものとした。

2 損害について

(1) 本件瑕疵の補修方法及び補修費用

本件において，Yらは，基礎の瑕疵を認めた上で補修計画を示したが，本判決は，Yらの補修計画に従ったアンダーピニング工法による本件建物の水平修復・沈下防止工事については，掘削時の本件建物の敷地地盤の安全性に欠けるところがあるとし，本件建物の基礎が軟弱地盤に対応できていない瑕疵の補修方法及びこれに要する費用としては，Yらの補修計画に基づく費用591万0380円は相当でないとした。

その上で，本判決は，鑑定結果に基づき，軟弱地盤に対応できていないために不同沈下が生じている本件建物の基礎をアンダーピニング工法によって補修するには，本件建物周辺の土留め工事を施工し，本件建物の1階床面を撤去した上で，掘削法面の安定勾配を確保しながら本件補修計画と同様の鋼管杭圧入工事を行う必要があり，これに要する費用は2140万円であるとした。

そして，本件建物の基礎が軟弱地盤に対応していない瑕疵については，同基礎の下部に鋼管杭を圧入して基礎をジャッキアップした上で掘削部の地盤改良を施すという補修方法によって補修可能であり，これに要する補修費用は2140万円であると認めるのが相当であり，また，本件建物の基礎に生じたクラック及び不同沈下によって本件建物に生じた不具合を是正するために，それぞれ10万円，39万2000円の補修費用を要するとした。

本判決はその他の瑕疵についても判断し，本件建物1階の浴室下部の底盤にコンクリートを敷設し，浴室周りを3列のコンクリートブロックで取り囲み，浴槽を取り囲む設計となっているのに，これが施工されていない瑕疵，2階の和室西側の外壁ジョイント部において，外壁サイディングが浮き上がった部分があるために和室の内壁に漏水している瑕疵，本件建物1階床下に

施工されている断熱材が垂れ下がって，室内の断熱性能が確保できていない瑕疵，本件建物2階トイレの給水管の瑕疵，本件建物1階天井部分の耐火構造に関する瑕疵を補修する費用も含めると，本件建物を建て替えることなく本件建物に存在する瑕疵を補修するには，合計2683万5000円を要すると判示した。

(2) 本件建物の建替費用

本判決は，本件建物を建て替えることによっても本件建物に存在する瑕疵を補修するのと同じ目的を達することができると考えられるとした上で，本件建物の建替えに要する費用は2427万円であるとした。

(3) 本件における瑕疵の補修費用としての損害額

本判決は，瑕疵の補修を行うのに複数の工事方法が考えられる場合には，最も安価な工事方法に要する費用相当額をもって相当因果関係ある損害と認めるのが相当であるから，結局，本件建物に存する瑕疵の補修費用としてXに生じた損害額としては，建替費用と同額の2427万円と認めるのが相当であると判示した。

■ 解　説

1 アンダーピニング工法

アンダーピニング工法とは，建物をジャッキアップし，建物の傾斜を修復する工法をいう。手順の概要としては，建物の下部を掘削して鋼管杭を圧入し，鋼管杭の先端が支持層に達した後，これを反力として建物をジャッキアップし，最終的に埋め戻すということになる。

建物に傾斜が生じている建築紛争においてはこのアンダーピニング工法が提案されることが少なくないが，地盤の状況等によって費用には大きな幅が生じることに注意が必要である。本件においても，Yらが補修計画に基づき，591万0380円を費用として算定したのに対し，本判決は，鑑定結果に基づき，本件建物周辺の土留め工事を施工し，本件建物の1階床面を撤去した上で，掘削法面の安定勾配を確保する必要があるとして，費用は2140万円であるとしている。

2　建替費用相当額の損害賠償請求について
(1)　民法635条ただし書との関係
　民法635条は,「仕事の目的物に瑕疵があり,そのために契約をした目的を達することができないときは,注文者は,契約の解除をすることができる。ただし,建物その他の土地の工作物については,この限りでない」と定め,建築された建物に瑕疵がある場合の注文者の解除を認めないこととしている。建替えを前提とした建替費用相当額の損害賠償を認めることは解除を認めるに等しく,この民法635条ただし書との関係で問題があるのではないかという議論が従前から行われていた。

　これに対し,最高裁平成14年9月24日判決（裁判集民207号289頁,判時1801号77頁,判タ1106号85頁）は,民法653条ただし書の趣旨について「請負契約の目的物が建物その他土地の工作物である場合に,目的物の瑕疵により契約の目的を達成することができないからといって契約の解除を認めるときは,何らかの利用価値があっても請負人は土地からその工作物を除去しなければならず,請負人にとって過酷で,かつ,社会経済的な損失も大きい」ことにあるとした上で,「請負人が建築した建物に重大な瑕疵があって建て替えるほかはない場合に,当該建物を収去することは社会経済的に大きな損失をもたらすものではなく,また,そのような建物を建て替えてこれに要する費用を請負人に負担させることは,契約の履行責任に応じた損害賠償責任を負担させるものであって,請負人にとって過酷であるともいえない」ことを理由に,一定の場合に建替費用相当額の損害賠償請求を認めることは,同条ただし書の趣旨に反しないとした。

　この判例を受けて,現在は,建物に重大な瑕疵がありこれを建て替えざるを得ない場合には,注文者は,請負人に対して,建替費用相当額の損害賠償請求ができるというのが実務上は通説となっている。

(2)　民法改正との関係
　民法改正（案）においては,上記の民法635条は削除されることとなった。
　本文については,仕事の目的物が契約の内容に適合しないことを理由とする解除に関しては,解除の一般的な規律により処理すべきであり,請負に関して個別に規定する意義がないことがその理由である。

そして、ただし書についても、上記平成14年最判を踏まえて存在意義がないとされたものである。

したがって、改正民法の下では、建物に瑕疵がある場合の解除も認められることになるほか、いかなる範囲で損害賠償が認められるか否かの判断も、あくまでも民法の一般原則に従って行われることとなる。

3 本判決の意義

上記平成14年最判によれば、建替費用相当額の損害賠償請求が認められるのは、「建物に重大な瑕疵がありこれを建て替えざるを得ない場合」ということになる。これに該当するか否かについて、近時の裁判例には、費用の観点から判断し、建替費用を下回る金額での補修が可能であって建替えの必要はないとして、建替費用相当額の損害賠償請求を認めなかったものが存在する（福岡地判平23・3・24判時2119号86頁）。

本判決は、これとは逆に、同じく費用の観点から、建替費用を下回る金額での補修が不可能であるとして建替費用相当額の損害賠償請求を認めたものであるが、補修そのものは可能であるとしているのであって、「建物に重大な瑕疵がありこれを建て替えざるを得ない場合」に該当するとしたものではない。

すなわち、本判決は、補修費用と建替費用を比較し、前者が後者を上回ることから、後者の範囲で損害賠償請求を認容したものであるから、建替えの要否ではなく、シンプルに損害論の観点から結論を導いているということができる。この点において、本判決は、上記平成14年最判の射程外にあるといえる。

本判決に対しては、「当該瑕疵があるために建物の取壊しが不可避であるか否かといった基本的な事実認定が疎かにされるおそれがないわけでもない」といった懸念も示されているが（判時2146号108頁）、本判決の判断枠組みは、民法635条ただし書が削除され、瑕疵がある目的物が建物であることを特別視せず、仕事の目的物が契約の内容に適合しない場合の損害賠償の問題として一般的なルールで処理することとする改正民法の考え方にはむしろ馴染むのではないかと思われる。

【宮田　義晃】

39 フローリングの修補の範囲

東京地裁平成24年12月25日判決（平成22年(ワ)第36708号）
LEX/DB インターネット25499014

争点

工事の瑕疵に基づくフローリングの修補として，いかなる範囲の貼り替えを求められるか

判決の内容

■ 事案の概要

XはYに対し，マンション（以下「本件建物」という）のリフォーム工事（以下「本件工事」という）を発注し，Yはこれを受注した。

本件工事では，本件建物の各部屋を仕切る壁を移動するため，リビングのフローリング材を取り外し，再度貼り替える工事（以下「本件フローリング工事」という）を行う必要があったが，Yは本件フローリング工事を行った際，フローリング材を固定するために用いた釘でリビングに設置してあった床暖房マットのパイプを刺してこれを破損し，破損部分から漏水を生じさせた。

本件は，XがYに対し，①漏水による配管の交換は，強度を持たせるために全てのフローリング材を撤去して全ての配管を交換する必要がある，②本件工事の際のフローリング材は特注品であって現在では入手できず，また境目なく一体に施工されているので，床の美観及びバリアフリー性を保持するためには，フローリング全体を貼り替える必要があるとして，本件建物の全てのフローリングの貼り替えのための修繕費用，加えて転居費用及び賃借費用，慰謝料等を請求した事案である。

■ 判決要旨

　本判決は，フローリングの貼り替えの範囲について次のように判断した。
　破損を生じたのはリビングの床暖房マットのパイプのみであって，配管に破損を生じたわけではなく，ましてリビング以外の配管まで交換する必要はないので，①の主張には理由がない。②については，確かに，本件建物ではフローリングが境目なく，一体的に施工されており，これによる美観及びバリアフリー性は法的保護に値するが，全面的な貼り替えは専ら美観を維持する必要性によるところ（バリアフリー性はフローリング材の厚さや適切な見切り材を入れることで解消される），そのような必要性を満たすためだけにフローリング全てを貼り替えるのは過大な補修といわざるを得ない（民634条1項ただし書参照）。そこで，美観を維持する必要性と適切な修補の範囲の均衡をどこに求めるかを検討すると，本件では3つのドアのいずれかを境目にする貼り替えが考えられるところ，このうちもっとも現に貼られているフローリング材を切断する必要がなく，美観を損なう程度の少ない箇所で貼り替えをすれば，美観を維持する必要性と適切な修補の範囲の均衡が確保できる。かかる場所での貼り替えは機能上問題のない箇所の貼り替えも含むものの，Yとしても，フローリングの一体性が本件建物のセールスポイントの一つであることを認識することは可能であったのであるから，不当な賠償ではない。よって，Xの求める修補費用607万9500円のうち，193万6300円を修補費用として認める。
　また，転居費用及び代替家屋賃借費用について，Xは本件建物と同程度の住居の賃貸を要するとして転居費用98万円（49万円×2回），代替家屋賃借費用132万2499円を求めるが，本件建物が使用できなくなるのは，12日間であって，ホテルやウィークリーマンションに宿泊し，荷物を倉庫業者に預ければ生活に著しい支障がでるとは認められないとして，転居費用として35万円，ホテル宿泊費30万円の請求を認めた。そして，かかる生活により通常想定される不便さなどは慰謝料として考慮すれば足るとし，かかる精神的損害として30万円の請求を認めた。

解　説

1　修補の範囲

　請負契約において，請負人は仕事完成の義務を負っているのであるから，目的物に瑕疵があった場合，注文者は請負人に対して瑕疵の修補を請求することができる（民634条1項）。そして，民法634条2項は，「注文者は，瑕疵の修補に代えて，又はその修補とともに，損害賠償の請求をすることができる」としているように（なお，あらかじめ修補自体を請求する必要はないとされる），注文者はあるべき状態になかった仕事の目的物をあるべき状態にするための修補費用を損害賠償として請求することができる（山地修「請負人の瑕疵担保責任における『瑕疵』概念について」判タ1148号4頁）。

　この修補費用としては，修補の方法がいくつか存する場合があり，また各方法間において，費用が相当異なる場合もある。いずれの方法によるべきかについては，専門家の間で見解が分かれ，訴訟においてこの点が争いとなることも少なくない。この場合には，裁判所が諸般の事情を勘案して，どの方法によるのが相当であるかを決定することになる（濱本章子＝田中敦「建築瑕疵紛争における損害について」判タ1216号39頁）。この諸般の事情としては，工費の多寡，工期の長短，実施可能性，近隣事情等が挙げられる（判タ1367号152頁以下参照）。また，建物の瑕疵が問題となった事例で，建替えと補修では，補修に要する費用の方が高価であった場合について，裁判例は「複数の工事方法が考えられる場合には，最も安価な工事方法に要する費用相当額をもって相当因果関係ある損害と認めるのが相当」として建替え費用相当額を瑕疵の修補費用として請求することができる（神戸地判平23・1・18判時2146号106頁）と判断しており，学説では，当該事例のように修補と建替えの費用の多寡が問題となった場合に限らず，複数の方法が選択できる場合一般について，「最も安価な」工事費用相当額の限度で損害を請求できるとするものがある（松本克美＝齋藤隆＝小久保孝雄編『専門訴訟講座2建築訴訟〔第2版〕』324頁（民事法研究会，2013），齋藤隆編著『建築関係訴訟の実務〔3訂版〕』191頁（新日本法規出版，2011））。

2　床の瑕疵に関する裁判例

床の瑕疵に関する裁判例としては，施工を行った部分について瑕疵を認め，修補に代わる損害賠償を認めたもの（東京地判平27・7・9LLI/DB判例秘書07030783），建物の床のうち，傾斜という瑕疵を認めるに足りる証拠がある限りにおいて修補に代わる損害賠償を認めたもの（東京地判平19・6・29LLI/DB判例秘書06232769）などがあるが，どの範囲で補修を求めるかが大々的な争点となった裁判例は少ない。

3　本判決の意義

上記のように裁判例こそ少ないものの，床の瑕疵についても，他の瑕疵と同様，相当な範囲が損害として肯定されるものと考えられる。本判決は，全面貼り替えを求める原告の利益が何かを検討している。本件においてはこれが美観であるとして，当該美観が法的保護に値するものであるとした上，全面貼り替えを求める必要性があるか，そこまでの必要性がないとして，美観を維持する必要性と適切な修補の範囲の均衡に照らし，どの範囲の補修を求めるかを検討して，補修の範囲を決した。

本判決は，単に一般に考えられる利益のみならず，当該原告がいかなる利益を重視しているのかを個別に検討し，美観維持のために必要な補修の範囲と，一方で必要な修補の範囲との均衡を図った点において特色がある。特にフローリングが一体的に施工され，これがセールスポイントになっていたという特殊性のある事例判断ではあるものの，実務上参考になる。

4　転居費用について

また，本判決では，Xが転居費用及び代替家屋賃借費用を求めたのに対し，工事日数及び工事内容を検討して，ホテルやウィークリーマンションに宿泊し，荷物を倉庫業者に預ければ生活に著しい支障がでるとは認められず，またかかる生活によって通常想定される不便さなどは慰謝料として考慮すれば足るとし，代替家屋賃借費用の請求を認めなかった。

代替家屋賃借については，多少の不便性は慰謝料として考慮するとして，著しい支障がでると認められない限り当該賃借費用の請求を認めないとするもので，この点も参考になる。

【堀岡　咲子】

第7　時効・除斥期間

40　瑕疵ある建物建築から20年以上経過後に損害が生じた場合の不法行為に基づく損害賠償請求権の除斥期間の起算点

東京高裁平成25年10月31日判決（平成25年（ネ）第3595号）
判例時報2264号52頁

争点

1　耐腐食性能の劣る瑕疵がある建物の建築から20年以上経過した後に腐食箇所が原因となって鉄骨等の錆が進行したという不法行為に基づく損害賠償請求権の除斥期間の起算点
2　請負人の債務不履行責任の消滅時効の起算点

判決の内容

■　事案の概要

　Xは，昭和62年10月28日，本件建物の建築をY₁に注文した。Y₁は，Y₂に対し，本件建物の建築を下請発注する旨の契約を締結した。Y₁は請負契約に基づき本件建物を建築し，昭和63年7月27日，本件建物をXに引き渡した。なお，Xは，訴外Aに対して本件建物を賃貸している。
　Xは，平成22年11月15日，本件建物のプール天井裏の鉄骨について，母屋，小梁，大梁及び水平ブレースに，全般に錆が著しく進行している，以上のような錆による腐食が生じた原因は，プール室内の塩素を含んだ湿潤空気を吸引して屋外に排出するダクトには，その内側に，塩素による腐食に対する耐食性がある塩ビライニング・塩ビコーティングを施す必要があり，その

旨設計図書にも記載されていたにもかかわらず，ダクトの一部について塩素による腐食に対する耐食性のない熱間圧延軟鋼板及びアクリル系塗料が使用された部材が使用されたため，当該部分が内側から浸食により開孔し，そこから塩素を含む湿潤空気がプール室天井裏に漏れたことにある，との報告をYらとは別の建設会社から受けた。

　Xは，平成23年8月26日ころ，Y₁及びY₂に対し，本件建物の施工を原因としてプール屋根の鉄骨が腐食したとして，改修工事費用相当額などの金員を支払うよう催告し，平成24年10月9日，本訴を提起した。

　原審においては，天井裏が錆びた原因，Yらの注意義務違反の有無，損害，除斥期間の4点が争われたが，原審は，除斥期間を経過している点だけ判断し，Xの請求を棄却した。

　Xは，Yらの債務不履行に基づく損害賠償請求の主張を追加して，控訴した。Yらは，これに対して消滅時効を援用した。

■ 判決要旨

1　債務不履行責任の消滅時効について

　債務者の責めに帰すべき債務の不履行によって生ずる損害賠償請求権の消滅時効は，本来の債務の履行を請求し得る時からその進行を開始するものと解するのが相当である（最判平10・4・24裁判集民188号263頁参照）。

　Xの主張する債務不履行による損害賠償請求権が認められるとしても，その損害賠償請求権の消滅時効は，本来の債務の履行を請求し得る時，すなわち，本件建物が控訴人に引き渡された日である昭和63年7月27日から進行を開始するというべきであり，Xの主張する損害賠償請求権については，遅くとも同日から10年を経過することにより消滅時効期間が満了したというべきである。

　なお，Xは，最判昭和45年7月15日（民集24巻7号771頁）を指摘するが，当該最判は，弁済供託における供託物払渡請求権について，権利を行使することができるとは，単にその権利の行使につき法律上の障害がないというだけではなく，さらに権利の性質上，その権利行使が現実に期待できるものであることをも必要と解するのが相当であるとしたものであるところ，Xの主張

する事由は、全く事実上の障害であって、「権利の性質上」、その権利の行使が現実に期待のできるものではないなどとは、およそいうことができない。

2 不法行為に基づく損害賠償請求権の除斥期間について

Xは、最高裁の平成16年4月27日判決（後出）、平成16年10月15日判決（後出）及び平成18年6月16日判決（後出）等を援用して、除斥期間の起算日を遅らせるべきである旨を主張する。これらの判例は、身体に蓄積した場合に人の健康を害することとなる物質による損害や、一定の潜伏期間が経過した後に症状が現れる損害のように、当該不法行為により発生する損害の性質上、加害行為が終了してから相当の期間が経過した後に損害が発生するような場合には、当該損害の全部又は一部が発生した時が除斥期間の起算点となると解すべきであるとするものである。

しかし、本件においてXの主張する不法行為及びこれによる損害は、もとより健康被害に関するものではない（なお、Xは、プールの天井の落下によりプール利用者の生命、身体に被害を生じる蓋然性があったとも主張するが、仮にそのような死傷事故が発生したとしても、それは、プールの天井の落下という偶発性の事故によって損害が生じたというにすぎず、「損害の性質上」、加害行為が終了してから相当の期間が経過した後に損害が発生したということはできない）。しかも、本件において不法行為と主張されている行為は、通常であれば、加害行為の後、日をおかずに損害を発生させる行為であり、「損害の性質上」、加害行為が終了してから相当の期間が経過した後に損害が発生することが当然に想定されるものとはいい難い。

そうすると、本件のような事案の場合には、建築請負業者、設計監理業務受託者が相当の期間を経過した後に損害賠償を請求される可能性を予期すべき事情があるとはいえないし、除斥期間の進行を遅らせないと損害賠償を請求する者に著しく酷であるともいえない。

よって、本件建物の引渡しから20年を超えており、除斥期間が経過しているといえるから、Xの請求は認められない。

解　説

1　不法行為に基づく損害賠償請求権の期間制限
(1)　除斥期間と消滅時効期間

不法行為に基づく損害賠償請求権については，3年と20年の2つの期間制限が定められている（民724条）。

これらの期間については，「民法724条前段の3年の時効は損害及び加害者の認識という被害者側の主観的な事情によってその完成が左右されるが，同条後段の20年の期間は被害者側の認識のいかんを問わず一定の時の経過によって法律関係を確定させるため請求権の存続期間を画一的に定めたものと解するのが相当である」という理由により，3年は時効期間，20年は除斥期間を定めたものであるとされる（最判平元・12・21民集43巻12号2209頁）。

さらに，当該最判は，「除斥期間の性質にかんがみ，本件請求権が除斥期間の経過により消滅した旨の主張がなくても，右期間の経過により本件請求権が消滅したものと判断すべきであり，したがって，被上告人ら主張に係る信義則違反又は権利濫用の主張は，主張自体失当で」あるとも判断する。

(2)　除斥期間の起算点
ア　行為時説と損害時説

民法724条後段は，20年の起算点について，「不法行為の時から」と規定する。この意味については，大別して，加害原因となった行為の時とする考え方（行為時説）と，不法行為の要件が充足された時，つまり時系列的に最後の要件となる損害が発生した時とする考え方（損害時説）がある。学説の多くは損害時説である。

イ　本判決で言及されている最高裁判決

(ｱ)　上述した最判平元・12・21は，行為時説に立つとされている。

(ｲ)　最判平成16年4月27日（民集58巻4号1032頁）

これは，炭鉱で粉じん作業に従事したことによりじん肺にり患したと主張する者又はその承継人が，じん肺の発生又はその増悪を防止するために鉱山保安法に基づく規制権限を行使することを怠ったことが違法であるなどと主張して，国家賠償法1条1項に基づく損害賠償を求めた事案である。

最高裁は、「身体に蓄積した場合に人の健康を害することとなる物質による損害や、一定の潜伏期間が経過した後に症状が現れる損害のように、当該不法行為により発生する損害の性質上、加害行為が終了してから相当の期間が経過した後に損害が発生する場合には、当該損害の全部又は一部が発生した時が除斥期間の起算点となる」とした。

　　(ウ)　最判平成16年10月15日（民集58巻7号1802頁）

　これは、水俣病の患者であると主張する者又はその承継人が、水俣病の発生及び被害拡大の防止のために規制権限を行使することを怠ったことにつき国家賠償法1条1項に基づく損害賠償責任を負うなどと主張して、損害賠償を請求した事案である。

　最高裁は、加害行為の終了時期は、水俣病患者が水俣湾周辺地域から他の地域へ転居した時点であるとした上で、「水俣病患者の中には、潜伏期間のあるいわゆる遅発性水俣病が存在すること、遅発性水俣病の患者においては、水俣湾又はその周辺海域の魚介類の摂取を中止してから4年以内に水俣病の症状が客観的に現れることなど、原審の認定した事実関係の下では、上記転居から遅くとも4年を経過した時点が本件における除斥期間の起算点となるとした原審の判断も、是認し得る」とした。

　　(エ)　最判平成18年6月16日（民集60巻5号1997頁）

　これは、集団ツベルクリン反応検査及び集団予防接種（以下「集団予防接種等」という）によりB型肝炎に罹患したと主張する者が、注射の際に、注射針のみならず注射筒を連続使用したことが、当時の医学的知見に反したとして、国家賠償法1条1項に基づき損害賠償を請求した事案である。

　最高裁は、「B型肝炎を発症したことによる損害は、その損害の性質上、加害行為が終了してから相当期間が経過した後に発生するものと認められるから、除斥期間の起算点は、加害行為（本件集団予防接種等）の時ではなく、損害の発生（B型肝炎の発症）の時というべき」とした。

　　(オ)　まとめ

　最高裁の立場をどのように解するかは争いがあるが、加害行為と損害が同時に発生する不法行為については行為時説、不法行為により発生する損害の性質上、加害行為が終了してから相当の期間が経過した後に損害が発生する

場合には損害時説と理解する向きが多いようである。
(3) 本件の場合
　本判決は，上述した損害時説に立つ最高裁判決の射程が本件に及ばないと考え，行為時説に立って，除斥期間が経過していると判断した。そこで，損害時説に立つ最高裁判決の射程について検討する。
　ア　加害行為から損害発生までに長期間をおく場合の分析
　　(ア)　前掲最判平16・10・15の調査官解説において，加害行為と損害発生とが長期間をおいて生じる場合には，①損害時説に立った最高裁判決のように，人体に害を及ぼす物質が摂取されてもすぐには発症せず，潜伏期間をおいて健康被害が生じる場合と，②設置した石垣が20年経過後に崩れて損害を発生させる場合とを区別して検討している（長谷川浩二・最高裁判所判例解説民事篇平成16年度(下)598頁)。
　この解説では，②の場合に損害時説をとると石垣設置者は永久に責任を免れないこと，この場合は天災のようなものであるとして被害者の受忍を求めても著しく不合理とはいえないであろうことから，②の場合には行為時説に立つことが妥当とも考えられるとしつつ，②の場合はさておき，①の事案である最判平16・10・15においては損害時説が妥当であると結論付けている。つまり，損害時説に立つ最高裁判決が②の場合に及ぶか否かについては言及していない。
　　(イ)　前掲最判平16・4・27の調査官解説では，強度が補強されていないブロック塀が20年以上経過後に倒壊した例を示し，損害時説に立つ最高裁判決が，「損害の性質上，損害時説が妥当する場合」とそれ以外を区別していることから，損害時説が妥当しない場合は行為時説が妥当するとの方向性を示唆しているように思われるとする（宮坂昌利・最高裁判所判例解説民事篇平成16年度(上)326頁)。
　イ　本判決の理由とする「損害の性質上」の意味
　本判決は，②の場合には行為時説が妥当とする調査官解説と同じ意見に立つもののようである。そして，その理由付けは，損害時説をとる最高裁判決が，「損害の性質上」と述べている点に求めている。
　損害時説に立つ最高裁判決は，「行為の性質」ではないことはもちろん，

「行為及び損害の性質」ともいわず，「損害の性質」と表現していることからすると，除斥期間の起算点を検討するにあたって，加害行為態様は考慮しないことを意味していると考えられる。

　そうすると，本判決は，最高裁判決の考える方向性に沿った判断をしたものと評価できよう。

　もっとも，本件における行為時を本判決のように解することができるかは，別途検討する余地があるように思われるので，次項で説明する。

　　ウ　行為時の検討

　　(ア)　本判決は，瑕疵ある建物が引き渡された時から，注文者は損害賠償請求が可能であるとして，本件建物引渡し時を除斥期間の起算点としている。ちなみに，上述した調査官解説において示された瑕疵ある石垣等を設置した建築業者の例においても，不法行為の時とは，瑕疵ある石垣等を設置した時と理解するものと思われる。

　しかし，民法724条後段にいう不法行為とは，作為に限定されるものではなく，不作為も含まれるはずである。また，加害行為が継続する態様のものや，損害が拡大するものもある。本判決で問題となった事象は，ダクトが腐食により孔が空き，当該孔から湿潤した空気が天井裏に入り込み，天井裏を錆びさせたというものである。注文者が本件建物引渡し時に本件建物を検査して瑕疵を見付けたと仮定した場合，注文者がその時に瑕疵担保責任としての損害賠償請求をできる損害とは，腐食しやすいダクトの補修工事費用であり，放置したら将来錆びるであろう天井裏の修繕費用は含まれない。この意味で，本判決は，不法行為と同時に生じた損害と，不法行為に遅れて生じた損害（拡大損害）の２つの損害があるのに，前者に関する理由付けによって，後者に関する判断もしていると評価できるように思われる。

　　(イ)　また，不作為の不法行為において，除斥期間の起算点を判断した最高裁判決はないが，参考になる考え方をとった東京地判平成17年８月23日（LEX/DB28112411）がある。この事案は，報道機関が昭和12年11月30日から同年12月13日までの間に掲載した報道記事について，虚報であることが明らかとなったにもかかわらず，それを訂正せず，その不作為によって報道にかかる両少尉の名誉を毀損するとともに，その遺族である原告らの名誉，ある

いは，原告らの両少尉に対する敬愛追慕の情を侵害したとして，人格権侵害の不法行為に基づき，謝罪広告及び損害賠償を求めたものである。除斥期間の起算点については，「不作為の継続的不法行為であっても，先行する特定の作為が違法であることを前提として，その違法状態を是正しないことをもって不法行為の内容とする場合には，先行する特定の作為が違法であるとされて初めて不法行為の要件を充足するものであるから，これを実質的にみれば，先行する特定の作為の違法を理由とする作為の主張を含むものとみざるを得ないのであって，この場合，当該作為の終了した日をもって同条後段の除斥期間の起算点と解するのが相当である。」と判断された。上訴審において，この判断は覆されていない。

他方，公害等調整委員会による，平成20年5月7日付の川崎市における土壌汚染財産被害責任裁定申請事件も参考になる。公害等調整委員会は，不作為型の不法行為においては，除斥期間の起算点は，不作為による継続的不法行為が終了した時（作為義務の履行が完了した時，あるいは，作為義務の性質上，作為義務の履行ができなくなった時）を指すものと解した。

公害等調整委員会の裁定のように考えれば，建築業者は，注文者に対して，瑕疵担保責任としての補修義務を，少なくとも請負人の瑕疵担保責任の除斥期間が経過するまでは負っているのであるから，除斥期間満了までに瑕疵を補修しない不作為をもって，民法724条後段にいう不法行為と捉える余地があるように思われる。

(4) 民法改正案

ところで，民法改正案では民法724条後段の20年が時効期間に改正される。現行法の解釈論として20年を時効期間と主張する立場のほとんどは，その起算点を損害時としている。時効期間であることと起算点を損害時と理解することは別の問題であるが，消滅時効制度の趣旨の一つに，権利の上に眠る者は保護しないというものがあり，時効中断事由として裁判上の請求を要求することからすると，損害の範囲・額を主張立証できない損害賠償請求権について，消滅時効期間を進める解釈論はとりにくくなると思われる。また，時効期間とされることで，加害者による時効の援用は権利濫用と判断される場合が生じ，除斥期間経過に対する権利濫用の主張が失当となることも

なくなる（前掲最判平元・12・21参照）。

なお，改正民法施行の際，既に20年を経過している事案については，従前の例によるとされる（改正民法附則35条1項）。

2　請負人の瑕疵担保責任の期間制限と債務不履行責任の期間制限

建物建築に限らず，請負契約における請負人の義務は，請け負った業務の完成である（民632条）。請け負った業務を完成しない場合には債務不履行責任を負い，請け負った業務を完成させたが不具合が残っている場合には瑕疵担保責任を負うとする考え方が一般的である。請け負った業務を完成させたといえるか否かについては，仕事が当初の請負契約で予定していた最後の工程まで一応終了しているか否かを基準として判断される（東京高判昭36・12・20判時295号28頁，東京高判昭47・5・29判時668号49頁，東京地判昭57・4・28判時1057号94頁，東京地判平14・4・22判タ1127号161頁，東京地判平17・4・26判タ1197号185頁等多数）。

本判決が，債務不履行を理由とする損害賠償請求権の消滅時効期間の起算点を建物引渡し時としたのは，判決要旨に記載した最高裁判決に従ったもので，特に目新しい点はない。

なお，瑕疵担保責任としての損害賠償請求権は，契約目的物の引渡し時に発生し，同請求権は期限の定めのない債権として，発生の時から弁済期にあるから（民412条3項），瑕疵担保責任としての損害賠償請求権の消滅時効期間の起算点も，建物引渡し時である（最判昭54・3・20判時927号186頁，判タ394号61頁）。

3　消滅時効（抗弁）についてのみ判断することの適否
(1)　債務不履行責任の主張と求釈明

上述した債務不履行責任と瑕疵担保責任との適用場面については，ほとんど争いはないから，控訴審としては，債務不履行責任を瑕疵担保責任としないのか釈明を求めることが自然であるように思われる。

しかし，Xとしては，請負人の瑕疵担保責任については除斥期間を経過しているから，瑕疵担保責任の主張をする実益はなく，反対に，債務不履行責任であれば除斥期間の定めはなく，また，消滅時効期間の起算点に関する最判昭和45年7月15日（民集24巻7号771頁）を参考にした主張をなし得る。

このため，Xは債務不履行責任を主張し，控訴審としては，債務不履行責任について判断する必要があったものと思われる。

(2) 請求原因を判断せずに，消滅時効についてのみ判断したこと

裁判所は，請求について判断し，理由を述べる必要がある（民訴253条1項3号・312条2項6号）。控訴審としては，債務不履行責任の主張について，主張自体失当とすることが考えられる。しかし，法律解釈であるから，少数説に従った判断もあると考えられる。また，後述するようにXは訴外Aとの間で，天井裏の鉄骨等が錆びた原因について争う裁判を提起しており，原審と控訴審はこの関連事件を知っていたと思われる。

そのため，請求原因について判断せず，抗弁事実となる消滅時効についてのみ判断したものと思われる。請求棄却の判断を導く理由として，請求原因の判断を，抗弁事実の判断に先行させるべきとする規定はないから，このような判断も適法である（司法研修所編『民事判決起案の手引〔8訂版〕』62頁（法曹会，1999）参照）。

4 関連裁判例（東京地判平27・4・28判時2276号61頁）

Xと訴外Aとは，本件建物の管理について，建物部分のうち鉄骨及び屋根はXが，空調設備部分はAが，それぞれ維持管理を行う旨合意していた。Aを吸収合併したB社が，本件建物の天井裏の鉄骨等が錆びた原因がXにあるとして，損害賠償請求を求め，提訴した。

当該訴訟事件は，本件の原審判決の提訴より先行していたが，当該判決は，本判決よりも後になされた。推測になるが，天井裏が錆びた原因について当該裁判所が判断することと考えられたため，本判決においては，除斥期間や消滅時効期間だけが判断された可能性が考えられる。

【竹下　慎一】

第2章
不法行為責任・説明義務違反

第1　建物の基本的安全性

41　設計施工を行った会社の不法行為責任

東京地裁平成25年8月23日判決（平成22年(ワ)第12710号）
LEX/DB インターネット25514411

争点

建物としての基本的安全性を欠くことがないように配慮すべき不法行為上の注意義務違反の有無

判決の内容

■ 事案の概要

　夫婦であるX_1及びX_2は，平成20年3月9日，免震構造を採用したマンション1階の一室を購入する売買契約を分譲会社と締結し，手付金を交付したが，その後，平成21年1月16日の展覧会において，テラスと専用庭部分との間に約30センチメートルの段差があること，地震時に本件建物の免震構造が機能して本件建物が水平移動する場合には，本件住戸の専用庭部分に本件建物の上部構造であるテラスの先端部分が移動してくることの説明を受け，当該機能について危険であると考え，分譲会社や設計・施工・監理を行ったYに対し改修等の対応を求めたがいずれも拒絶されたため，平成21年3月5日付で売買契約を解除し，Yが免震構造部分に危険性のあるマンションを設計施工した結果，Xらはその後，売買契約の解除をめぐる紛争に巻き込まれて精神的苦痛を受けたと主張して，不法行為に基づき，連帯債権として慰謝料300万円及び遅延損害金の支払を求めた。

■ **判決要旨**

建物としての基本的安全性を欠くことがないように配慮すべき不法行為法上の注意義務違反の有無について，以下のような検討をして，Xらの請求を棄却した。

① 本件住戸の専用庭部分のうち，地震時に本件建物のテラスの先端部分が移動する可能性がある部分（以下「本件可動域部分」という）に人が立ち入れないようにする注意義務，あるいは，人が衝突したり挟み込まれたりすることがないように何らかの工夫をする注意義務があるか

地震時に本件可動域部分にいる人とテラス先端部分が接触し，人が負傷をする危険性があること自体は否定できないとしつつ，Yはテラス先端部と障害物との間に560ミリメートル以上のクリアランスを設け，上部構造部と地面との空間をゴム素材のカバーで覆うなど，接触の危険性に対して完全とはいえないまでも一定の対策は施しているとし，さらに進んだ対策として，そもそも本件可動域部分に人が立ち入れないようにするか，専用の設備を設置する方法も考えられるものの，前者は専用庭の範囲を狭めることになり，後者は相応の費用がかかり最終的には販売価格に転嫁されることになるなどのデメリットも存すること，実際に地震が発生した際に本件可動域部分に人が存在し，その人とテラス先端部分が接触し負傷するという事象の発生頻度は必ずしも高いとはいえないことからすると，上記接触の危険性は他のあらゆる要素に優先して対処すべきものとはいえないなどと判示した上で，Yが採用した現状の対策に加えて，さらに本件可動域部分に人が立ち入れないような設計をするか否か，接触防止のための機器の設置等を行うか否かは，接触の危険性に対する対応の必要性，経済性，耐久性，美観，意匠を総合的に考慮した上で，設計者がその裁量において決定すべき事柄であり，本件可動域部分に人が立ち入れないような設計がなされておらず，本件可動域部分に接触防止を目的とした機器の設置等がなされていないからといって，そのことのみをもって，建物としての基本的安全性を欠くことがないように配慮すべき注意義務に違反したことにはならないとした。

② 本件可動域部分の範囲や水平移動の速度について，購入者に説明する

ように販売者である分譲会社を指導する注意義務があるか

本件建物が分譲マンションであり，転売が当然に予想されていることからすれば，Yは上部構造の移動範囲や移動速度，接触の危険性の存在について，施主（販売者）である分譲会社に説明するのみならず，Xら転得者にも説明するように分譲会社を指導することが望ましかったとしつつ，XらとYとの間には直接の契約関係がなく，Xらに対する一次的な説明義務は分譲会社にあるなどとして，本件建物の設計施工当時，Yが施主（販売者）に対して，上記危険性についてXらに説明するよう指導すべき不法行為法上の注意義務があったとまではいえないとした。

解　説

1　本判決の意義

本事案において，人が負傷をする危険性があること自体は否定できないとしつつ，Yが一定の対策を施していること，実際に接触により人が負傷する可能性は必ずしも高いとはいえないことなどから，接触の危険性は他のあらゆる要素に優先して対処すべきものとはいえないとした上で，Yが採用した現状の対策に加えて，さらに本件可動域部分に人が立ち入れないような設計をするか否か，接触防止のための機器の設置等を行うか否かは，接触の危険性に対する対応の必要性，経済性，耐久性，美観，意匠を総合的に考慮した上で，設計者がその裁量において決定すべき事柄であるとしている。

Yが全く対策を施していなかったり，事故の発生の危険性が高い場合には，結論を異にした可能性があるが，一定の条件の下，現状の対策以上の対策をとるかどうかについて，設計者であるYの裁量を認め，建物としての基本的安全性を欠くことがないように配慮すべき注意義務に違反したことにはならないとしたことは，事例判例として意義があるといえる。

また，上部構造の移動範囲や移動速度，接触の危険性の存在を購入者に説明するよう分譲会社を指導すべき注意義務があるか否かについては，分譲会社を指導することが望ましかったとしつつも，XらとYとの間には直接の契約関係がないことから，Xらに対する一次的な説明義務は分譲会社にあるな

どとして，不法行為法上の注意義務があったとまではいえないとしていることも参考になると思われる。

なお，Xらが分譲会社に対して，何らかの責任追及をしたか否かは明らかでないが，本判決もXらに対する一次的な説明義務は分譲会社にあると判示していることからも直接的な契約関係にある分譲会社については，説明義務違反が認められる可能性が高いのではなかろうか。

2　その他

本事案は，建物を分譲会社から購入したXらが直接契約関係にない設計施工を行ったYに対して不法行為に基づく損害賠償を請求した事案であり，建物としての基本的安全性を欠くことがないように配慮すべき注意義務違反の有無が争点となっているところ，「建物の建築に携わる設計者，施工者及び工事監理者（以下，併せて「設計・施工者等」という。）は，建物の建築に当たり，契約関係にない居住者等に対する関係でも，当該建物に建物としての基本的な安全性が欠けることがないように配慮すべき注意義務を負うと解するのが相当である。そして，設計・施工者等がこの義務を怠ったために建築された建物に建物としての基本的な安全性を損なう瑕疵があり，それにより居住者等の生命，身体又は財産が侵害された場合には，設計・施工者等は，不法行為の成立を主張する者が上記瑕疵の存在を知りながらこれを前提として当該建物を買い受けていたなど特段の事情がない限り，これによって生じた損害について不法行為による賠償責任を負うというべきである。」とした最高裁判例（最判平19・7・6民集61巻5号1769頁）の事案と建物の購入者である原告が直接契約関係にない設計施工を行った者に対して不法行為に基づく損害賠償を請求したという点において，同様の構図であるといえるので，当該最判や当該最判関連の判例（福岡高判平21・2・6判時2051号74頁，本書判例〔31〕，最判平23・7・21裁判集民237号293頁，本書判例〔42〕，福岡高判平24・1・10判タ1387号238頁，本書判例〔同前〕）についても参考とされたい。

【髙木　薫】

42 不法行為が成立する建物としての基本的な安全性を損なう瑕疵の意義

（①事件）最高裁平成23年7月21日判決（平成21年（受）第1019号）
最高裁判所裁判集民事237号293頁，裁判所時報1536号275頁，判例時報2129号36頁，判例タイムズ1357号81頁
（②事件）福岡高裁平成24年1月10日判決（平成23年（ネ）第764号）
判例時報2158号62頁，判例タイムズ1387号238頁

争点

1　不法行為が成立する建物としての基本的な安全性を損なう瑕疵の意義
2　具体的な不具合についての基本的安全性を損なう瑕疵該当性

判決の内容

■　事案の概要

　本件は，最高裁平成19年7月6日判決（民集61巻5号1769頁）が，建築物の瑕疵に関する不法行為責任に関し，建物の建築に携わる設計者，施工者及び工事監理者は契約関係にない建物利用者，近隣等に対する関係でも「建物としての基本的安全性が欠けることがないように配慮すべき注意義務を負う」と判断した事件（通称「別府マンション事件」）についての第2次上告審（①事件）と，その再差戻控訴審（②事件）である。

　Xは，9階建ての賃貸マンションの購入者であるところ，このマンションに瑕疵があると主張し，当該マンションの売主側の仲介不動産業者，設計監理者Y1，及び施工を行ったY2に対し，修補費用，営業損害等の合計5億2500万円の損害賠償を求めた。Xが主張した瑕疵は，床，壁のひび割れ，梁

の傾斜，鉄筋量の不足，バルコニー手すりのぐらつき，排水管の亀裂等であった。なお，当該建物は，第１審継続中に競売により第三者に売却されている。

第１審（大分地判平15・2・24（平成８年(ワ)第385号））はＸの主張する不具合の一部を瑕疵と認め，仲介不動産業者を除くＹらに対し不法行為に基づく損害賠償責任（7394万円）を認めた。

控訴審（福岡高判平16・12・16判タ1180号209頁）は，瑕疵があるからといって当然に不法行為が成立するわけではなく，その違法性が強度である場合に限って成立する余地があると解した上で，本件建物に存する瑕疵は，強度な違法性があるとはいえないと判断し，Ｘの請求を棄却した。

第１次上告審（前掲最判平19・7・6）は，建物の建築に携わる設計者，施工者及び工事監理者は，建物の建築にあたり，契約関係にない居住者等に対する関係でも，当該建物に建物としての基本的な安全性が欠けることがないよう，配慮すべき注意義務を負うとした。この義務を怠ったために建築された建物に建物としての基本的な安全性を損なう瑕疵があり，それにより居住者等の生命，身体又は財産が侵害された場合には，設計・施工者等は，特段の事情がない限り，これによって生じた損害について，不法行為による賠償責任を負うと判断し，福岡高裁に差し戻した。

第２次控訴審（福岡高判平21・2・6判タ1303号205頁）は，「建物としての基本的な安全性を損なう瑕疵」を居住者等の生命，身体又は財産に対する現実的な危険性を生じさせるもので，Ｘが本件建物を売却する時点までに上記瑕疵が生じていることが必要であると解し，売却する時点まではこのような危険や事故が発生していなかったから，本件建物に見られる不具合はこのような瑕疵に当たらないと判断し，再び請求を棄却した。

本件は，この第２次上告審（①事件）と，その再差戻控訴審（②事件）であり，②事件においては，最終的に合計約3800万円の請求を認めている。

■ **判決要旨**

【①事件】原判決破棄，原審に差戻し

1　建物としての基本的安全性を損なう瑕疵の意義

第1次上告審判決にいう「建物としての基本的な安全性を損なう瑕疵」とは，居住者等の生命，身体又は財産を危険にさらすような瑕疵をいい，建物の瑕疵が，居住者等の生命，身体又は財産に現実的な危険をもたらしている場合に限らず，当該瑕疵の性質に鑑み，これを放置するといずれは居住者等の生命，身体又は財産に対する危険が現実化することになる場合には，当該瑕疵は，建物としての基本的な安全性を損なう瑕疵に該当すると解するのが相当である。

2　基本的安全性を損なう瑕疵該当性の判断基準

　当該瑕疵を放置した場合に，鉄筋の腐食，劣化，コンクリートの耐力低下等を引き起こし，ひいては建物の全部又は一部の倒壊等に至る建物の構造耐力に関わる瑕疵はもとより，建物の構造耐力に関わらない瑕疵であっても，これを放置した場合に，例えば外壁が剥落して通行人の上に落下したり，開口部，ベランダ，階段の瑕疵により建物の利用者が転落したりするなどして建物の利用者の健康や財産が損なわれる危険があるときには，建物としての基本的な安全性を損なう瑕疵に該当するが，建物の美観や居住者の居住環境の快適さを損なうにとどまる瑕疵は，これに該当しないものというべきである。

【②事件】

3　建築基準法該当性と基本的安全性

　Ｘは，不法行為責任の成立について，建築基準法及びその関連法令が明記している規制の内容や基準の内容が建物の財産性の最低基準を形成しており，これに反した建物の建築については不法行為となる旨主張するが，法規の基準をそのまま当てはめるのではなく，基本的な安全性の有無について実質的に検討するのが相当である。

4　基本的安全性を損なう瑕疵と過失

　本件請求は，瑕疵担保ではなく不法行為を理由とする請求であるから，瑕疵のほか，これを生じるに至ったＹらの故意過失についても立証が必要であり，過失については，損害の原因である瑕疵を回避するための具体的注意義務及びこれを怠ったことについて立証が必要である。

5　具体的瑕疵に関する基本的安全性の有無の検討

裁判所はXが主張する具体的な不具合のうち，下記の不具合について基本的安全性を欠き，Yらに過失があったと認め，結論としてY_1に対し973万円と Yらに連帯して2848万円の支払を認めた。

(1) 床スラブのひび割れの一部（903号室・906号室）
(2) B棟床スラブの勾配（Y_1のみに責任を認め，Y_2は否定）
(3) 配管スリーブの梁貫通による耐力不足（Y_1のみに責任を認め，Y_2は否定）
(4) バルコニー手すりのぐらつき
(5) 事務所床の鉄筋露出
(6) 住戸内の配管の伸縮による漏水，隙間
(7) 外廊下に屋内用の自動火災報知機が設置されていること

解　説

1　建物としての基本的な安全性を損なう瑕疵の意義（①事件）

　第1次上告審がいう「建物としての基本的な安全性を損なう瑕疵」の意義については，その解釈問題が残されたとの指摘がなされていた。

　第2次控訴審は，建物としての基本的な安全性を損なう瑕疵とは，建物の瑕疵の中でも，居住者等の生命，身体又は財産に対する現実的な危険を生じさせる瑕疵をいうと判断していた。これは，当該瑕疵が，基本的安全性を損なう瑕疵であるとされるためには，損害を発生させる危険との間に時間的近接性を要すると判断したものである。これに対し，本件最高裁（①事件）では，このような時間的近接性は不要であり，当該瑕疵の性質に鑑み，これを放置するといずれは居住者等の生命，身体又は財産に対する危険が現実化することになる場合に，基本的安全性を損なう瑕疵に当たると判断した。

　本件で最高裁は，基本的安全性を損なう瑕疵は，生命，身体のみならず，財産に対する危険が現実化するような瑕疵であると判断しているところ，これらの危険は，その対象範囲が広く，どのような危険が除外されるのかは明らかではないように思われる。

　例えば，構造部分に関する瑕疵について，わずかなひび割れ程度の軽微な不具合で，現時点では瑕疵との評価を受けないようなものであったとして

も，それが放置された場合，将来，生命，身体，財産の危険を生じさせる可能性がないとは言い切れないのではないか。今後，因果関係の議論も含め，判例の蓄積が待たれる。

2　具体的な不具合について基本的安全性を損なう瑕疵の該当性（②事件）

第2次上告審の再差戻控訴審である②事件では，具体的な瑕疵について，基本的な安全性を損なう瑕疵の該当性が検討されている。

裁判所が請求を認めた瑕疵は，前記5の(1)～(6)の瑕疵であるところ，下記の瑕疵については，請求を認めなかった。

(8)　共用廊下，及びバルコニーの建物と平行したひび割れ
(9)　床スラブのひび割れの一部
(10)　Ａ棟居室の戸堺壁のひび割れ
(11)　その他の乾燥収縮により生じたひび割れ
(12)　塔屋ひさしの鉄筋露出
(13)　鉄筋の耐力低下
(14)　ＡＢ棟の接合部のエキスパンションジョイントの接合不良
(15)　ＡＢ棟屋上防水不良，903号室押入れ天井の漏水
(16)　Ａ棟9階テレビ配線集中口から水がでること
(17)　全居室のユニットバス取り付け不良
(18)　Ａ棟の漏電
(19)　各室コンセント裏の錆
(20)　受水槽屋外ポンプの錆
(21)　エントランスホールに雨が吹き込む床勾配の不良
(22)　Ａ棟外壁のタイルコーキングの一部剥がれ
(23)　屋上，外階段の手すりの高さが一部0.71ｍであること
(24)　居室の木製建具の開閉不良，隙間
(25)　各室のユニット吊戸棚が固定不良により下がっていること
(26)　駐車場アスファルト舗装の不陸

裁判所は，Ｘの主張する不具合について，「瑕疵に当たるか」「基本的な安全性を損なう瑕疵に当たるか」「Ｙらに故意過失が認められるか」という三段階で検討している。

(1)と(7)(8)は，いずれも床コンクリートのひび割れに関するものである。裁判所は，ひび割れの原因がYらの故意過失に起因すると認められるひび割れについてのみ請求を認め，乾燥収縮によるひび割れなどについては，Yらの責任を否定している。

　(5)と(11)はいずれも鉄筋の露出に関するものであるところ，(5)では，このまま放置すれば，構造耐力を低下させ，建物の基本的な安全を損なう瑕疵に当たると判断さている。(11)では露出した鉄筋が腐食したことによってコンクリート部分が剥落しているが，剥落の範囲は限定的で，通常人の出入りが予定されていない場所への剥落であることから，基本的な安全性を損なう瑕疵ではないとされている。

　本判決は「建物としての基本的な安全性を損なう瑕疵」について，①事件の判断基準を用いて判断したものであり，今後の事例の蓄積が待たれるものの，実務上参考になるといえる。

【吉田　可保里】

第2　シックハウス・アスベスト

43　シックハウス症候群等とマンション開発業者の不法行為責任

東京地裁平成21年10月1日判決（平成16年（ワ）第18418号）
消費者法ニュース82号267頁，LLI/DB 判例秘書インターネット L06430580

争　点

1　マンション購入者がシックハウス症候群等に罹患した場合におけるマンション開発業者の不法行為責任
2　シックハウス症候群等との因果関係
3　シックハウス症候群等に罹患したことによる損害の算定
4　本件不法行為の消滅時効

判決の内容

■　事案の概要

　Yはマンション開発業者として，本件マンションの設計・監理，施工を他の会社に発注し，本件マンションの分譲販売を行っていた。XはYとの間で，本件マンションの一室（以下「本件専有部分」という）の売買契約を締結し，平成12年6月24日に引渡しを受けた。
　Xは同年7月18日に本件専有部分へ入居したが，入居2日後から室内の空気に異臭を感じ，頭痛，味覚異常，じんましん等の症状が発生するなどし，平成14年になると更に症状が悪化，頭痛や下痢，倦怠感等の不定愁訴が出現し，化学物質過敏症等の診断を受けたため，同年12月18日から古い戸建て住

宅を借りて居住を続けているが、就労や日常生活に多大な支障が生じている。

　XはYに対し、本件マンションに使用された建材から放散されたホルムアルデヒドにより、シックハウス症候群及び化学物質過敏症となったとして、法人の不法行為に基づく損害賠償請求を行った。

　なお、Yが訴訟係属中に民事再生手続開始決定を受けたため、再生債権の確定を求める訴えに変更されている。

■ **判決要旨**

1　Yの不法行為責任

　建物開発業者は、建物の建築を発注する際に、注文者としてマンションの安全性を検討すべきであり、建物の居住者らの生命、身体、重要な財産を侵害しないような基本的安全性を確保する義務があるとした。

　また、本件専有部分については、引渡し時点で厚生省指針値を大幅に超える濃度のホルムアルデヒドが放散していたという瑕疵があり、本件マンションが完成した平成12年3月31日には、ホルムアルデヒド濃度に関する法規制がなかったものの、厚生省指針値が設定されていたこと、ホルムアルデヒドの有害性、建材とホルムアルデヒドの放散量との関係についてはマンション開発業者であれば簡単に知りうるものであったから、Yには本件マンションに使用された建材によりホルムアルデヒドの室内濃度が上昇し、健康被害が生じることの予見可能性があるとした。

　Yには、設計業者や施工業者に対し、厚生省指針値に適合する建材を使用させなかったこと、Xに対しホルムアルデヒドが放散される建材を使用していることやリスクを説明していないこと、ホルムアルデヒド室内濃度を測定し適切な措置をとらなかったことについて過失があり、Yには企業責任としての法人の不法行為に基づく損害賠償責任が認められるとした。

2　Xの症状と因果関係

　X以外に本件マンションの入居者でシックハウス症候群等に罹患した者はいないとしても、罹患するか否かには個人差があることから、これにより因果関係を否定すべきものではない。本件においてはXの症状と本件専有部分

のホルムアルデヒドとの関係について自然科学的証明がされているとはいえないが，Xがホルムアルデヒドに接近しているという場所的要因，接近と発症の時期が近接しているという時間的要因，Xの生活環境等から他に発症の原因が見当たらないことなどから，因果関係が認められるとした。

3　Xの損害

Xに生じた損害として，本件専有部分には重大な減価要因があり，民事訴訟法248条を適用し，本件専有部分の売買代金と売買に関する諸費用の合計の4割に当たる1895万5276円，Xのシックハウス症候群等による障害は後遺障害等級11級1号に該当することなどから，逸失利益を673万5971円，弁護士費用を斟酌した慰謝料として700万円等が損害として認められるとして，その合計は3683万円4353円とした。

4　消滅時効の起算点

本判決は，本件不法行為の消滅時効の起算点はXが本件専有部分のホルムアルデヒド濃度が高いことを知り，瑕疵があると認識した平成12年9月20日であるが，その後重篤な症状となり，平成14年8月10日から転居先を探し，転居後に損害が拡大していることから，平成12年9月20日の時点では予見不可能な損害が平成14年8月10日以降に発生しているとした。そして，平成12年9月20日の時点で発生又は予見可能な損害21万1050円については平成15年9月20日の経過をもって時効消滅したが，残りの3662万3303円についてはいまだ消滅時効は完成していないとした（本訴は平成16年8月31日に提起されている）。

解　説

本判決はシックハウス症候群等被害に関する訴訟で初めて法的責任を認めたものである。

1　マンション開発業者の不法行為責任

過失による不法行為責任が認められるか否かの判断にあたっては，結果発生に対する予見可能性がありながら結果回避措置をとらなかったという結果回避義務違反があったかどうかが問題となる。

本件においてYは，本件マンション着工時や引渡し時においてシックハウス症候群に関連する法規制がなく，本件マンションに用いた建材は建設当時に低ホルムアルデヒド建材として販売されており，当該建材を用いないことが一般的とはいえなかったことから，Yには当該建材を用いることにより，Xに健康被害が生じることの予見義務はなく，ホルムアルデヒドを放散しない建材を使用することは期待できなかったのであるから，結果回避義務もなかったと主張していた。

この点本判決は，ホルムアルデヒドが人体に有害であることは本件マンション建築当時に社会問題として広く周知されており，大手開発業者もホルムアルデヒドの放散が最小限になる建材を使用していたことからYには結果発生に対する予見可能性があるとしている。また，マンション開発専門業者であるYには，豊富な経験と専門知識があると考えられることから，設計者，施工者と同等の注意義務を負うとされ，一般の買主はマンションに用いられる建材などについて十分な情報を与えられていないことから，マンションの安全性については専ら開発業者，設計業者，施工業者の支配下にあり，建材の選択によるリスクはYに負わせることが妥当であるとしている。これらのことから，マンション開発業者にはマンションの開発設計にあたり，重い注意義務が課せられており，マンション開発においては，法令による規制のみならず，社会的認識や専門団体，行政担当機関等の見解等にも十分に留意することが求められているものといえる。

また，不法行為責任が認められるためには，損害と不法行為との間に因果関係が認められる必要がある。本判決は，シックハウス症候群等が未解明な部分が多いため，本件専有部分内に放散されているホルムアルデヒドとXの症状との因果関係については自然科学的証明がなされているとはいえないとしながらも，他の事実認定を踏まえて因果関係を認めており参考になる。

2　シックハウス症候群等に罹患したことによる損害

シックハウス症候群等に罹患した場合の損害として，治療費，通院費，休業損害，通院慰謝料が考えられる。

本件では，この他に本件専有部分売買代金相当額が損害として請求されている。民事訴訟法248条は「損害が生じたことが認められる場合において，

損害の性質上その額を立証することが極めて困難であるとき」には，裁判所に相当な損害額の認定をすることを認めている。本判決では，本件専有部分が無価値であるとはいえないものの，市場価格という観点から具体的に算定することは性質上困難であるとして，民事訴訟法248条を適用し損害を認定している。

　もっとも，仮にホルムアルデヒドを放散する建材の交換工事を行っていた場合や本件専有部分が第三者に売却できていた場合にまで同様の算定がなされるかは不明である。同種事例が発生した場合に売買代金相当額の損害がどのように認定されるかについては議論の余地があろう。

3　消滅時効

　民法724条前段は不法行為による損害賠償請求権の消滅時効について「損害及び加害者を知った時」から3年間と定めている。

　本判決は，瑕疵があると認識した時点では予見不可能な損害について消滅時効の完成を否定しており，最高裁昭和42年7月18日判決（民集21巻6号1559頁）が不法行為により受傷し，相当期間経過後に受傷当時には予想困難な後遺症が発症した場合には，その後遺症の発症を知った時から消滅時効が別途進行するとしたことと整合するものと評価できる。

【石橋　京士】

44 アスベスト露出が通常有すべき安全性を欠くと評価されるようになった時期及び建物所有者兼賃貸人の民法717条1項にいう「占有者」該当性

大阪高裁平成26年2月27日判決（平成25年(ネ)第2334号）
高等裁判所民事判例集67巻1号1頁，判例時報2236号72頁，判例タイムズ1406号115頁

争点

1　アスベストが露出している建物が通常有すべき安全性を欠くと評価されるようになった時期

2　アスベストが露出している建物の所有者兼賃貸人が民法717条1項にいう「占有者」に該当するか

判決の内容

■ 事案の概要

　本件は，亡Dの相続人であるXらにおいて，亡Dが鉄道高架下に設置された貸建物（本件建物）内で稼働中，建物内部に吹き付けられたアスベストの粉じんに曝露したため，悪性胸膜中皮腫に罹患し，自殺を余儀なくされたと主張して，Y_1に対しては，①民法415条に基づく建物賃貸借契約に付随する建物安全性確保義務違反の債務不履行責任，②民法709条に基づく不法行為責任，③民法717条1項に基づく工作物責任を選択的に主張し，Y_2に対しては，上記のうち，①②を選択的に主張して，損害賠償を求めた事案である。

　原審は，Y_1について，民法717条1項に基づく責任を認め，Xらの請求を一部認容し，Y_2に対する請求は全部棄却した。

　これに対し，Xら及びY_1は，いずれも控訴したところ（Y_1についてはXらの

控訴がなく確定)，差戻前控訴審は，Xらの控訴に基づき，民法717条1項に基づく責任を認め，Xらの原審の認容額を増額変更し，Y₁の控訴を棄却した。

これに対し，Y₁は，上告及び上告受理申立て並びに民訴法260条2項の裁判を求める申立てをした。なお，Xらは，差戻前控訴審の判決に不服を申し立てなかった。

上告審は，Y₁の上告を棄却し，上告受理申立てを受理するとともに，差戻前控訴審の判決中，Y₁敗訴部分を破棄し，同部分及び民訴法260条2項の裁判を求める申立てにつき，大阪高等裁判所に差し戻す旨の判決を言い渡した。

したがって，本判決（差戻後控訴審）における審判の対象は，上告審で破棄されたY₁敗訴部分についてのXらの請求の当否である。

■ **判決要旨**

1 アスベストの危険性に関する一般的な知見

アスベストの危険性に関する一般的な知見のうち，職業的に石綿粉じんに曝露することによるアスベスト自体の人の生命，健康に対する危険性については，労働省が委託した「石綿肺の診断基準に関する研究」が報告された昭和33年ころには一般に認識されるようになり，また，石綿の職業的曝露によるアスベストの発がん性（中皮腫の発症原因を含む）についても，国際がん研究機関（IARC）が石綿により中皮腫が発症することを明示した昭和47年ころには，一般的に認識されていたと評価することができる。これに対し，本件で問題になっている建築物の吹付けアスベストに関しては，環境庁・厚生省が都道府県に対し，吹付けアスベストの危険性を認め建築物に吹き付けられたアスベスト繊維が飛散する状態にある場合には，適切な処置をする必要があること等を建物所有者に指導するよう求める通知を発した昭和63年2月ころには，建築物の吹付けアスベストの曝露による健康被害の危険性及びアスベストの除去等の対策の必要性が広く世間一般に認識されるようになったと認めるのが相当である。

2 悪性胸膜中皮腫の発生原因

亡Dの悪性胸膜中皮腫の発症原因については，本件建物壁面にはクロシド

ライトを含むアスベストが吹き付けられ，本件建物の上を通る電車からの振動等もあってアスベストを含む粉じんが倉庫内に飛散しており，本件建物内の石綿濃度も相当高かったと推認され，亡Dは，本件建物で約32年間勤務し，亡Dの生活環境，家族歴や就労状況に照らし本件建物以外でクロシドライトに被爆する機会があったとは認められないこと，亡Dの肺内石綿濃度は職業的曝露がない場合の10倍以上であり，環境的曝露としては相当多いことが認められるとして，亡Dの悪性胸膜中皮腫は，昭和45年から平成13年ころまでの本件建物における吹付けアスベスト由来のアスベスト（クロシドライト）被爆を発症原因としていると認めるのが相当である。

3　民法717条1項に基づく本件建物の設置又は保存上の瑕疵

　土地の工作物の設置又は保存の瑕疵とは，当該工作物が通常有すべき安全性を欠いていることをいうものであるところ，吹付け石綿を含む石綿の粉じんに曝露することによる健康被害の危険性に関する科学的知見及び一般人の認識並びに様々な場面に応じた法令上の規制の在り方を含む行政的な対応等は，時とともに変化していることに鑑みると，Y_1が本件建物の占有者ないし所有者として民法717条1項の規定に基づく土地工作物責任を負うのは，人がその中で勤務する本件建物のような建築物の壁面に吹付け石綿が露出していることをもって，当該建築物が通常有すべき安全性を欠くと評価されるようになった時点からであると解するのが相当であるとし，本件では，我が国においては，昭和63年2月には，環境庁・厚生省が都道府県に対し，吹付けアスベストの危険性を公式に認め，建築物に吹き付けられたアスベスト繊維が飛散する状態にある場合には適切な処置をする必要があること等を建物所有者に指導するよう求める通知を発していることから，遅くとも，上記通知が発せられた昭和63年2月ころには，建築物の吹付けアスベストの曝露による健康被害の危険性及びアスベストの除去等の対策の必要性が広く世間一般に認識されるようになり，同時点で，本件建物は通常有すべき安全性を欠くと評価されるようになったと認めるのが相当である。

　そして，民法717条1項によれば，土地の工作物の設置又は保存に瑕疵があることによって他人に損害が生じたときに，被害者に対して第一次的に責任を負担するのは「占有者」と規定されている。そして，民法717条1項

は、危険な工作物を管理支配する者が当該危険が具体化したことによる責任を負うべきであるという危険責任の考え方に基づくものであると解され、そのことからすれば同項にいう占有者とは、物権法上の占有概念に基づく占有を有する者に限らず、被害者に対する関係で管理支配すべき地位にある者をいうと解するのが相当である。

本件では、Y_1が吸収合併により地位を承継したE社は、本件建物の所有者として、本件建物が駅高架下に存在するという鉄道施設に関連した特殊物件であることを前提に、本件賃貸借契約を締結し、同契約においては、E社に対し、管理上必要があるときに、本件建物に立ち入り、必要な措置を執る権限が認められていたこと、本件賃貸借契約上、賃貸人であるE社は、本件建物の主体建築物及び基礎的施設の維持管理に必要な修繕義務を負担しているところ、本件建物壁面には、アスベスト吹付け材が施工されており、電車の振動及び経年劣化により、本件建物には本件粉じんが飛散し得る状態であったことが認められるとし、吹付けアスベストが施工された本件建物壁面につき修繕等の措置を執ることが許容されているのは専ら賃貸人たるE社ないしF社（E社が商号変更）であるから、E社ないしF社は、本件建物の賃借人の従業員として本件建物内で勤務していた亡Dに対する関係で、本件建物を管理支配すべき地位にある者として、民法717条1項にいう占有者に当たると認めるのが相当であるとして、E社ないしF社の地位を承継したY_1に対する賠償請求を認めた。

解　説

1　アスベストの性質

アスベストは、耐摩擦性、耐熱性、断熱・防音・吸音性、耐薬品性等の物質的特性を持ち、また、経済的に安価なものであることから、摩擦材、保温材、耐火・耐熱・吸音・結露防止目的の吹付け材などとして産業界に幅広く使用されてきた。アスベストは、クリソタイル（白石綿）、アモサイト（茶石綿）、クロシドライト（青石綿）、アンソフィライト、トレモライト及びアクチノライトの6種類に分類され、このうちクリソタイル、アモサイト及びク

ロシドライトが主として上記の用途に使用されてきた。アスベストは，縦に裂ける傾向があり，次々と細かい繊維となっていく。アスベスト繊維は，細いものは直径0.02～0.06ミクロン程度の太さのものであり，人が呼吸をする際に鼻，気管，気管支の繊毛を通り抜けて呼吸細気管支や肺胞に到達，沈着し，石綿肺，アスベストによる肺がん，中皮腫等の石綿関連疾患を引き起こす。アスベストの中でもクロシドライト（青石綿）は，発がん性などの有害性が最も強いものである。アスベスト曝露を受けた者には，胸膜肥厚斑（プラーク又は限局性胸膜肥厚と呼ばれる胸膜の病変）及び石綿小体（肺内に吸入された石綿繊維がマクロファージの作用で亜鈴のような形を形成したもの）という重要な医学的所見が認められる。アスベスト関連疾患は，アスベストを吸入することによって生じる疾患であり，石綿肺（呼吸細気管支や肺胞に繊維化が生じ，更に進行すると，蜂窩肺の所見を示す疾患），肺がん（アスベスト繊維が原因となって発生した肺がん），中皮腫（正常で中皮細胞の存在する胸膜，腹膜，心膜及び精巣鞘膜に発生する腫瘍），良性石綿胸水（石綿胸膜炎ともいわれるものであり，通常は片肺に少量の胸水を認める疾患），びまん性胸膜肥厚（臓側胸膜の病変で，壁側胸膜との癒着を伴うもの）が知られている（本件判決から引用）。

2　民法717条1項

(1)　土地の工作物の設置又は保存の瑕疵

　民法717条1項は，「土地の工作物の設置又は保存に瑕疵があることによって他人に損害を生じたときは，その工作物の占有者は，被害者に対してその損害を賠償する責任を負う。ただし，占有者が損害の発生を防止するのに必要な注意をしたときは，所有者がその損害を賠償しなければならない」と定め，土地の工作物の設置又は保存に瑕疵があり，これによって他人に損害が生じた場合には，第一次的に工作物の占有者が被害者に対して損害賠償責任を負う旨を定めている。本条は，工作物の設置又は保存の瑕疵のみを要件として賠償責任を負わせるものであり，占有者の故意・過失は要件とはされていない。

　本条に基づく責任が認められるためには，工作物の設置又は保存の瑕疵が必要であるが，裁判例上，瑕疵とは，土地の工作物が通常備えているべき性状，設備，すなわち安全性を欠いていることをいう。そして，その判断に際

しては，当該工作物の構造，用途，場所的環境及び利用状況等の事情を総合考慮した上，通常予想される危険の発生を防止するに足るものであるかを具体的，個別的に判断するとされる。

(2) 占有者

本件では，民法717条1項は，危険な工作物を管理支配する者が当該危険が具体化したことによる責任を負うべきであるという危険責任の考え方に基づくものであると解されそのことからすれば同項にいう占有者とは，物権法上の占有概念に基づく占有を有する者に限らず，被害者に対する関係で管理支配すべき地位にある者をいうと解するのが相当であると判示した上で，吹付けアスベストが施工された本件建物壁面につき修繕等の措置を執ることが許容されているのは専ら賃貸人であるとして，本件建物の賃借人の従業員に対する関係においても，賃貸人が本件建物を管理支配すべき地位にある者として，民法717条1項にいう占有者に当たるとした。

民法717条1項の「占有者」について判示した判例としては，本条の占有者から間接占有者を除外する必要はないとして間接占有者の責任を認めたもの（最判昭31・12・18民集10巻12号1559頁）やガス消費設備の貸与者として，専ら同設備の保守，管理及び操作を行っていた会社につき，同設備の占有者に当たるとして，同設備の貸与を受けてこれを使用していた会社に対する民法717条1項に基づく責任を認めたもの（最判平2・11・6裁判集民161号91頁）などがある。

(3) 吹付けアスベストが施工された建物壁面がある場合

本件では，吹付けアスベストが施工された本件建物壁面について，占有者が民法717条1項の規定に基づく土地工作物責任を負うのは，吹付けアスベストが露出していることをもって当該建築物が通常有すべき安全性を欠くと評価されるようになった時点からであると解するのが相当であるとし，環境庁・厚生省が都道府県に対し，吹付けアスベストの危険性を認め建築物に吹き付けられたアスベスト繊維が飛散する状態にある場合には適切な処置をする必要があること等を建物所有者に指導するよう求める通知を発した昭和63年2月ころから，吹付けアスベストの曝露による健康被害の危険性及びアスベストの除去等の対策の必要性が広く世間一般に認識されるようになり，本

件建物は通常有すべき安全性を欠くと評価されるようになったと認めるのが相当であると判示した。

【南淵　聡】

第3　耐震偽装

45　耐震偽装に関する設計者の責任

札幌地裁平成21年10月29日判決（平成20年(ワ)第3529号）
判例時報2064号83頁

争　点

マンションの耐震構造に偽装があった場合，設計者はマンション販売業者に対しどのような責任を負うか

判決の内容

■ 事案の概要

本件は，マンションの販売業者であるXが，マンションの設計・監理を建築士事務所であるYに委託したところ，Yから構造計算等の委託を受けたAが，Yの設計が耐震基準を満たさない設計であったにもかかわらず，必要保有水平耐力の改ざんの方法により耐震基準を満たしているかのような構造計算書を作成したため，Xは，Yの設計図書に基づいて耐震基準を満たさないマンションを建築して分譲販売した。その後，Aによる耐震偽装が判明したため，Xは，住民らとの売買契約の解除に応じざるを得なくなり，損害を被ったなどとして，Yに対し，①設計監理委託契約に基づき構造計算書を確認し偽装に気付くべき注意義務に違反して偽装を看過した債務不履行責任又は不法行為責任を負う。また，②Yの履行補助者であるAが故意により構造計算書を偽装したものであり，履行補助者の故意・過失の法理によりYは債務不履行責任を負い又はAの使用者として民法715条の使用者責任を負うとして，損害賠償として損害の一部である5億円の支払を求めた事案である。

■ 判決要旨

1　Yの責任について

本判決は，Yの履行補助者であるAは，故意に建築基準法に違反する構造計算を行い，その結果，Yは，債務の本旨に反する設計行為をしたものとして，民法415条により，その設計行為によって生じた損害を賠償する責任を負うとした。

2　Xの損害について

本判決は，Xの損害につき，まず，本件マンションの保有水平耐力は地上の全ての階で不足しており，耐震強度に対する意識が全国的に高まる中，住民らが本件物件に住み続けることに大きな不安を覚えたであろうことは想像に難くなく，住民らが建物の外観や居住空間に大きな変更を加える補修案を受け容れるとは到底考えられず，実際にもほぼ全員の住民が解除による解決に応じていることから，Aの行為とXが売買契約の解除に応じざるを得なかったこととの間には，相当因果関係があるとした。そして，解除によってXが取得した本件マンションは補修をした上で分譲や賃貸をするとしても費用の回収すら容易でなく，実質的に無価値となったものであるから，Xは，解除により住民らに合計約8億2000万円以上を支払う一方，1億1630万円相当の土地と商品価値のない建物を取得し，建物解体費用として3790万円の支出が見込まれているのであるから，Yの設計行為によりXには7億4160万円を下らない損害が生じたとして，Xの請求を全て認容した。

■ 解　　説

1　設計契約の内容及び法的性質

(1)　設計契約の内容

「設計」とは，建築物の建築工事の実施のために必要な図面（設計図書）をその者の責任において作成することをいい（建築士2条6項），一定の規模の建物建築の設計・監理は建築士によって行わなければならず（建築士3条～3条の3），建物を建築しようとする者がこの資格を有さない場合などには，設

計・監理を設計事務所等に依頼することになる。
(2) 設計契約の法的性質
　設計契約の法的性質については，設計図書の完成を目的とした請負契約であるとする説と，設計図書の作成という事務を委託する準委任契約であるとする説に大きく分かれる（塩崎勤＝安藤一郎編『新・裁判実務大系2建築関係訴訟法』10頁（青林書院，1999））。

　請負契約と解すると，仕事に瑕疵があった場合は瑕疵担保責任（民634条）の問題となり，請負人は無過失責任を負う一方，委任契約と解すると債務不履行責任の問題となり，請負人の責任は過失責任となる。瑕疵担保責任の存続期間は原則として目的物（設計図書）の引渡し後1年であるが（民637条1項），債務不履行責任は10年（民167条）又は5年（商522条）となる。請負契約の解除は，目的物完成前であれば相手方の損害を賠償していつでもできるが（民641条），完成後は目的物に瑕疵があり，契約の目的を達成することができない場合に限られる（民635条）。具体的な設計契約がいずれの法的性質を有するかは，契約内容等により個別に判断されるが，法的性質の捉え方の違いが結論に影響を与える点は大きくないとの指摘もある（小久保孝雄＝徳岡由美子編『リーガル・プログレッシブ・シリーズ14建築訴訟』321頁（青林書院，2015））。

2　設計者の法的責任
　建築士法は，一定の規模の建物建築の設計・監理は建築士によって行わなければならないものと定め（建築士3条～3条の3），建築士の免許等の資格や取消し等の要件について規定している（建築士4条・9条等）。また，建築士が業として設計監理等を行うためには，都道府県知事の登録が必要である（建築士23条～23条の10）。建物は所有者にとって重要な財産であるだけでなく，居住者，利用者や近隣生活者の生命，身体の安全に関わるものであるから，建築士は，設計を行う場合においては，設計に係る建築物が法令又は条例の定める建築物に関する基準に適合するようにしなければならず（建築士18条1項），建築士は，設計・監理する資格として，建築基準法等の関係法令に関する知識を含む専門知識を備えていることが求められている。

(1) 設計契約の相手方に対する責任
　設計者は，設計契約の相手方との関係でも，当然，建築基準法令その他の

関連法令に適合する設計を行う義務を負うから、法令違反の設計によって建築基準法等違反の建築物が建築された場合には、設計契約の相手方との関係で、債務不履行責任又は設計上の瑕疵に基づく瑕疵担保責任を負うほか、不法行為責任を負うこととなる（設計者の不法行為責任を認めた裁判例として、大阪高判平元・2・17判時1323号83頁、判タ705号185頁、及びその原審大阪地判昭62・2・18判タ646号165頁）。

(2) 第三者に対する責任

加えて、設計者は、契約関係にない居住者等との関係でも、設計する建物に建物としての基本的な安全性が欠けることがないように配慮すべき注意義務を負い、設計者がこの義務を怠ったために建築された建物に建物としての基本的な安全性を損なう瑕疵があり、それにより居住者等の生命、身体又は財産が侵害された場合には、設計者は、これによって生じた損害について不法行為による賠償責任を負う（最判平19・7・6民集61巻5号1769頁、判時1984号34頁、判タ1252号120頁）。

3 本判決

本判決は、X・Y間の設計契約が準委任契約の性質を有するとの理解を前提とした上で、建築基準法違反の設計行為が債務不履行に当たるとしてその設計者の損害賠償責任を肯定したものと解され、Xが居住者等との売買契約の解除に応じざるを得なかったこととYの債務不履行との間には因果関係があるとし、Xが契約の解除等に基づき居住者等に支払った代金からXが取得した土地代金相当額を控除した額と建物解体費用の損害賠償責任を認めたものである。

【村井　美樹子】

46 耐震強度偽装に関する関係者らの責任

奈良地裁平成20年10月29日判決（平成18年（ワ）第133号）
判例時報2032号116頁

争点

請負契約により建設されたホテルに耐震強度偽装があった場合におけるホテル建設関係者らの法的責任

判決の内容

■ 事案の概要

　Y_1 はビジネスホテルの経営及びコンサルティング等を業とする会社，Y_2 は Y_1 の代表取締役所長，Y_3 は建築基準法所定の指定を受けた指定確認検査機関，指定性能評価機関及び指定認定機関が行う業務等を業とする株式会社，Y_4 は不動産の賃貸・売買・管理・取引仲介等を業とする株式会社，Y_5 は建築物の設計・管理・施工等を業とする株式会社である。F建設会社は Y_1 のコンサルティング指導を受けており，指導は主に Y_2 が担当していた。G設計監理会社はFの100％子会社である。

　Xは Y_4 から Y_1 の紹介を受け，Y_1 及び Y_2 の強い勧めにより，ホテルを建設し，ホテルの運営を別会社に任せ，賃料収入を得るという事業（以下「本件ホテル事業」という）を行うことにした。Y_2 の提案により，ホテル運営会社については，Xの代表取締役の妻を代表取締役，Y_2 を取締役，Y_4 の代表取締役を監査役とするH株式会社を設立することにした。

　Xは，Y_1，Y_2 及び Y_4 の紹介により，F建設会社と本件ホテルの工事請負契約を，G設計監理会社と設計・監理業務委託契約を締結し，H株式会社との間で，Y_2 を立会人として，本件ホテルを建設しXがその引渡しを受けた時点でH株式会社に本件ホテルを賃貸する旨の合意をした。また，Xは Y_5

との間でF建設会社との本件請負契約においてF建設会社に債務不履行があったときは，これにより生じる金銭債務についてY5が連帯して保証する旨の合意（以下「本件保証契約」という）をした。G設計監理会社は本件ホテルの構造計算書の作成をF建設会社の指示により，元一級建築士Z（以下「Z」という）に外注した。Y3はXに本件ホテルの建築計画が建築基準関係規定に適合しているとして，確認済証を交付し，その後，本件ホテルの建築工事は建築基準関係規定に適合しているとして，検査済証を交付した。

　Xが本件ホテルの引渡しを受けた後，平成17年11月5日に本件ホテルの営業を開始したが，同月22日にZによる構造計算書の偽装が発覚し，本件ホテルの耐震強度が基準値を満たしていない可能性があることから，同月25日に本件ホテルの営業を休止し，その後，平成19年7月10日に営業を開始した。

　Xは本件ホテルには建築基準法令で定められた耐震強度を満たしていない瑕疵があり，本件ホテルの補修工事費用，本件ホテル営業休止に伴う賃料相当額の損害を被ったとして，Y1ないしY4に対し不法行為に基づき，Y5に対しては本件保証契約に基づき損害賠償請求を行った。

■ **判決要旨**

1　Y1及びY2の不法行為責任

　Y1ないしY2はよりコストの少ない躯体数値を算出し，コンサルティング業務を通じて当該躯体数値についてF建設会社，G設計監理会社に指導するなどしているものの，Y1ないしY2が，違法性を認識した上で耐震強度基準に満たない構造計算を行うよう指示したとか，構造計算書を偽装するよう指示したとの事実を認めることはできず，Y1ないしY2の指示の結果，耐震強度基準に満たない設計が行われることを予見すべき義務や，構造計算書偽装を予見すべき義務はないなどとしていずれも不法行為責任を否定し，信義則上の義務違反もないとした。

2　Y4の不法行為責任

　Y4はXにY1を紹介したのが主な役割であり，本件ホテルの設計・監理や，建築には全く関与しておらず，Zの構造計算書偽装が予見可能であったとはいえない。Y1及びY2の不法行為責任を前提とするY4に対する請求は認

められないとした。

3　Y₃の不法行為責任

建築確認の審査期間が限られた短期間であることなどから、Y₃がこの期間内にZが作成した構造計算書を確認し、独自に構造計算を行うことは不可能であったから、Zの構造計算書偽装を見抜けなかったからといって、Y₃に過失を認めることはできないとした。

4　Y₅の不法行為責任

本件ホテルは、建築基準法令に定められた耐震基準を満たしていないことから、構造上主要な部分に瑕疵があると認定した上で、F建設会社は本件請負契約に基づき、Xに対する賠償責任があり、Y₅はF建設会社のXに対する金銭債務を保証していたのであるから、保証人として本件ホテルの瑕疵によりXに生じた損害の責任を負うべきであるとして、Xの請求を認めた。

解　説

本判決は、元一級建築士による構造計算書の偽装により、耐震強度基準に満たないホテル・マンション等の高層建物が建築されたという社会的注目を集めた一連事件に関するものの一つであり、当該元一級建築士による耐震偽装に関して、初めて司法判断を行ったものである。

耐震強度基準に満たない建築物に瑕疵があることは明白であるところ、本判決では、耐震強度が偽装された構造計算書に基づいて建設されたホテルの瑕疵に関し、どの範囲までの関係者が責任を負うことになるのかが問題となった。

耐震強度に満たない本件ホテルを建設したF建設会社がXに対し瑕疵担保責任を負うことは明らかであり、F建設会社のXに対する金銭債務を保証したY₅がXに生じた損害について保証人として責任を負うことに異論はないであろう。

XはY₅に対する請求の他に、本件ホテル事業を持ちかけたY₁ないしY₂、Y₁を紹介したY₄、建築確認を行ったY₃らに対し不法行為責任が認められるべきであると主張していたが、本判決はいずれの請求も認めなかった。

耐震強度に関する一連事件の一つでもある，名古屋地裁平成21年2月24日判決（判時2042号33頁）は，同じ元一級建築士の耐震強度偽装に関する損害賠償請求事件について，本判決と同じY_1及びY_2に対する不法行為責任を認めている。

本判決と上記名古屋地判ではY_1ないしY_2の注意義務の認定に違いがみられる。本判決によれば，Y_1及びY_2に不法行為責任が認められるには，Y_1ないしY_2らが違法性を認識した上で建築基準法に違反する構造計算を行うよう指示したとか，構造計算書を偽装するよう指示したことが必要とされており，また，具体的な数値を示して構造に関する指示をしていたとしても，その指示の結果，建築基準法に反する設計が行われることや構造計算書が偽装されることを予見すべき義務があったと直ちに認めることはできないとしている。

これに対し，上記名古屋地判はY_1ないしY_2に対し，建設業者，設計業者の選定及び各業者に対する指導監督につき責任を負うべきであり，設計については，建物の基本的安全性を確保するために設計業者の選定及び指揮監督を適切に行い，建物注文者に不測の損害を被らせないように注意すべき義務があるとしており，本判決に比べ，厳格な注意義務が認められている。

とはいえ，上記名古屋地判の事案では，問題となった建築物の構造につき，Y_1ないしY_2により，当初の構造体よりも更に耐震強度が低くなる構造体へと変更されており，構造計算をしなくても明らかに耐震強度が足りていないことが分かる状態であった。これに対し，本判決ではそこまでの事実は認められておらず，両判決の結論の違いはY_1ないしY_2による耐震基準に満たない建物を建築しているとの認識の有無にあったと考えられることから，両判決に大きな矛盾はないといえよう。

上述のとおり，本判決においてY_1ないしY_2に不法行為責任が認められないのであれば，XにY_1及びY_2を紹介したにすぎないY_4に不法行為責任が認められる余地はないであろう。

Y_3は建築基準法所定の指定を受けた指定確認検査機関等の業務を行う会社であるから，本件ホテルの耐震強度が基準を満たしていないことを見抜くべき義務があったといえる。この点，本判決はそのような義務があると認め

ながら，Zが作成した構造計算書には建築基準法上の認定に係る性能評価を取得した大臣認定プログラムの利用者証明書が添付されており，同計算書末尾にはエラー数がゼロであると表示されていたこと，当時の法令による建築確認の審査期間が短期間であったことなどから，Y₃に構造計算書の偽装を見抜けなかったことについて過失を認めることはできないとしている。この点，今回の耐震偽装問題を受けて，建築確認手続方法と審査期間を見直す建築基準法の改正が行われ平成19年6月20日から施行，その後，再度の改正が行われ平成27年6月1日から施行されている。

　指定確認検査機関等の注意義務については改正後の建築基準法の規定が大きく影響してくることになろう。

【石橋　京士】

第4 説明義務違反

47 宅建業法における建築基準法・都市計画法に基づく調査義務違反

東京地裁平成26年3月26日判決（平成23年(ワ)第34040号）
判例時報2243号56頁，判例タイムズ1413号332頁

争点

宅建業法における建築基準法・都市計画法に基づく調査義務違反

判決の内容

■ 事案の概要

本件は，当時，宅地建物取引業者であった被告Yから本件土地及び本件給油所を買い受けた原告Xが，本件給油所建設に関し，開発許可の条件の不遵守，建築基準法及び都市計画法に基づく完了検査等の不実施の瑕疵があり，また，上記開発許可の申請時には，被告Yは都市計画法及び行政指導要綱に従った適切な排水施設を設ける旨の図面を提出していたにもかかわらず，実際には同施設を設けていなかったとの瑕疵があると主張して，被告Yに対し，被告Yが売買契約締結時に本件不動産の瑕疵を説明しなかったことが詐欺又は説明義務違反の不法行為を構成するなどとして不法行為の損害賠償請求権に基づき瑕疵の修補に必要な工事費用等相当額の一部として売買代金相当額等の支払を求めた事案である。

■ 判決要旨

1 宅建業法上の説明義務・調査義務

宅地建物取引業者は，自ら不動産売買の当事者となる場合や売買契約の媒介を行う場合には，宅地建物取引業法（以下「宅建業法」という）35条に基づく説明義務を負い，当該説明義務を果たす前提としての調査義務も負うものと解される。そして，宅建業法35条はその文言から，宅地建物取引業者が調査説明すべき事項を限定列挙したものとは解されないから，宅地建物取引業者がある事項が売買当事者にとって売買契約を締結するか否かを決定するために重要な事項であることを認識し，かつ当該事実の有無を知った場合には，信義則上，相手方当事者に対し，その事実の有無について調査説明義務を負う場合があると解される。被告Ｙは，宅地建物取引業者であるから，上記調査説明義務を負うことになる。

　この点，被告Ｙは，原告Ｘと被告Ｙとの間に本件売買契約締結に要する知識・情報の格差はないこと及び同契約が現状有姿売買であることを理由として，調査説明義務を負わない旨主張する。しかしながら，取引の相手方が売買契約に要する知識等を有していることや現状有姿売買であることは，宅地建物取引業者である売主の調査説明義務を軽減することがあるとしても，同義務を免れさせることはないというべきであり，現状有姿売買であることも同義務を免れさせる原因となるとは解されない。したがって，被告Ｙの上記主張は採用できない。

2　建築基準法違反の事実がある場合

　本件給油所の設置に関しては，本件開発許可申請，本件給油所の建築確認申請が行われており，これらは開発行為や本件給油所の建設工事が完了した段階で被告Ｙが完了届等を行い，完了検査が行われることが法令上予定されているものであり，完了検査が行われていなければ，建築基準法等に違反した状態にあることになる。そうすると，本件不動産に関し上記開発行為等について完了検査が行われているか否かは，売買契約を締結するか否かを決定するために重要な事項に該当するというべきであり，被告Ｙもその旨を認識することができたというべきである。これに，本件売買契約締結当時，本件開発許可申請や建築確認申請を行った被告Ｙにおいて，これらに関する書類の所在が不明であったことを勘案すれば，被告Ｙは，完了検査の実施の有無について調査説明義務を負っていたというべきである。しかしながら，被告

は同義務を履行していない。

3 都市計画法上の制限がある場合

次に，本件排水施設の不備に係る調査説明義務について検討するに，都市計画法33条1項3号は，開発行為の許可基準として，排水施設が開発行為の行われる地域の降水量，開発区域の規模，地盤の性質，予定建築物等の用途を勘案して，排出により開発区域及びその周辺の地域に溢水等による被害が生じないような構造及び能力で適当に配置されるよう設計されていることを定めており，この基準を適用するについて必要な技術的細目（同条2項）においては，「開発区域内の排水施設は，放流先の排水能力，利水の状況その他の状況を勘案して，開発区域内の下水を有効かつ適切に排出することができるように，下水道，排水路その他の排水施設又は河川その他の公共の水域若しくは海域に接続していること。この場合において，放流先の排水能力によりやむを得ないと認められるときは，開発区域内において一時雨水を貯留する遊水池その他の適当な施設を設けることを妨げない」と規定されている（同法施行令26条2号）。本件指導基準や本件要綱における排水施設に関する規定は，その文言及び内容に照らし，上記規定を具体化したものと解される。宅地建物取引業者である売主は，売買当時における売買目的不動産についての法令に基づく制限について説明義務を負うことからすれば，被告Yは，都市計画法及び本件要綱により，本件売買契約締結当時に必要となる排水施設の内容について調査説明すべき義務があったというべきである。そして，被告Yがこの調査義務を履行すれば，本件給排水図との対比により本件不動産における排水施設の現況が法令の制限に反していることが被告Yには容易に認識できたことになる。本件不動産への排水施設の設置は相当額の費用を要するものであることからすれば，上記事実は売買契約を締結するか否かを決定するために重要な事項に該当するというべきである。したがって，被告Yは，本件不動産において必要な排水施設に関する法令の制限について調査義務を負っていたというべきであるが，被告Yは同義務を履行せず，原告Xに対する説明を行っていない。

以上によれば，被告Yには，宅地建物取引業者としての調査説明義務を懈怠したことによる不法行為が成立するというべきである。

解　説

1　宅建業法上の説明義務・調査義務

　宅建業法35条は，宅地建物取引業者に対して，宅地・建物の売買等の相手方に対して，その者が取得しようとしている宅地・建物に関し，その売買等の契約が成立するまでの間に，宅地建物取引士をして，少なくとも同条に掲げる事項について，これらの事項を記載した書面を交付して説明をさせなければならないと規定し，説明事項として，都市計画法，建築基準法その他の法令に基づく制限で契約内容の別に応じて政令で定めるものに関する事項の概要等複数の事項を定めている。同条は，「少なくとも同条に掲げる事項について」と規定していることからも明らかなとおり，同条に規定する事項を説明すれば，いかなる場合においても重要事項説明義務を果たしたということはできず，相手方等が，取引の内容（特に不利益な事項）を理解し納得しうる程度のものでなければならず，宅地建物取引士が交付した書面を朗読する程度の説明をしただけでは，説明義務を果たしたということはできないと解されている（中野哲弘＝安藤一郎編『新・裁判実務大系27住宅紛争訴訟法』355頁（青林書院，2005））。

2　建築基準法・都市計画法違反の場合

　本件では，本件給油所の建築確認申請に添付された本件申請図面と本件給油所の現況が異なるため，現況のまま建築基準法に基づく完了検査を受けることはできない。また，市街化調整区域内にある土地につき開発許可を受けた上で建築確認申請を行う場合には，「都市計画法第29条第1項又は第2項の規定に適合していることを証する書面」の添付を要するところ，本件不動産の現況と本件開発許可申請に添付された本件申請図面の記載とが異なるから，本件申請図面を添付して建築確認申請を行えず，建築確認を再取得して完了検査を受けることもできない。したがって，改めて開発許可を取得することを要するが，本件排水施設の不備により現況のまま開発許可を受けることはできない状態であった。本判決は，本件不動産に関し上記開発行為等について完了検査が行われているか否かは，売買契約を締結するか否かを決定するために重要な事項に該当するというべきであり，被告Yもその旨を認識

することができたというべきであるとして，被告Yは完了検査の実施の有無について調査説明義務を負っていたというべきであるが同義務を履行していないとして，調査説明義務違反を認めた。

また，排水施設の内容について調査説明すべき義務についても，都市計画法及び本件要綱により，本件売買契約締結当時に必要となる排水施設の内容について調査説明すべき義務を負っていたというべきであるが，被告Yは同義務を履行せず，原告Xに対する説明を行っていないとして，調査説明義務違反を認めた。

【南淵　聡】

48 自殺物件における宅建業者の調査義務と説明義務

高松高裁平成26年6月19日判決（平成25年(ネ)第411号，平成26年(ネ)第46号）

判例時報2236号101頁

争 点

1　土地上の自殺事実が当該土地上建物の売買において「相手方等の判断に重要な影響を及ぼすことになるもの」（宅建業47条1号ニ）に当たるか

2　宅建業者の売買契約締結に先立つ事故物件調査義務

3　宅建業者が売買契約締結後に事故物件の事実を知った場合の説明義務違反と損害の範囲

判決の内容

■ 事案の概要

X_1とX_2は夫婦であり，マイホームを建築する目的で本件土地を購入するに至った。平成20年12月1日，X_1は本件土地の所有者との間で，不動産売買・仲介等を業とする宅地建物取引業者であるYの仲介により，本件土地を代金2750万円で買い受ける旨の売買契約を締結し，本件売買契約締結時に手付金275万円を支払い，平成21年1月30日に残金2475万円を支払った。同日，X_1及びX_2は所有権移転登記を得た。

しかし，昭和61年1月に，本件土地及び本件土地上の建物の元所有者（以下「A」という）の内縁の妻が実の息子によって殺害され，遺体がバラバラにされて山中に埋められるという事件があった（以下「本件殺人」という）。また，昭和63年3月にAの娘が上記建物の2階ベランダで首をくくって自殺する事故があり（以下「本件自殺」という），平成元年ころに上記建物が取り壊されて以来，本件土地上に建物が建築されていなかったことが判明した。

そこで、X₁及びX₂がYに対し、Yは本件売買契約当時に本件土地が事故物件であることを認識し得たのにこれを告げずに売買契約を締結させた、Yは本件売買契約に先立つ事故物件調査義務を怠った、Yは遅くとも売買残代金決済の数日前には事故物件の事実を認識していたのにこれを告げずにX₁に決済させた等と主張し、上記説明義務・調査義務違反を理由とする不法行為に基づく損害賠償として合計1150万円余の支払を求めた事案である。

■ **判決要旨**

1 第1審

まず、本件売買契約を締結する時点において、本件自殺の事実は契約締結の判断に影響を及ぼすものと認定した。もっとも、本件売買契約締結時において、Yが本件自殺の事実を認識していたと認めるには足りないと判断した。

次に、対象物件の隠れた事故物件性について、宅建業者はその存在を疑うべき事情があれば調査義務を負うが、そうでない場合には調査義務までは負うものではないという一般論を示した上で、Yに調査義務は認められないと判断した。

さらに、本件売買契約締結後において、本件自殺の事実は、売買契約の効力を解除等によって争うか否かの判断に重要な影響を及ぼすものと認定した。そして、Yの担当者が本件代金決済の前には本件自殺の事実を認識していたことを認めた上で、Yの説明義務違反と相当因果関係のある損害額合計170万円の限度で請求を一部認容し、その余の請求を棄却した。

2 本判決

第1審判決を不服としてXらが控訴しYも附帯控訴したが、本判決は、控訴及び附帯控訴をいずれも棄却した。

■ **解　　説**

1 心理的瑕疵と宅建業者の責任

(1) 心理的瑕疵

取引建物内で自殺があったこと等は，一般に心理的瑕疵といわれており，裁判例では，民法570条にいう「瑕疵」に当たると解されている。瑕疵の判断においては，自殺の時期からの経過期間，自殺場所の存否，購入建物の用途，売却価格，自殺のあった時期の所有者からの売買か，転々売買後の取引か等が総合考慮され，通常人を基準として，当該物件を使用するにつき嫌悪感を抱くかという点から判断されている。

(2) 宅建業者の仲介業務上の説明責任

本件では，不動産売買の仲介業務を行った宅建業者の説明責任が問題となった。

宅建業者には取引の相手方等に対する重要事項説明義務があるが（宅建業35条1項），売買対象物件における自殺等の事実は同条項の列挙事由に該当しない。もっとも，宅建業者は「宅地建物取引業者の相手方等の判断に重要な影響を及ぼす」事項を「故意」に告げないことが禁止されている（宅建業47条1号ニ）。したがって，このような心理的瑕疵が「相手方等の判断に重要な影響を及ぼす」といえ，宅建業者がそれを認識している場合には取引の相手方等に対する説明義務を負い，同義務に違反した場合には，不法行為責任ないし債務不履行責任が問われることとなる。なお，本件のほかに，仲介業務で宅建業者が取引不動産の自殺等の事実を告げなかったことにつきその責任が問われた事案は，近時複数存在する（東京地判平18・7・27ウエストロー2006WLJPCA07270007（責任否定），東京地判平25・7・3判タ1416号198頁（責任否定））。

2 本件契約締結前の説明義務違反

(1) 土地上の自殺の事実が当該土地上建物の売買において「相手方等の判断に重要な影響を及ぼすことになるもの」に当たるか

ア 争点に対する判断

本判決では，事故があった建物は取り壊され20年以上が経過し，所有者も変遷していることから，本件土地と当該事故との結びつきが希薄化しているという趣旨のYらの主張は退けられた。そして，①自殺の事実は一般に当該物件の買受けに忌避感ないしは抵抗感を抱かせる事実であること，②本件土地の取得目的が，本件土地上に一戸建てマイホームを建築し，これをXら家

族自身の永続的な生活の場とすることにあったこと，③本件殺人は社会的耳目を集めた衝撃的な事件であり，近隣住民においては本件殺人と本件自殺が関連付けて理解されていること，④本件自殺は本件殺人とともに今なお近隣住民の記憶するところとなっていること等を挙げ，本件土地売買の判断において，重要な影響を及ぼす事柄であると判示している。

　イ　心理的瑕疵（民570条）との関係

　本判決では，上記各判断要素において，特に建物の使用目的が丁寧に検討された（上記②）。そして，少なくとも，取引の流通性，価格の妥当性といった要素以上に，当事者の主観面が重視されている。

　瑕疵担保責任において，判例は契約当事者間で予定された性質を欠いた場合の瑕疵該当性を肯定している（主観説）（大判昭8・1・14民集12巻71頁）。本争点は，宅建業法47条1号ニの解釈ではあるものの，形式的に民法570条における心理的瑕疵と同様の判断枠組みで検討されており，実質的にも当事者間で約束された使用目的等主観面が重視されていることからして，瑕疵担保責任の判例との整合性が高いものといえる。

　ウ　改正民法要綱案との関係

　平成27年2月10日決定の民法改正に関する要綱案では，現行の瑕疵担保責任を債務不履行へ統一する方向で議論が進んでいる。そして，同要綱案では「瑕疵」という文言が排除され，売主の責任は，契約の内容に適合したものを引き渡したか（契約適合性）が判断基準となるものとされている。Xらがマイホームを建て永年利用するに相応しい土地といえるか，という契約内容の適合性が慎重に検討されている本判決は，上記改正民法要綱案に馴染むものといえるだろう。

(2)　「故意」（宅建業47条1号ニ）の判断

　本判決では，Yは本契約締結よりも前に本件自殺の事実を認識していなかったものと認定され，特に，売却価格があまりに低廉とまでいえないという，客観的な取引価格の妥当性を重視している。当事者の主観面を重視した「相手方等の判断に重要な影響を及ぼす」（宅建業47条1号ニ）の解釈との判断過程の違いが顕著にうかがえるものである。

3　本件売買契約締結に先立つ事故物件調査義務

事故物件該当性は，買主にとって，売買契約締結の判断における重大な影響を及ぼす事項となりうる。他方で，売主にとっては，事故物件の判断は外形から容易に認識し得ず，自殺事故自体が極めて稀なことであることから，常に調査義務を求めるのは酷である。本判決は，このような両当事者の利益・不利益を具体的に考慮した上で宅建業者の調査義務を限定的に認めており妥当なものといえよう。

4 売買契約締結後に事故物件の事実を知った場合の説明義務違反と損害の内容及び範囲

(1) 売買契約締結後の説明義務違反

本判決は，宅建業者は契約締結後であっても宅建業法47条1号ニに基づく説明義務を負うことを正面から認め，契約締結後の事故物件に関する説明義務の判断基準を示したものとして注目すべき裁判例といえる。契約締結後の説明義務違反においても，契約締結時の説明義務違反を争う場面と同様に心理的瑕疵の判断枠組みを採用するものの，解除等により事後的に契約の効力を争いうるという買主の権利を積極的に評価している点が，契約締結時における時的要素を重視する「瑕疵」の判断とは大きく異なるものと評価できるだろう。

(2) 損害の内容及び範囲

人格的利益にかかる自己決定権の侵害ではなく，財産的利益にかかる自己決定権の侵害を理由として慰謝料請求を認めることができるかという点は以前から議論されている。説明義務違反による自己決定権の侵害は財産的利益保護を実現するという枠内で認められる見解によれば，慰謝料の賠償を認めないことになる。他方，表意者が整備された情報環境の下で意思決定する機会を失い，これに対する救済は，失われた機会の回復を図るか，機会の喪失そのものを損害と位置付けて金銭的評価を考える見解によると慰謝料の賠償を認めることとなる。

本判決は，本来であれば代金決済や引渡手続を完了しない状態で，本件売買契約の効力に関し売主と交渉等をすることが可能であったのに，説明義務が履行されなかったために，代金決済や引渡手続を完了した状態で売主との交渉等を余儀なくされたことによる損害がこれに当たるものと判断し，この

ような状態に置かれざるを得なかったことに対する慰謝料が相当であり，本件のような事案において，裁判実務が後者の立場に立つことを示したという意味で事例的意義を有するものである。

【宗像　洸】

第5 その他

49 建築業者による違法建築行為の，建物所有者に対する不法行為該当性

東京地裁平成25年8月12日判決（平成24年（ワ）第25451号）
ウエストロー・ジャパン2013WLJPCA08128002，LEX/DBインターネット25514551

争点

1 被告による建築基準法違反の建物建築行為が，被告の建築した建物を所有する原告に対する関係で不法行為としての加害行為となるか

2 被告による違法建築行為と，原告所有建物（被告により建築された違法ではない建物）の賃借りを申し込んでいた者が被告による違法建築行為を知ったために当該申込みを撤回した行為との間の因果関係の有無

判決の内容

■ 事案の概要

1 Xは，Yとの間で，平成22年10月29日，工事請負契約を締結し，その後，同契約に従ってYにより建物（以下「本件建物」という）が建築された。なお，本件建物は，準耐火建築物ではなかった。

Xは，平成24年5月25日，Aから，本件建物1階部分の3室すべてを月額7万円で歯科医院として賃借したいとの申込みを受けた。

2 平成24年6月5日，Yは，名古屋市内に建築した準耐火建築物において国土交通大臣が認定・告示した施工方法に下記のとおり適合していないことが1件判明したこと，これを監督官庁である国土交通省に報告し，その指

導のもと改善措置を実施すること，緊急調査した結果，Yが建築した準耐火建築物383件においても同様の不適合の可能性があることを同省に報告したことなどを，報道関係者に対して発表した。

記

 a 壁 内部間仕切り壁の準耐火構造の国土交通大臣認定では，「40mm以上のビスでボードを留め付ける」と規定されているところ，「28mmのビス」で施工していた等，4点にわたって，同認定に適合しない施工が行われていた。

 b 床直下の天井 平成12年建設省告示第1358号第3のニのハでは「当該取合い等の部分の裏面に当て木が設けられている等当該建築物の内部への炎の侵入を有効に防止することができる構造とすること」と規定されているところ，一部当て木がなかった。

 c 軒天 軒裏の換気スリットにおいて国土交通大臣認定では施工手順「換気隙間を10〜15mm設ける」と規定されているところ，これに不適合で，換気スリット本体に軒天板が十分差し込まれずに隙間が大きかった。

同日，国土交通省住宅局建築指導課は，上述した事実について，関係特定行政庁へ情報提供し，調査依頼をしたこと，Yに対して他に建築基準法違反がないか徹底した調査を指示するとともに，再発防止策の提出を求めていくことなどを公表し，また，テレビや新聞で報道（以下「本件報道」と称する）された。

 3 Aは，本件報道を契機として，本件建物の賃借の申込みを撤回した。

 Xは，その後，本件建物の1階部分につき賃借人を再度募集したが，平成24年中は応募がなく，平成25年に入ってから，賃料月額を6万5000円に減額して募集したところ，101号室は同年4月16日から，102号室は同年3月1日から，103号室は同年5月1日から，賃借人が入居した。

 4 Xは，Yに対し，Yによる違法建築を不法行為と主張し，取得できなかった賃料に相当する金員及び遅延損害金の支払を求め，本訴を提起した。

■ 判決要旨

1 加害行為（権利侵害行為）の有無

　本件建物は準耐火建築物ではないのであり，本件建物について建築基準法違反があることの主張立証はない。また，本件建物は2階建てであり，その2階部分については，平成23年6月に賃借人の募集を開始してすぐに全3部屋とも入居者が決まったところ，当該入居者のいずれからも本件報道を契機とした賃貸借契約の解約申入れがされることはなかったことが認められる。

　そうすると，本件建物は，建築基準法令に適合した建築物であって，本件報道の対象となった建築物とは無関係であり，また，本件建物が違法建築物であるという風評が生じていたものでもないから，Yが準耐火建築物について建築基準法違反行為をしたことをもって，本件建物の注文者であるXとの関係で，不法行為法上の違法行為に該当するということはできない。

　この点について，Aが，本件報道を契機として本件建物の1階部分の賃借の申込みを撤回した事実はあるが，歯科医院の建物の施工業者を気に掛けて通院する者が考えにくいこと，本件建物は準耐火建築物でも違反建築物でもないから，Yが国土交通省の指示により何らかの調査をすることもあり得ないことに照らすと，Aが賃借申込みを撤回したのは，A独自の極めて特異な心理状態に陥った結果といわざるを得ず，これをもって，本件建物につき違法建築物であるという風評が生じていたと認めることはできないし，Yが準耐火建築物について建築基準法違反行為をしたことをもって，本件建物の注文者であるXとの関係で，不法行為法上の違法行為に該当すると評価することもできない。

2 因果関係の有無

　Aによる賃借申込みの撤回が，前記のとおり，極めて特異な心理状態に陥った結果といわざるを得ないことからすると，Aによる賃借申込みの撤回は予見し難いものというほかなく，Yが準耐火建築物について建築基準法違反行為をしたことと，Aによる賃借申込みの撤回によってXが賃料収入を得られなくなったこととの間に相当因果関係があるということもできない。

3 結　論
したがって，X主張の不法行為の成立を認めることはできない。

解　説

1 不法行為における加害行為
(1) 権利侵害行為該当性
ア 要件の整理
　権利侵害を理由とする不法行為に基づく損害賠償請求権の請求原因事実は，①原告の権利の存在，②①の権利侵害行為，③②についての故意・過失，④損害の発生及び額，⑤②と④の因果関係とされる（大江忠『要件事実民法(6)法定債権〔第4版〕』181頁以下（第一法規，2015），岡口基一『要件事実マニュアル〔第3版〕』341頁以下（ぎょうせい，2010））。本判決で問題となっている要件は，②の権利侵害行為該当性である。

　建築行為に関わる可能性のある法令としては，建築基準法，建築士法，建設業法，消費者契約法，特定商取引法，民法等の法律のほか，それらの施行令等多数の法令が存在する。

　しかし，そのような法令に違反する何らかの行為が，全て不法行為（民709条）における違法行為，すなわち，上述した②権利侵害行為となるわけではない。不法行為における加害行為とは，①にいう権利について，④にいう損害を発生させることのできる，客観的な行為を意味する。

　本判決の事案でいえば，賃料を得られることという財産権が①であり，これを得られなくなることが④であり，この両者を結びつける行為が②加害行為である。

　本件に類する問題としては，あるメーカーの自動車所有者が，同社のリコールにより，自ら保有する自動車の売却価格が下がったとして不法行為による損害賠償請求を求める例が考えられる。自動車に限らず，リコールがなされる商品一般についても同様に考えられよう。

イ 風評を媒介とした権利侵害行為該当性判断
　本件建物が準耐火建築物でなく，また，本件報道が準耐火建築物に関する

施工違反があったことを内容とするものであるから，Yによる違法建築が風評を媒介として，本件建物も違法建築かもしれないとして嫌悪される可能性はある。一般に風評被害と称される事態である。

Yの違法建築行為が，違法建築でない建物の評価を下げるような特質がある場合，当該違法建築行為は，適法な建物に対する加害行為といえる。

しかし，Aが賃借申込みを撤回したこと以外に，Yによる建築物の評判が落ちたと推認できる事情がなく，反対に，本件建物2階の3室を借りた3名それぞれが各部屋を借りたままであったのであるから，本件建物の評判が落ちたという事実の立証としては足りず，風評が生じたとは認め難いといえよう。

(2) 不作為の権利侵害行為を想定した構成

②権利侵害行為が不作為でなされる場合，②権利侵害行為は作為義務違反行為となる。この場合，過失を義務違反と客観的に捉えると，過失と権利侵害行為該当性の問題は重なることとなる。

本件においては，Yによる建築基準法違反行為（作為）の権利侵害行為該当性として争われたが，一般的に，建築業者は，既に建築した住宅所有者に対して，その住宅の市場価格を下げないように，同建築業者が建築した住宅のイメージを低下させない義務（以下「市場価値維持義務」という）を負っていると考えれば，不作為による権利侵害行為と構成することもできよう。

もっとも，市場価値維持義務違反行為を認めるか否かの判断は，具体的には，本判決と異なることはないと思われる。

2　因果関係判断

本判決は，⑤因果関係の判断も行っている。②権利侵害行為がないと判断した以上，権利侵害行為とならない行為と権利侵害との因果関係を判断する必要はない。

しかし，理屈の上では，2つの要件は別である。また，請求原因のうち2つの要件が満たされないと判断された場合，原告は，控訴することを控える方向に考えやすくなるといえる。そこで，本判決は，⑤因果関係についても消極的判断を行ったものと推測される。

また，Aによる賃借申込みの撤回について，予見し難いものと判断した理

由は，Aによる賃借申込みの撤回により賃料を得られなくなったことを特別損害と捉える法律構成を念頭に置いたものと思われる。

3 型式適合認定等

　本判決では具体的に争われたわけではないが，型式適合認定等の制度，いわゆる大臣認定制度について概説する。

　建築基準法令や告示には，建築物や設備について詳細な基準が定められている。しかし，厳しすぎる規制は建築技術の発展を阻害する。また，特殊な構造方法が用いられた建築物については，高度に技術的な規制が必要となり，法令での規制になじまない。

　そこで，高度な検証を行った建築物や，新しい材料等に対応するため，国土交通大臣が構造方法等を認定する制度が設けられている（建基第3章の2）。

　大臣認定工法を用いることとして建築請負契約を締結する場合，当該工法で施工することが契約内容となり，また，認定されたとおりの施工がされて初めて，その性能を発揮するといえる。

　したがって，大臣認定どおりの施工がなされていなければ，原則として，その建物には瑕疵があることになる。前述した事案の概要における報道発表内容ａｃには，この意味で瑕疵があるといえる。

【竹下　慎一】

50 マンション建設中の死亡事故を理由とする信義則違反に基づく契約解除

東京地裁平成26年4月15日判決（平成25年(ワ)第3227号）
ウエストロー・ジャパン2014WLJPCA04158002，LEX/DBインターネット25519262

争点

マンション建設中の死亡事故を理由とする信義則違反に基づく契約解除・手付金返還は認められるか

判決の内容

■ 事案の概要

被告Yらから新築マンションを購入した原告Xが，同マンションの建築工事中，エレベーター設置業務に従事していた作業員2名が落下し死亡するという事故等が発生したことから，売買契約の解約と手付金の半分の返還を求めたが被告Y_1社が応じなかったと主張し，被告Yらに対し，契約法理又は不当利得返還請求権に基づき，手付金の半額の支払を求めた事案である。

■ 判決要旨

1 手付解除・合意解約の有無

原告Xは，被告Y_1社に対し，本件売買契約について手付金を放棄することによる解約をしたと主張するが，これを認めるに足りる証拠はない。また，原告Xは，原告Xと被告Yらとの間で，本件売買契約を解除する旨の合意が成立したと主張するが，被告Y_1社が原告Xに対して本件手付金を全額放棄することを内容とする契約解除合意証書案を送付し，原告Xがその署名押印に応じなかったことは争いがないところ，この経緯における被告Y_1社

の意思が，原告Xが本件手付金全額を放棄することを条件として本件売買契約の合意解除に応じるというものであることは明らかであり，本件手付金の帰趨を離れて本件売買契約を解除することのみを合意したということはできない。他に合意解除の事実を認めるに足りる証拠もない。

2　信義則違反に基づく手付金返還請求

原告Xは，本件作業員2名死亡事故の重大性等からすれば本件売買契約の解除が認められるべきであり，被告Yらが本件手付金を返還しないのは信義則に反し権利の濫用に当たると主張する。しかるに，本件売買契約が本件マンションの完成前に締結されたことを前提に，本件売買契約第14条等の定めに照らせば，本件物件の引渡しまでの間に，当事者の責めに帰さない事由により本件物件が滅失し，あるいは毀損して修復に多額の費用を要することになった場合は，本件売買契約を解除の上本件手付金を返還すべきこととなるのであるから，本件鉄製足場落下事故，本件作業員2名死亡事故が発生したことにより本件物件が滅失しあるいは大幅に毀損した場合と比肩すべきほどに客観的価値の下落を生じたといえるのであれば，本件売買契約の上記定めを類推し，あるいは信義則に基づき，契約の解除を認めた上で本件手付金の一部又は全部を返還すべき義務が被告Yらに生ずると解すべき余地がある。しかしながら，本件鉄製足場落下事故は，建設中に足場が落下したというものにすぎず人的損害が生じたという主張立証はない。そして，本件作業員2名死亡事故は，本件物件の専有部分自体に属する場所で生じたものでないこと，本件物件の専有部分への出入りに通常利用されるエレベーターシャフト内ではあるものの，エレベーター設置前に，地下1階ピット部分で発生したものであって，本件物件の専有部分の存する階とも遠く異なることを指摘することができる。本件作業員2名死亡事故が，本件マンションの物件を購入する者にとって何らかの心理的嫌忌感を生じさせる可能性を否定することができず，そしてそれは事柄の性質上工事をもって修復できないものであることは確かであるが，これらを考慮してもなお，原告Xは，本件物件に居住し仕事場として利用するという本件売買契約の目的を達成することができ，本件作業員2名死亡事故が生じたことによって本件物件が滅失ないし大幅に毀損したというべきほどに客観的価値の下落を生ぜしめたとは到底いえない。

すると，本件鉄製足場落下事故，本件作業員2名死亡事故の発生によって本件売買契約の解除事由が生じたということはできず，また，被告Yらが本件手付金全部を違約金に充当したからといって，これが信義則に反し権利の濫用に当たるということはできない。以上に基づけば，原告Xの請求は，理由がないから棄却すべきである。

解　説

1　手　付

手付は，授受によって契約の成立したことを確認する目的があるが（証約手付），手付の法的性質については，①手付に一種の解除権の留保としての効力を認めたもの（解約手付），②債務不履行の場合の損害賠償をその手付額によって決するという意味を持つ違約手付の性質がある。この点，民法557条1項は，「買主が売主に手付を交付したときは，当事者の一方が契約の履行に着手するまでは，買主はその手付を放棄し，売主はその倍額を償還して，契約の解除をすることができる」と定め，解約手付が原則であることを示している。本件売買契約においても同様の規定があり，原告Xは，被告Yらが契約の履行に着手するまでは手付を放棄して解約することができる。ただし，原告Xは，本件手付金を全額放棄することが公平でないと解して返還を求めたと主張しており，手付放棄による売買契約解除のみを主張しているわけではない。また，原告Xは，本件手付金の清算については意思の合致がない状態であったとも主張したが，本件事実関係においては合意解約の事実だけが認められることはなかった。

2　信義則違反を理由とする手付返還請求

原告Xは，信義則違反を理由として手付金の返還を請求している。民法1条2項は「権利の行使及び義務の履行は，信義に従い誠実に行われなければならない」と定めており，同条項を根拠に法律行為が無効となる場合がある。

本件においては，本件売買契約の規定に照らして，本件物件の引渡しまでの間に，当事者の責めに帰さない事由により本件物件が滅失し，あるいは

毀損して修復に多額の費用を要することになった場合には本件売買契約を解除の上本件手付金を返還すべきこととなる。本判決は，本件鉄製足場落下事故，本件作業員2名死亡事故が発生したことにより本件物件が滅失しあるいは大幅に毀損した場合と比肩すべきほどに客観的価値の下落を生じたといえるのであれば，本件売買契約の上記定めを類推し，あるいは信義則に基づき，契約の解除を認めた上で本件手付金の一部又は全部を返還すべき義務が被告Yらに生ずると解すべき余地があるとしたが，結論として本件鉄製足場落下事故，本件作業員2名死亡事故によっては本件物件の客観的価値が大幅に毀損されたとはいえないとして信義則違反を認めなかった。

　本判決は結論としては否定したものの，信義則に基づく手付金返還請求が認められる場合があることを具体的に示している点で意義があるといえる。

【南淵　聡】

第3章
区分所有建物関係

51 区分所有法62条2項4号「再建建物の区分所有権の帰属に関する事項」の趣旨

東京地裁平成24年9月25日判決（平成23年(行ウ)第597号）
判例時報2201号42頁

争点

建替え決議において，一部の区分所有者の敷地利用権である借地権の価格が定められなかったことが，区分所有建物における建替え決議の決議事項につき定めた区分所有法62条2項4号（「再建建物の区分所有権の帰属に関する事項」）違反となるか

判決の内容

■ 事案の概要

Xらは，いずれも本件建替え決議当時，A団地内の区分所有建物（以下「本件区分所有建物」という）の区分所有権を有していた者である。A団地は，老朽化が進行し，また，耐震基準を大きく下回っていたことから建替えが検討されていた。A団地は，その敷地利用権が各区分所有者の占有部分の面積に応じた割合で与えられておらず，区分所有者の多数が敷地利用権として所有権を有していたのに対し，区分所有者の一部は区分所有者の多数が敷地利用権として所有権を有する土地について敷地利用権として借地権を有しており，敷地利用権に関して所有権と借地権とが混在する状況であったため，建替えに際しては，借地権を消滅させ所有権に一本化することが検討されていた。そして，借地権を消滅させる方法については，建替え決議に賛成した借地権者は，借地権を土地所有者に譲渡し，土地所有者はその有する土地共有持分の一部を借地権者等に譲渡するという等価交換方式で行い，等価交換の割合は，借地権の価格と所有権の価格の割合によることが想定されていた。

かかる状況の下，A団地の区分所有者らは，本件区分所有建物を含む3棟の区分所有建物の各棟ごとの集会において建替え決議をし，全ての棟の集会において区分所有者及び議決権の各5分の4以上の多数で本件建替え決議をした。その後，本件処分行政庁の所属する行政主体であるYは，A団地マンション建替組合設立認可申請書を収受し，東京都知事は，Y本件処分行政庁から，認可申請書の進達を受け，A団地マンション建替組合設立認可処分をした。

ところが，Xらは，A団地マンションの建替えにおいては，借地権価格が確定してはじめて借地権者らがどれだけの所有権を取得できるかが決まることから，本件処分は，これに先立つA団地の各棟ごとの集会における建替え決議の決議事項につき，区分所有法62条2項4号に規定する「再建建物の区分所有権の帰属に関する事項」として，借地権価格が定められていないという瑕疵があり，建替組合設立認可処分の要件を満たしていないから違法であると主張し，本件処分の取消しを求めた。

なお，本判決に対しては，Xらのうち1人が控訴を提起したが，控訴審判決（東京高判平25・3・14裁判所HP）は，ほぼ本判決を引用した上，控訴を棄却し，本判決が確定している。

■ **判決要旨**

本判決は，区分所有法62条2項4号の「再建建物の区分所有権の帰属に関する事項」という決議事項については，現建物の区分所有者が，どのようにして再建建物の区分所有権を取得することになり，また，清算額が定まることになるのか等についての基準ないしルールが定められていることが必要であり，かつ，それをもって足りると判断し，また，区分所有法には，区分所有建物の建替え決議において，敷地利用権について決議を行うことを定めた規定は存在せず，同法は建替え決議における決議事項として，現建物及び再建建物の敷地利用権の価格や内容について定めることを求めていないとの一般論を述べた上で，当該建替え決議においては，決議に参加する区分所有者は，現建物の区分所有権が再建建物においていかなる扱いを受けるのかについて知悉することができるのであって，決議事項として欠けるところはない

と判断した。

　さらに，本判決は，本件区分所有建物のように，現建物の区分所有者の敷地利用権として土地所有権と借地権とが混在している場合，現建物の敷地利用権としての所有権及び借地権が，再建建物の敷地利用権あるいは区分所有権にどのように反映されるのかが不明確であると，現建物における区分所有者としての権利が，再建建物においてどのような扱いを受けることになるか分からず，同法の趣旨に反する事態が生じかねないと述べた上で，本件においては，建替え決議より前に現建物の敷地利用権としての所有権及び借地権が，それぞれ建替え後の再建建物においていかなる取扱いがされるかについて，区分所有者に対して，具体的な評価額を示した上で，その評価額の割合に応じた等価交換という手法で行うことが示されていたとして，現建物の敷地利用権が所有権である者と借地権である者のそれぞれが，再建建物においてどのような扱いを受けることになるかを了解することが可能であり，適切な議決権の行使ができる状況であったことから，同法の趣旨に反する事態は生じてはいなかったと判示し，Xらの請求を棄却した。

解　説

1　マンションが老朽化するなど，マンションの建替えが必要であるにもかかわらず，建替えについて区分所有者全員の意見を一致させなければ建替えができないとすると，社会的損失が大きい。そこで，区分所有法は，区分所有者及び議決権の各5分の4以上の多数により建替えの決議がされた場合には建替えを行うことができるとしている（区分所有62条1項）。

　また，建替え決議がなされたとしても，建替えを事業として行う主体が任意的な団体としての建替組合の形態では必ずしも組合そのものに法人格が認められず，建替え資金の借入れの際に複雑な手続が必要となるなど，迅速な事業の運営が困難になりかねない。そこで，マンションの建替え等の円滑化に関する法律（以下「円滑化法」という）は，所定の手続を経てマンション建替組合を設立した場合には，マンション建替組合が法人格を取得することができるとしている（円滑化法6条）。そして，マンション建替組合を設立するた

めには，都道府県知事の認可を受ける必要があり（同9条～14条），同法12条1号は，「申請手続が法令に違反するものでないこと」を設立認可処分の要件とする。

2 建替えの決議には，①新たに建築する建物（以下「再建建物」という）の建築についての設計の概要，②建物の取壊し及び再建建物の建築に要する費用の概算額，③その費用の分担に関する事項，④再建建物の区分所有権の帰属に関する事項が定められていなければならず（区分所有62条2項各号），これを定めないで建替え決議を行った場合，当該建替え決議は無効となり，ひいては無効な建替え決議に基づく設立認可申請を行ったものとして，円滑化法12条1号との関係で，設立認可処分が違法となる。

本件では，Xらは，当該建替え決議において，一部の区分所有者の敷地利用権である借地権の価格が定められていないと主張し，同決議には，区分所有法62条2項4号（上記④参照）に違反する瑕疵があると主張して，当該建替組合の設立認可処分の取消しを求めたため，同号が建替え決議の際に敷地利用権の帰属について明示されることを要求しているかどうかが問題となった。

3 この点に関して，立法担当者は，同号の「再建建物の区分所有権の帰属に関する事項」とは，再建建物の各専有部分を誰がいかなる対価をもって取得し，その対価の清算をどのようにするかに関する事項であるとする（濱崎恭生『建物区分所有法の改正』390頁（法曹会，1989））。もっとも，決議の時点では，建替え参加者はいまだ確定していないのであるから，これらの事項が，事後に改めて合意をしなくても，結果として自動的に定まるように，その決定の方法又は基準を定める必要があり，かつ，それで足りるとする。

また，建替えにより専有部分の数が増加することが多いことから，各専有部分に対応する敷地利用権の割合の変更を必要とする場合が多いであろうが，法律的には，敷地利用権の再配分は建替えに必要不可欠なこととはいえないため，多数決処理に親しまず，敷地利用権の帰属については，建替え決議の際に明示されることは要求されていないとする（濱崎・前掲392頁）。

本判決は，上記見解に依拠した上で，区分所有法は，建替え決議における決議事項として，現建物及び再建建物の敷地利用権の価格や内容について定

めることを求めておらず，決議事項として欠けるところはないと判示したものである。

4 本判決は，さらに，当該建物の区分所有者の敷地利用権として土地所有権と借地権とが混在しているという複雑な状況にあることに鑑み，決議事項として敷地利用権の価格や内容について定めないことが，例外的に，同号の趣旨に反するかどうかについて検討している。すなわち，本件では，敷地利用権たる借地権や所有権の価格が示されており，また，等価交換方式を採用することが明示されていたことから，現建物の敷地利用権が所有権である者と借地権である者のそれぞれが，再建建物においてどのような扱いを受けることになるかを了解することができるとして，同号の趣旨に反しないと判示した。かかる判断は，結論として異論はなかろう。もっとも，本判決によれば，例外的に，借地利用権の帰属に関する事項を決議事項とするべき場合があり得るように思料される一方で，いかなる場合に決議事項とするべきであるかについての一般的な基準は示されておらず，この点に関しては，裁判例の集積を待つ必要がある。

5 なお，本件のように，同一の団地内に複数の建物が存立している場合，必ずしも各棟ごとに建替え決議をすることが要求されるわけではなく，当該複数の建物について，一括して建替えの決議をすることができる（区分所有70条1項）。

【稲垣　　司】

264　第3章　区分所有建物関係

52 区分所有建物の建替え決議の無効確認

東京地裁平成25年3月5日判決（平成24年(ワ)第11361号）
ウエストロー・ジャパン2013WLJPCA03058003，LEX/DBインターネット25511847

争　点

1　区分所有建物の建替え決議（区分所有62条1項）に際して，集会招集通知（同条5項）及び集会決議（同条2項）に記載される必要がある事項の内容，程度

2　本件建替え決議及び同決議の手続は，同条2項・5項・6項に違反するか

3　上記集会招集通知及び事前説明会資料において，再建建物の敷地概要と再建建物の計画概要が変更になる場合があると記載され，建替え決議においてもこれらの概要は後に変更可能であることが前提となっていたことが，区分所有法62条2項，5項及び6項に違反するか

4　区分所有法62条2項4号に規定されている再建建物の区分所有権に関する事項，及び，同条3項の再建建物の区分所有権の帰属に関する事項は各区分所有者の衡平を害しないように定めなければならないとの規定の解釈

判決の内容

■ 事案の概要

　被告である本件建物の管理組合法人は，本件建替え決議集会において，区分所有法62条1項に基づき，本件建替え決議をしたところ，本件建物の区分所有者である原告Xが，被告Yとの間で，本件建替え決議が無効であることを確認することを求めた。

■ 判決要旨

1 建替え決議において定める必要のある事項

再建建物の設計の概要を含む，区分所有法62条2項1号から4号までに規定されている事項は，建替え決議において定める必要があり（同項），建替え決議を行う集会の議案の要領として集会の招集通知に記載される必要がある（同条5項）。これらの規定は，同条2項1号から4号までの事項が，区分所有者が建替え決議に対する賛否を決するために必要な事項であると解され，招集通知に記載され，建替え決議で定められる前記各事項は，建替え決議に対する賛否の判断をするに足りる内容であることが必要であるというべきである。区分所有法62条2項1号は，文言上，再建建物の各専有部分の用途，配置，床面積，間取り等を示すことは要求していない。

2 本件招集通知の記載事項の適法性

本件招集通知には，本件再建建物の設計の概要として，敷地概要及び計画概要が記載され，本件再建建物の全体の専有面積や，住宅，事務所及び店舗のおよその戸数又は区画数が示されていた。また，本件建物の区分所有者は，被告Yから，3回の説明会において，各説明会時点における計画による，本件再建建物の各専有部分の用途や配置等に関する案を図面によって示されており，本件建替え決議の直前に開催された事前説明会においては，本件建物の建替え決議の議案の要領として，別紙図面記載の図面を用いて，本件再建建物の各専有部分の用途，配置及び床面積が明らかにされていた。これらの説明会や事前説明会で示された図面では，各階の用途は共通していた。また，本件招集通知と事前説明会資料で示された本件再建建物の建築に要する費用の概算額は同じであり，本件招集通知で通知され，本件建替え決議で定められた本件再建建物の建築に要する費用の概算額は，事前説明会で示された図面に基づいて算定されていた。

本件建物の区分所有者は，本件再建建物の住居は，建替え前の本件建物の住居に近い専有面積や形状等を有するものになると認識することができた。

以上に加え，本件建物の区分所有者が，事業協力者候補から個別に面談を受け，本件再建建物の区分所有権を取得する場合の用途の希望について聴取

を受けていたことも併せれば，本件招集通知に記載された本件再建建物の設計の概要は，区分所有者が建替えに対する賛否を決するに足りないものであったとか，区分所有法62条2項2号から4号までの事項を決定するために必要な内容を欠くとはいえない。本件招集通知が同項1号に規定する本件再建建物の設計の概要を記載していないために同条5項に違反するとは認められない。また，事前説明会が同条6項に違反するとも認められないし，本件招集通知に記載された議案の要領を前提とした本件建替え決議についても，本件再建建物の設計の概要を定めなかったために同条2項に違反するとは認められない。

3　設計概要等の変更の適法性

　本件建物の建替えに参加する者は，本件建替え決議後に最終的に確定するのであるから，本件建替え決議後，本件建物の建替え事業に最終的に参加する者の意向を尊重するため，本件再建建物の設計の概要について変更せざるを得ない事態が十分予想されるし，資金に関する事情や行政による規制等，様々な理由で，建替え決議の時点における本件再建建物の設計の概要を変更すべき事態は生じうるといえる。

　また，被告Ｙは，本件再建建物の設計図について変更があった都度，本件建物の区分所有者に対し，その変更を図面を用いて説明していたのであり，被告Ｙが本件建替え決議後に，恣意的に本件再建建物の設計の概要を変更することは推測されない。

　そうすると，本件招集通知及び事前説明会資料において，本件再建建物の敷地概要と本件再建建物の計画概要が変更になる場合があると記載され，本件建替え決議においてもこれらの概要は後に変更可能であることが前提となっていたとしても，区分所有法62条2項，5項及び6項に違反しているとはいえない。

4　本件建替え決議の適法性

　区分所有法62条2項4号及び3項は，再建建物の区分所有権の帰属に関し，衡平を害しない方法を具体的に明示することまでは要求していない。

　そして，本件招集通知，事前説明会資料及び本件建替え決議において，本件再建建物の区分所有権の帰属事項に関し，住戸等の選定の方法以外は，区

分所有権の帰属に関する事項について具体的に記載されており，住戸等の選定の方法については，建替え事業参加者の希望が重複した場合の区分所有権の帰属の決定方法が具体的に明示されていないものの，建替え事業参加者の希望を尊重することを明示しており，その上で，重複があった場合には衡平を害しない方法をとることを明らかにしている。さらに，本件建替え決議後に本件建物の区分所有者にとって衡平を害する方法で本件再建建物の住戸等の選定が行われるおそれがあると認めるべき具体的事情は認められない。

そうすると，本件再建建物の区分所有権の帰属に関する事項に関し，建替え事業参加者の希望が重複した場合における区分所有権の帰属の決定方法が定められていないとしても，本件招集通知が区分所有法の要求する記載事項を欠くとか，事前説明会において必要な説明を欠くとは認められず，本件建替え決議について，同法62条2項4号に規定する再建建物の区分所有権の帰属に関する事項の定めを欠くとも認められないから，本件建替え決議は，区分所有法62条2項，5項又は6項に違反しているとはいえない。

解説

本件では，事前説明会，建替え決議を行う集会の招集通知，建替え決議において，どの程度具体的な内容を説明・記載することが必要であるかが争点となった。

建替え事業の目論見は，日々変動する建築費用（建築費用が高騰した場合は，建替え後の建物の規模・グレード等を下げざるを得ない場合もあろう）や参加組合員（「参加組合員」とは市街地再開発における用語であり，定款で参加組合員として定められた者を指す。多くの場合は不動産開発会社である）が建替え後に取得する余剰床の価値等の様々な要素によって変動するものであり，建替え決議においても，確定的に定められることには限りがあるといえる。本判決は，招集通知に記載され，建替え決議で定められる前記各事項は，建替え決議に対する賛否の判断をするに足りる内容であることを必要とした上で，将来における変動の可能性があっても，区分所有法62条には反しないなどと判断しているところ，上記の区分所有建物建替えの実情に沿ったものといえる。

【大橋　正典】

〔参考条文〕
- 建物の区分所有等に関する法律（抜粋）

  第62条（建替え決議）
  1　集会においては，区分所有者及び議決権の各5分の4以上の多数で，建物を取り壊し，かつ，当該建物の敷地若しくはその一部の土地又は当該建物の敷地の全部若しくは一部を含む土地に新たに建物を建築する旨の決議（以下「建替え決議」という。）をすることができる。
  2　建替え決議においては，次の事項を定めなければならない。
  　一　新たに建築する建物（以下この項において「再建建物」という。）の設計の概要
  　二　建物の取壊し及び再建建物の建築に要する費用の概算額
  　三　前号に規定する費用の分担に関する事項
  　四　再建建物の区分所有権の帰属に関する事項
  3　前項第3号及び第4号の事項は，各区分所有者の衡平を害しないように定めなければならない。
  　（略）
  5　前項に規定する場合において，第35条第1項の通知をするときは，同条第5項に規定する議案の要領のほか，次の事項をも通知しなければならない。
  　一　建替えを必要とする理由
  　二　建物の建替えをしないとした場合における当該建物の効用の維持又は回復（建物が通常有すべき効用の確保を含む。）をするのに要する費用の額及びその内訳
  　三　建物の修繕に関する計画が定められているときは，当該計画の内容
  　四　建物につき修繕積立金として積み立てられている金額
  6　第4項の集会を招集した者は，当該集会の会日より少なくとも1月前までに，当該招集の際に通知すべき事項について区分所有者に対し説明を行うための説明会を開催しなければならない。
  　（以下略）

53 国土交通省が作成した「マンションの建替えに向けた合意形成に関するマニュアル」によらない建替決議の適法性

東京高裁平成25年5月21日判決（平成25年(行コ)第42号）
ウエストロー・ジャパン2013WLJPCA05219001，LEX/DBインターネット25446033，裁判所ウェブサイト
（原審）東京地裁平成24年12月25日判決（平成24年(行ウ)第421号）
ウエストロー・ジャパン2012WLJPCA12259015，LEX/DBインターネット25445846，裁判所ウェブサイト

争　点

1　マンション建替決議に参加しない旨を回答した又は参加しない旨回答したとみなされた区分所有者Ｘが，当該決議を前提とするマンション建替組合設立認可処分の「無効等の確認を求めるにつき法律上の利益を有する者」に該当するか否か

2　国土交通省が作成した「マンションの建替えに向けた合意形成に関するマニュアル」（以下「本件マニュアル」という。マンションの建替え等の円滑化に関する法律（以下「円滑化法」という）4条2項2号）によらない建替決議の適法性

3　理事会が集会の決議によらずに，集会の前に理事会が議決権行使書の開封をすることができるように事務要領（以下「本件事務要領」という）を変更したことが，区分所有法66条，31条1項に違反するか

4　円滑化法が憲法29条，22条及び25条に違反するか否か

判決の内容

■ 事案の概要

1 団地内建物一括建替決議

A住宅は，23棟の建物で構成される団地である。A住宅管理組合は，平成22年3月28日，区分所有法70条1項に基づき，団地内建物の区分所有者及び議決権の各5分の4以上，かつ各団地内建物ごとに区分所有者及び議決権の各3分の2以上の多数で，A住宅内の全部の建物を一括して取り壊して，新たに建物を建築する旨の決議（以下「本件一括建替決議」という）をした。

2 マンション建替組合設立認可処分

平成22年7月13日，A住宅マンション建替組合（以下「本件建替組合」という）の設立認可申請書が提出され，平成22年12月9日付で，円滑化法9条1項に基づき，本件建替組合の設立認可処分（以下「本件処分」という）がなされた。本件処分は，平成24年4月1日以降，多摩市長が行った処分とみなされる（円滑化法附則（平成23年8月30日法律第105号）1条2号・68条1項）。

3 Xらによる提訴及び控訴

Xらは，本件一括建替決議や本件処分がされた当時，A住宅内の建物の区分所有権者であった。

Xらは，本件処分の適法性を争うべく，本件処分が無効であることの確認を求めて提訴したところ，原審がXらの請求を棄却したため，Xらは控訴した。Xらは，控訴審において，円滑化法が憲法29条，22条及び25条に違反する旨の主張を追加した。

■ 判決要旨

1 原審（争点1ないし3）

(1) 訴えの利益の有無

本件建替組合は，建替えに参加しない旨を回答した区分所有者（以下「反対者」という）に対し，区分所有権を時価で売り渡すべきことを請求することができ，同請求の意思表示が反対者に到達すると，区分所有権が反対者から

同組合に移転すると解される（円滑化法15条1項）。

また，Xらが本件訴えの目的とするところは，本件一括建替決議が無効であることを確認して，原告Xらの法的地位を本件処分以前の状態に戻すことにあると考えられ，当該目的は本件処分の無効確認を求める訴えによって直截的に達成され，本件処分が無効であることを前提とする現在の法律関係に関する訴えによっては，その目的を達成することは困難であると解される。

以上によれば，Xらは本件訴えにつき行政事件訴訟法36条所定の原告適格を有するといえる。

(2) 本件マニュアルによらない本件一括建替決議の適法性

本件マニュアルは，マンションの建替えに向けた合意形成を円滑に進めるための手引書として作成されたものであり，建替決議がされるまでの合意形成の基本プロセスは，3段階の過程を踏むことが記載されているものであって，法令の委任に基づく法的拘束力を有するものでないから，本件マニュアルの記載に違反していたとしても，本件一括建替決議が直ちに区分所有法や円滑化法に違反する違法なものとなるものではない。

(3) 本件事務要領を変更したことの適法性

本件事務要領は，建替決議における議決権行使の事務の取扱方法について定めたものにすぎないと解され，A住宅管理組合の「規約」の一部を成すものであるとは認められないから，本件事務要領を理事会の決定によって，集会の前に理事会が議決権行使書の開封をすることができるように変更し，変更後の本件事務要領に基づき本件一括建替決議がされたことをもって，同決議が違法となるとはいえない。

2　控訴審（争点4）

円滑化法1条の規定，建替えに参加しない者に対しては区分所有権等の買取りの制度が設けられるなどの配慮もされていることから，憲法29条に反するとは解されず，また，憲法22条，25条に反するともいえない。

争点1ないし3に関する判断は，原審の判断をほぼそのまま引用した。

解　説

1　マンション建替組合の設立認可処分を争う方法
(1)　行政事件訴訟法における手続

　マンション建替組合は，都道府県知事（市の区域内にあっては，当該市の長）の認可を受けて設立できる（円滑化法9条1項）。

　マンションの建替えに反対する者が，当該認可処分を争うためには，差止訴訟，取消訴訟，無効確認訴訟の手段が考えられる。行政不服審査法に定める不服申立ては認められない（円滑化法165条1項1号・9条1項）。

　差止訴訟とは，建替組合の設立が認可される前に，その認可をしないよう求める訴訟である（行訴3条7項・37条の4）。差止訴訟を提起しただけでは，建替組合の認可申請手続は止まらない。そこで，仮の差止手続をとるか（行訴37条の5第2項ないし4項），建替組合の設立が認可される前に行う必要がある。

　取消訴訟とは，建替組合の認可の取消しを求める訴訟である（行訴3条2項）。取消訴訟は，原則として，設立の認可処分がされたことを知った日から6箇月以内，かつ，認可処分がされてから1年以内に提訴する必要がある（行訴14条1項・2項）。

　無効確認訴訟とは，建替組合の認可の無効確認を求める訴訟である（行訴3条4項・36条）。取消訴訟のような出訴期間の制限はない（行訴38条は同14条を準用しない）。

　ところで，取消訴訟や無効確認訴訟を提起しても，設立を認可されたマンション建替組合は，建替事業を進めることができる（行訴25条1項参照）。しかし，建替組合が建替事業を進め，例えば売渡請求をしても，建替組合設立の適法性を争う住人らが売渡請求に任意に応じるとは考え難い。そこで，建替組合としては反対者全員に対して売渡請求訴訟等を提起する必要があり，その訴訟において，認可処分の適法性が争点となると考えられる。この結果，設立の認可が取り消された場合，建替組合が行った法律行為は無効とされるであろうこと（行訴31条参照），売渡請求訴訟の結論と取消訴訟・無効確認訴訟の結論との間に齟齬が生じる可能性があること（両者が必ず併合される

とは限らない）等を考えると，多くの場合，取消訴訟の判決が確定するまで，建替事業を進めないこととなろう。

（2） **無効確認訴訟**

ア 無効確認訴訟の訴訟要件

(ｱ) まず，一般的な民事訴訟事件と同様，狭義の訴えの利益（本案判決を求める必要性と，本案判決による紛争処理の実効性（上田徹一郎『民事訴訟法［第2版］』（法学書院，1997）））が必要とされる。なお，この点については，東京地裁平成25年9月5日判決（ウエストロー2013WLJPCA09058007，本書判例〔54〕）を参照されたい。

また，無効確認訴訟については原告適格が定められており，建替組合の設立の認可の無効を求める場合でいえば，建替組合の設立の認可がされていることのほか，①認可により損害を受けるおそれのある者その他当該認可の無効確認を求めるにつき法律上の利益を有する者で，②当該認可を前提とする現在の法律関係に関する訴えによって目的を達することができないもの，という要件が必要となる（行訴36条）。

(ｲ) 一元説と二元説　行政事件訴訟法36条の上述した①と②の読み方について，一元説と二元説の2つの理解がある。

二元説とは，①を2つに分け，①の後半を②と一体として理解する立場である。つまり，原告適格を有する者を，「行政処分により損害を受けるおそれのある者」と，「行政処分の無効確認を求めるにつき法律上の利益を有する者であること，かつ，行政処分を前提とする現在の法律関係に関する訴えによって目的を達することができないもの」の2者であると理解する立場である。立案関係者の理解はこれであったが，条文を読んでこのような理解には至らない。二元説のように理解するには，損害を受けるおそれのある者のあとに「，」が必要であるとの指摘がされている（塩野宏『行政法Ⅱ』196頁（有斐閣，2008））。

一元説とは，原告適格を有する者を，上述した①かつ②の要件を満たす者と考える立場である。ところで，法令解釈にあたり，「その他」と「その他の」とは，通常使い分けられる。「A，Bその他のC」という場合，AとBはCの一部をなすものとしての例示である。CはAとBを含む広い概念で

あり，単に「C」と表記する場合と同じ意味である。他方，「A，Bその他C」という場合，A，B，Cは並列関係にあり，それぞれ似てはいるが別々の事柄を指し，包含関係にない。「A，Bその他C」は「AとBとC」を意味し，「C」はCのみを意味する（林修三『法令用語の常識』16頁以下（日本評論社，1975））。したがって，一元説とは，「行政処分により損害を受けるおそれのある者で，②の要件を満たすもの」と，「行政処分の無効確認を求めるにつき法律上の利益を有する者で，②の要件を満たすもの」の，2者に原告適格を認める立場であるといえる。

　(ｳ)　②の要件　　一元説と二元説の争いにも関わり，②の要件をどのように解するかも争いがある（司法研修所編『行政事件訴訟の一般的問題に関する実務的研究』134頁（法曹会，2000）参照）。

　この点について，最判平成4年9月22日（民集46巻6号1090頁）は，「当該処分に基づいて生ずる法律関係に関し，処分の無効を前提とする当事者訴訟又は民事訴訟によっては，その処分のため被っている不利益を排除することができない場合はもとより，当該処分に起因する紛争を解決するための争訟形態として，当該処分の無効を前提とする当事者訴訟又は民事訴訟との比較において，当該処分の無効確認を求める訴えのほうがより直截的で適切な争訟形態であるとみるべき場合をも意味する」とした。

　当該最判については，文理解釈に素直な一元説に立ちつつ，②の要件を緩やかに解することで，実務上妥当な解釈（二元説と同じような結果が得られる解釈）を導こうとしたものと思われる旨の指摘がある（司法研修所編・前掲135頁）。

　(ｴ)　本件における②の要件の当てはめ
　(ⅰ)　行政処分の無効確認を求めるにつき法律上の利益を有する者であること

　Xらは，A住宅内の建物の区分所有者であり，建替えに参加しない旨を回答した又は参加しない旨回答したとみなされる者であるから，本件建替組合の設立を認可する旨の本件処分がされると，本件建替組合から区分所有権の売渡請求を受けうる立場，すなわち，区分所有権を失いうる立場にある（円滑化法15条1項，区分所有70条4項・63条1項～4項）。よって，Xらは，「無効等

の確認を求めるにつき法律上の利益を有する者」に該当する。

本判決のこのような理由付けと結論に異論はないであろう。

(ⅱ) 行政処分を前提とする現在の法律関係に関する訴えによって目的を達することができないもの

本判決は，「原告らが本件訴えの目的とするところは，違法な建替決議がされたことに基づいてされた設立認可処分が無効であることを確認することにより，原告らの法的地位を本件処分以前の状態に戻すことにあると考えられ，そうすると，原告の目的とするところは，本件処分の無効確認を求める訴えによって直截的に達成される」と述べて，当該要件を満たすと結論付けた。

この言い回しは，前述した最判平4・9・22に沿うものであり，当該要件を緩やかに解する立場に立っているものといえる。

イ　本件一括建替決議の有効性

無効確認訴訟においては，原告が，行政処分における瑕疵が重要な法規違反があること（重要性要件），瑕疵の存在が明白であること（明白性要件）を立証する必要がある。

本判決は，本件マニュアルが法令の一部であるとはいえないし，本件事務要領が議決権行使の事務手続を定めるものにすぎないから，重要な法規違反があるとはいえないとして，上記の重要性要件を満たさないとしたものである。

2　円滑化法の合憲性

(1)　本件で問題となっている憲法適合性

円滑化法によれば，安全性に問題がなく，建て替えることに公共性がない場合であっても（円滑化法2章参照），5分の4以上の絶対多数の賛成があれば建替えを強制的に実施することができる。

反対派にとっては，自らの生活基盤である住居の売却を強いられるという意味で居住移転の自由に対する制約である。また，投資用にマンションを購入した者にとっては，希望しない時期での売却を強いられるという意味で，財産権に対する制約である。

(2)　合憲性判断

ア 規制目的二分論

　経済的自由を規制することの合憲性については，その規制が消極目的規制（主として国民の生命及び健康に対する危険を防止若しくは除去ないし緩和するために課せられる規制）であるか積極目的規制（福祉国家の理念に基づいて，経済の調和の取れた発展を確保し，特に社会的・経済的弱者を保護するためになされる規制）であるかで違憲審査基準を分け，前者については後者に比較して厳格な違憲審査を行うべきとする考え方（規制目的二分論）がある。

　前者の例として，薬局の開設に適正配置を要求する旧薬事法6条2項及び広島県条例の合憲性が争われ，厳格に規制の合理性を判断して違憲と結論付けた最判昭和50年4月30日（民集29巻4号572頁，判時777号8頁）がある。後者の例として，小売商業調整特別措置法3条1項が小売市場の開設許可条件として適正配置を要求していることの合憲性判断について，規制の目的は正当であり，規制の手段・態様が著しく不合理であることが明白であるともいえないとして合憲であると結論付けた最判昭和47年11月22日（刑集26巻9号586頁，判時687号23頁）がある。

イ 森林法事件判決と証券取引法事件判決

　しかし，財産権規制に関する合憲性判断については，規制目的二分論とは異なる違憲審査を行ったと解される判断がある。

　一つは，共有にかかる森林の分割を禁止する森林法186条を違憲と判断した最判昭和62年4月22日（民集41巻3号408頁，判時1227号21頁）（以下「森林法事件判決」という）がある。当該最判は，財産権にはそれ自体に内在する制約のほか，社会全体の利益を図るために加える規制があること，社会全体の利益を図る規制には，社会経済政策上の積極的なものから社会生活における安全保障や秩序維持等の消極的なものに至るまで多岐にわたるため，種々様々でありうるとした上で，森林法186条の立法趣旨は森林の細分化を防止することによって森林経営の安定化を図り，ひいては森林の保続培養と森林の生産力の増進を図り，もって国民経済の発展に資することにあるとし，共有林の分割を禁止することは，必要性若しくは合理性に欠けていることが明らかであるとした。

　もう一つは，上場会社等の株式を一定数以上保有する株主に対して，半年

以内の売買を禁止した証券取引法164条1項の合憲性が争われた最判平成14年2月13日（民集56巻2号331頁，判時1777号36頁）である。当該最判は，森林法事件判決に触れることなく，財産権に対する規制には種々のものがあることを一般論として述べた上で，証券取引市場の公平性，公正性を維持するとともにこれに対する一般投資家の信頼を確保するという証券取引法164条1項の目的の正当性を認め，規制手段が必要性又は合理性に欠けることが明らかであるとはいえないとして，同条項が憲法29条に違反しないとした。森林法事件判決では，規制目的について積極的，消極的という表現が用いられていたが，こちらでは用いられていない。

　ウ　本件控訴審判決の判断

　ところで，本件控訴審判決より前に，最判平成21年4月23日（判時2045号116頁）が，団地の一括建替決議の要件等を定める区分所有法70条が憲法29条に違反しないと判断している。当該最判は，規制の目的，必要性，内容，その規制によって制限される財産権の種類，性質及び制限の程度等を比較考量して判断すれば，区分所有法70条は，憲法29条に違反するものではないと述べ，このことは，上述した証券取引法事件判決の趣旨に徴して明らかと述べた。

　本件控訴審判決が，円滑化法の目的（同法1条参照）と建替えに反対する者に対価が支払われることを指摘し，簡単に合憲と判断したのは，この区分所有法70条を合憲と判断した最高裁判決があったためであろう。

　財産権規制の違憲審査基準については，上述した複数の最高裁判決の理解に関わり争いのあるところだが，老朽化したマンションの増加に伴う建替えの必要性が増している状況，物理的に一棟の建物に複数の所有者が存在し，その調整が必須であること，マンションがいずれは朽廃するものであることからすると，現在の区分所有法と円滑化法の建替決議要件が憲法違反であると判断されることは，今後考えにくいであろう。

【竹下　慎一】

54 区分所有法31条1項違反を理由とする決議無効確認訴訟における確認の利益の有無

東京地裁平成25年9月5日判決(平成25年(ワ)第7037号)
ウエストロー・ジャパン2013WLJPCA09058007,LEX/DBインターネット25515250

争点

1 被告である管理組合法人の前身である旧管理組合が行った管理規約改正決議の無効確認請求における確認の利益の有無
2 管理規約改正決議において議決権の4分の3以上の賛成の有無
3 総会決議無効確認請求の権利濫用の判断

判決の内容

■ 事案の概要

1 争いとなった総会決議

Xは、本件マンションのうち、3つの事務所部分、店舗部分及び地下駐車場部分の区分所有者である。Yは、本件マンションの管理組合法人(前身は本件マンションの管理組合)であり、昭和61年12月4日に設立された。

昭和61年11月8日の第3回通常総会において議決された第4号議案は、本件マンション管理規約44条1項として「組合員は、その所有する住戸部分、事務所部分、店舗部分及び駐車場部分各1戸につき各1個の議決権を有する」との規定を含む改正規約案(以下「本件改正規約案」という)への変更を決議するものであった。

Xは、第3回通常総会に先立ち、昭和61年11月7日、第4号議案に関して、本件改正規約案のうち44条1項につき、議決権は、その有する専有部分の床面積の割合に改正願いたいとの要望書を提出した。

しかし，第3回通常総会において，Xの有する事務所部分，店舗部分及び地下駐車場部分につき議決権を各1個として取り扱った上で，Xの上記要望は否決された。その上で，本件改正規約案への変更決議については，各区分所有者の議決権について，住戸部分等1戸につき1議決権として取り扱った上で，可決承認された（以下，同可決承認決議を「本件決議」という）。

2　別の訴訟事件における本件決議が無効である旨の判断

ところで，本件マンションの管理費等の支払をめぐってＸＹ間で争われた別件訴訟（以下「先行事件」という）における確定判決の判決理由中において，本件決議は無効と判断された。

3　本件決議後現在までの事情

本件決議以後，旧管理組合又はYにおいて，本件改正規約案への変更決議をやり直したことはなく，Yは，本件決議以後現在に至るまで，本件改正規約案44条1項の規定のとおり，各区分所有者が所有する住戸部分等各1戸につき各1個の議決権を有するものとの取扱いを続けている。

ところが，平成25年になり，XがYを被告として本件決議が区分所有法31条1項の要件を欠くとして，本件決議の無効確認請求訴訟を提起した。

■　判決要旨

1　確認の利益の有無

確認の利益は，判決をもって法律関係の存否を確定することが，その法律関係に関する法律上の紛争を解決し，当事者の法律上の地位の不安，危険を除去するために必要かつ適切である場合に認められる。そして，法人の総会決議のような過去の法律関係であっても，その決議の効力に関する疑義が前提となって，その決議から派生した各種の法律関係につき現在紛争が存在するときに，決議自体の効力を既判力をもって確定することが，紛争の直接かつ抜本的な解決のため最も適切かつ必要であると認められる場合においては，決議の効力の確認を求める訴えも，確認の利益があるものと認めて，これが許容される（最判昭47・11・9民集26巻9号1513頁参照）。

本件では，先行事件において，本件決議が無効との判断が理由中でされ，これが確定したにもかかわらず，Yは，決議をやり直すこともなく，住戸部

分等各1戸につき各1個の議決権を有するとの取扱いを続け，現在もＸＹ間では，Ｘの議決権割合について紛争が存在する。

本件においては，Ｘの議決権割合を確定する前提として，議決権の定め方自体が争われているのであり，現在の紛争を直接かつ抜本的に解決するためには，Ｘの議決権割合を個別的に判断し確定するなどよりも，議決権の定め方を決定した本件決議の効力の有無を既判力をもって確定することが，最も適切かつ必要であるといえる。

また，区分所有法31条1項前段が規約の設定・変更等につき集会の決議を要求していることからすると，規約の設定を行うためには法の定める手続要件に従い，集会決議をもって行うほかないものといえるから，本件決議以降27年間にわたって本件決議に従った取扱いが行われてきたとしても，そのことをもって黙示の規約変更を認めることはできない。

よって，確認の利益は認められる。

2　議決権の4分の3以上の賛成の有無

旧管理組合には，第3回総会当時，議決権について定めた管理規約は存在しなかったから，同総会における各区分所有者の議決権は，各区分所有者が有する専有部分の床面積の割合によることになる（区分所有38条・14条1項）。

これによれば，本件総会当時のＸの議決権は，1万分の2412であり，本件総会に欠席した区分所有者11名分の議決権割合は少なくとも1万分の1265を下らない。そうだとすると，第3回総会決議において賛成していない議決権割合は少なくとも1万分の3677を下らない。

よって，本件決議は，区分所有法31条1項に反し，無効である。

3　権利濫用の有無

管理費の負担と議決権について，公平，平等に取り扱わない合理的な理由がないとはいい難く，Ｘと分譲業者との取決めによって管理費について居宅部分と異なる取扱いとされたことに合理性がないともいい難いから，権利濫用とするＹの主張は採用できない。

解　説

1　訴えの利益

　確認請求訴訟とは，給付請求のように，何らかの執行を行うためではなく，法律関係を確定させ，その既判力によって権利侵害の発生を防止する目的で提起される訴訟である。しかし，確認の対象は無限定に広がりうるから，確認請求訴訟には確認の利益を要求し，提訴できる場合が限定されている。

　確認の利益は，確認対象選択の適否，即時確定の利益，確認訴訟によることの適否の3つの観点から論じられているところ（上田徹一郎『民事訴訟法〔第2版〕』213頁（法学書院，1997），裁判所書記官研修所監修『民事訴訟法講義案』55頁（司法協会，1999）），本件は，確認対象選択の適否に関する争いである。

　この点について，本判決が指摘する最判昭和47年11月9日（民集26巻9号1513頁）は，「権利または法律関係の基本となる法律関係を確定することが，紛争の直接かつ抜本的な解決のため最も適切かつ必要と認められる場合においては，右の基本的な法律関係の存否の確認を求める訴も，それが現在の法律関係であるか過去のそれであるかを問わず，確認の利益がある」と述べて，決議無効確認請求訴訟における確認の利益を肯定した。

　本判決が指摘する事実に鑑みれば，本件において確認の利益が認められることは適切である。

　なお，前掲最判昭47・11・9を指摘して，確認の利益を認めた類似事案として神戸地判平成13年1月31日（判時1757号123頁）がある。

2　議決権の4分の3以上の賛成の有無の確認

　総会議事録は，管理者が保管しなければならないとされ（区分所有42条5項・33条1項），保管義務違反には20万円以下の過料の制裁がある（区分所有71条1号）。総会議事録の保管期間について定める規定はない。したがって，区分所有法に従った運用がされていれば，現在の管理者が全ての総会議事録を保管していることになる。ちなみに，標準管理規約では，管理組合の理事長を管理者としているから（標準管理規約（単棟型）38条2項），多くのマンションでは理事長が保管していると思われる。

しかし，実際には，古い総会議事録が残っていない場合は多い。本件においては，27年前の第3回総会が開かれたときからＸＹ間で紛争があり，Ｘが同総会議事録を保管していたため，本判決のような認定ができたものと思われる。

ところで，株主会社であれば，株主総会議事録等の保管期間は10年である（会社318条2項・371条1項・394条1項・413条1項）。株主の権利は時効消滅するが，マンションの場合，新築時からずっと住み続ける住人もいるから，同じような期間制限を管理規約に設けることが適切とはいえない。公正証書の保管期間は20年であるから，総会議事録を公正証書にしても対応できない。保管場所を管理人室などに定め，年度ごとに綴じて保管することが現実的であろう。

3 権利濫用の判断について
(1) 管理費負担割合と議決権の数との不均衡について
ア　標準管理規約における取扱い

標準管理規約（単棟型）25条2項は，管理費の額は共用部分の持分割合に応じて算出するとしている。この点，全ての専有部分が住居用のマンションであっても，例えばエレベーターなどの共用部分の実際の使用割合は異なるが，標準管理規約（単棟型）25条2項は，共用部分の使用頻度を算定することが実際上困難であること等から，共用部分の持分割合に比例させている。

本件マンションは，Ｘが3つの事務所部分，店舗部分及び地下駐車場部分を保有している，複合用途型のマンションである。標準管理規約（複合用途型）25条・26条は，管理費を全体にかかるものと一部にかかるものとに分け，専有部分の用途ごとに持分割合で按分して管理費を算出している。

このように，管理費の負担割合と議決権の数は，絶対に同じように定めるべきとはいえない。

イ　管理費負担割合と議決権割合との間に不均衡が生じる背景

ある土地を有している者Ａが，分譲業者にマンションを建築させ，当該土地とマンションの専有部分とを等価交換する形のマンション開発がある。土地の価値が高い場合，Ａはマンションの専有部分たる住戸を多数持ち，これに比例して区分所有権も多く持つこととなる。また，分譲業者がＡに対して

マンション建築を勧める場合，マンション取得後におけるAの管理費負担が低くなることを交渉材料として，マンション建築を勧めることも考えられる。

本判決に現れた事実からは不明だが，Xの有する専有部分が3つの事務所部分，店舗部分及び地下駐車場部分と複数あることからすると，Xは本件マンション敷地の前所有者であった可能性が高いと思われる。

本判決が，権利濫用の判断において，Xと分譲業者との取決めについて述べる部分は，このような背景事情に基づくものと思われる。

(2) **権利濫用について**

総会決議の無効主張については，期間制限の定めがないから，約27年という長期間を経過したというだけで，権利濫用になるとはいい難い。また，Xが27年間の間に開かれた総会において，Yによる議決権数の取扱いに異議を唱えていなかったとしても，総会決議事項について反対しない限り，Yとしては争う必要がないのであるから，この点も権利濫用を基礎付ける事実とはいえない。

【竹下　慎一】

55 マンション管理組合による内装工事中止要求の不法行為該当性

東京地裁平成25年12月4日判決（平成24年(ワ)第3267号）
LEX/DB インターネット25517070

争点

1 マンション管理組合が，区分所有者に対して内装工事の中止を要求したことが，不法行為に該当するか
2 区分所有法6条所定の「共同の利益に反する行為」の意義
3 正規の手続を経ていない理事会決議の追認の可否

判決の内容

■ 事案の概要

　原告Xは，平成23年1月28日に担保不動産競売によりマンション（以下「本件マンション」という）の一室（以下「本件建物」という）を購入し，引渡命令を経て同年10月15日に引渡しを受け，同年12月12日に工事業者に依頼して本件建物の内装工事（以下「本件工事」という）に着手したが，同月15日に本件建物の隣接住戸の住人A（同人の妻は，妊娠中であった）から騒音や振動を理由に工事を中止するよう要請され，いったん本件工事を中断した。

　Aは，同月14日，同月15日及び同月16日に，本件マンションの管理組合（被告Y_1）の理事長に対して，本件工事の騒音・振動について抗議をした。

　これを受け，管理組合（被告Y_1）の理事長は，各理事と電子メールなどで連絡を取り合い，同月17日までに，理事会として，本件工事の中止を求める決議を賛成多数により行った（以下「本件決議」という）。

　本件マンションの管理業務を行っている被告Y_2は，原告Xに対して，同月17日，理事会決議として本件工事をいったん中止するよう申し入れる電子

メールを送信した。また，管理組合（被告Y1）は，原告Xに対して，本件工事の中止を求める決議をしたなどとする同月17日付「工事に関するお願い」と題する書面を交付した（以下，まとめて「本件工事中止申入れ」という）。

　管理組合（被告Y1）の理事会は，平成24年1月15日，本件工事の中止を求めるとした本件決議について，これを追認する旨の決議をした。

　原告Xは，東京地方裁判所に，平成24年1月31日付で，被告Yらを債務者として工事妨害禁止の仮処分の申立てを行い，同年3月1日，同仮処分申立事件において，本件工事の方法等について定めた和解が成立した。

　その後，原告Xは，被告Yらに対して，本件工事中止申入れ等が原告Xの区分所有権に基づく本件工事を行う権利を侵害するもので違法である，具体的には，本件工事中止申入れの前提となる理事会による本件工事の中止を求める決議は不存在である，仮にこれが存在するとしても，本件工事が区分所有者の共同の利益に反したり，本件管理規約や本件細則に反したりするものではない等違法な決議であるというべきであり，被告Yらによる本件工事中止申入れ等は共同不法行為を構成するとして，本件工事を実施できなかった平成24年3月1日までの期間分の賃料相当損害金等の損害賠償を求めて訴訟を提起した。

　これに対して，被告Yらは，本件工事中止申入れ等は，原告Xに対して本件工事の一時延期を申し入れたにすぎず，原告Xの権利を侵害していない，本件建物の隣接住戸の住民の生命・身体の安全の保全というマンション住民の公益を図る目的で被告Y1（管理組合）の決議に基づきやむを得ず行ったものである，本件工事中止申入れ等の前提となっている理事会決議は本件建物の隣接住戸の住人である妊婦の生命・身体の安全を図る必要があるとの緊急事態において理事会構成員の意思を確認して行われたものであり，事後的にも改めて管理規約に定められた手続を行っているから理事会の決議に瑕疵はない等として争った。

■ 判決要旨

　区分所有法は，区分所有者は，建物の管理又は使用に関し区分所有者の共同の利益に反する行為をしてはならないとし（区分所有6条），義務違反行為

について，管理組合法人等が行いうる措置について定めており，ここにいう共同の利益には財産的観点のみならず生活上の共同の利益に反するような行為を含み，共同の利益に反する行為には騒音や振動の発生等も含まれる。そして，区分所有者により構成される管理組合は，区分所有法や管理組合の規約等に定められた行為のみを行うものではなく，共同の利益の観点から区分所有者間の調整を行うことも許されると解される。

　被告Y₁（管理組合）は，本件管理規約等に定められている招集手続を経ることなく本件決議を行っており（もっとも，その後，本件決議につき，正規の手続を経て理事会において追認されており，本件決議の手続上の瑕疵は治癒されている），また，区分所有法57条が，同法6条1項に定める義務違反行為があった場合又はそのおそれがある場合には，他の区分所有者の全員又は管理組合法人が，当該行為を停止し又はその行為を防止するために必要な措置を執ることを請求することができるとしているが，認定事実によれば，本件工事につき直ちに義務違反行為があったとまではいえず，隣接住戸に対する騒音・振動は，義務違反行為をするおそれがあるにとどまるところ，理事会による本件決議に基づき，本件工事中止申入れ等を行ったことを当然に適法と認めることはできない。しかし，本件工事着手に至るまでの経緯や本件工事中止申入れ等に至る経緯，とりわけ，本件工事によって発生しうる騒音・振動が隣接住戸の住民（妊婦）に悪影響を与える可能性が十分にあり，母体及び胎児の生命・身体に対する回復困難な損害が発生する可能性があったこと等に鑑みると，被告Yらにおいて，共同の利益に反するおそれが生じている本件工事をいったん中止させるためにやむを得ず行ったというべき本件工事中止申入れ等に不法行為を構成するほどの違法があるということはできないというべきであるとして，原告Xの請求を棄却した。

解説

1　区分所有者の内装工事中止要求の根拠

　本件は，区分所有建物の購入者である原告Xが本件工事を開始したところ，隣接住戸の住民が，騒音・振動を理由に，本件工事を中止させるよう抗

議してきたことを受け，被告Y₁（管理組合）が，正規の手続を経ることなく本件工事中止申入れ等につき理事会の決議（本件決議）を行い，かかる決議に基づいて，被告Y₁（管理組合）及び被告Y₂（管理会社）が原告Xに対して本件工事の中止申入れを行ったことについて，不法行為に該当するか否かが争われ，裁判所が，不法行為の成立を否定し，原告Xの請求を棄却した事案である。

本件マンションの管理規約及びリフォーム工事細則では，工事実施居住者は，管理組合の共同の利益に反する工事を実施してはならないとされ，管理組合は，違反者に対して，理事会の決議に基づき，施工主に対して警告を行い又は工事を中止させ若しくは原状回復を求めることができるとされていた。

また，区分所有法57条1項は，同法6条1項に定める義務の違反行為（共同の利益に反する行為）があった場合又はその行為をするおそれがある場合には，他の区分所有者の全員又は管理組合法人が，当該行為を停止し又はその行為を防止するために必要な措置を執ることを請求することができると規定している。

2 本件判決の判断

本件判決が，管理規約及びリフォーム工事細則の規定に沿って判断をしたのか，あるいは区分所有法57条1項の規定に沿って判断をしたのか，必ずしも明確ではないが，本件判決は，区分所有法6条1項の「共同の利益に反する行為」（以下「義務違反行為」という）につき，通説的な考え方，すなわち，他人の財産や健康にとって有害，迷惑で，不快となるような生活妨害（ニューサンス。騒音，臭気，振動等）をも含むことを前提に，本件工事を実施する原告Xにつき，騒音・振動の点で直ちに義務違反行為があったとまではいえず，そのおそれがあるにとどまり，また，本件決議が管理規約に定める招集手続を経ていないことをも踏まえ，理事会による本件決議に基づいた本件工事中止申入れを当然に適法と認めることはできないとしつつ，本件工事着手に至るまでの経緯や本件工事により隣接住戸に居住する妊婦（母体及び胎児）に悪影響を与える可能性が十分にあったこと等の諸般の事情を考慮して，被告Yらの一連の行為に不法行為を構成するほどの違法があるとはいえないと

した。

3 招集手続の瑕疵の追認決議による治癒

本件判決は，傍論で，管理規約に規定された正規の招集手続を経ていない本件の理事会決議につき，かかる手続上の瑕疵が，後日正式な手続を経て開催された理事会の追認決議により治癒された旨を判示しており，この点も注目される。

4 近時の参考裁判例

区分所有法6条の「共同の利益に反する行為」について判示した近時の参考裁判例として，マンション内で飲食店を営む被告らによる深夜までの営業行為が，マンションの立地やマンション内の他の飲食店の営業時間，マンションの近隣の飲食店の営業時間等に照らし，区分所有者の共同の利益に反するとして，午後11時以降の営業禁止を求める限度で差止請求を認容し，また，弁護士費用相当額の損害賠償請求を認容した事例（東京地判平21・12・28ウエストロー2009WLJPCA12288001）がある。

【楠　　慶】

56 マンション管理費に関する決議の有効性と管理費等の消滅時効

東京地裁平成26年2月13日判決（平成25年(ワ)第721号）
ウエストロー・ジャパン2014WLJPCA02138009，LEX/DBインターネット25517936

争点

1 管理費及び修繕積立金の金額を定める集会の有効性
2 管理費等の消滅時効成立の有無

判決の内容

事案の概要

被告Yは，本件マンションの区分所有建物の前所有者が5年分の管理費，修繕積立金合計102万円を滞納したために担保不動産競売開始決定がなされたことに伴い，本件区分所有建物を競落して本件マンションの区分所有者になり，競落以降の管理費及び修繕積立金を支払ってきたが，前所有者が滞納した5年分の管理費，修繕積立金合計102万円を支払わなかったために，本件マンションの管理組合である原告Xが被告Yに対して，被告Yは前所有者の特定承継人であるとして，前所有者が滞納した管理費及び修繕積立金の合計102万円の支払を求めたが，被告Yがマンション管理費等の決議に関する瑕疵等の存在と，管理費等の消滅時効を主張して争った事案である。

判決要旨

1 原告代表者の資格について

被告Yは，原告代表者を選任した総会決議の無効を主張しているが，原告代表者を選任した総会は区分所有者10名中9名が出席していたものであるか

ら，事前に各区分所有者に対する招集手続がなされていたものと推認でき，その他，その決議の有効性に疑義を差し挟むべき事情は証拠上認められないから，総会決議は有効になされたものと認められる。

2 管理組合である原告の成立について

被告Ｙは本件マンションには管理組合は存在しなかったと主張しているが，建物の区分所有等に関する法律（以下「区分所有法」という）3条前段の趣旨は，複数の区分所有者が存することとなって区分所有関係が成立することにより，区分所有者全員を構成員として，当然に，設立の手続なくして区分所有者団体が成立する旨を定めたものと解されるから，複数の区分所有者が存在する本件マンションの区分所有者団体は有効に成立し，本件マンションの区分所有者が集会を開催して管理規約が有効に制定されたから，本件マンションの区分所有者団体は有効な管理規約を持つ管理組合として成立していたものというべきである。

3 管理費等に関する議決をした集会の存在について

被告Ｙは，管理費等の金額を議決した臨時集会の存在を否定するが，区分所有法36条により，集会は区分所有者全員の同意があるときは招集の手続を経ないで開くことができるものとされているところ，本件マンションの区分所有者全員が出席して開催された臨時集会において，管理費・修繕積立金の金額を購入時の金額に設定する旨の議決をしたものと認められることから，集会は有効に成立したものであるというべきである。

以上によれば，本件マンションの区分所有者団体から管理者兼管理会社として委託を受けた管理会社は，被告Ｙの前所有者に対し，平成15年11月分から平成20年10月分までの管理費等合計102万円の債権を有すると認められるところ，同債権は，管理者がその職務を行うにつき区分所有者に対して有する債権（区分所有7条1項後段・8条）であると認められるから，管理会社から管理者の業務を承継したものと認められる原告Ｘは，被告Ｙに対し，平成15年11月分から平成20年10月分までの管理費等合計102万円の債権を行使することができる。

4 管理費等の消滅時効

管理費等の債権は「年又はこれより短い時期によって定めた金銭その他の

物の給付を目的とする債権」(民169条)に該当し、5年間の短期消滅時効にかかるものというべきであること(最判平16・4・23民集58巻4号959頁参照)、各月の管理費等の債権はその前月末に支払期が到来するものであり、被告Yが上記消滅時効を援用するとの意思表示をしたことから、原告Xの請求は、消滅時効が完成していない管理費等合計23万8000円の支払を求める限度において理由があるとして、原告Xの請求を一部認容した。

解　説

1　マンション管理組合・管理会社

(1)　管理組合の成立

区分所有法3条前段は、「区分所有者は、全員で、建物並びにその敷地及び附属施設の管理を行うための団体を構成し、この法律の定めるところにより、集会を開き、規約を定め、及び管理者を置くことができる」と定め、複数の区分所有者が存すれば当然に管理組合が成立することにした。これは、従来、管理組合の設立について、区分所有者の設立行為を要するのか、それとも、設立行為がなくても法律上当然に成立するのかについて問題があったことから、明文で明らかにしたものである(水本浩＝遠藤浩＝丸山英気編『基本法コンメンタール　マンション法〔第3版〕』13頁(日本評論社, 2006))。

(2)　集　会

管理組合における規約の設定・変更、管理者の選任・解任、共有部分・敷地の管理など建物等の管理に関する重要な事項は、全て原則として集会の決議によって定めることとされる(区分所有31条1項・25条1項・17条1項・18条1項)。集会の招集は管理者が行い(区分所有34条1項)、管理者は少なくとも毎年1回集会を招集しなければならない(同条2項)。招集手続は、原則として、会日より少なくとも1週間前に会議の目的たる事項を示して、各区分所有者に発しなければならないが(区分所有35条1項、ただし同条2項～5項)、区分所有者全員の同意があるときは、招集の手続を経ないで開くことができる(区分所有36条)。

(3)　管理規約の制定

管理組合は，集会の決議によって，規約の設定，変更，廃止を行うことができるが，そのためには区分所有者及び議決権の各4分の3以上の多数による決議を要する（区分所有31条1項）。管理組合は，管理規約によって，建物又は敷地若しくは附属施設の管理又は使用に関する区分所有者相互間の事項について区分所有法に反しない限りで定めることができる（区分所有30条1項）。

2 管理費等の特定承継

管理者がその職務又は業務を行うにつき区分所有者に対して有する債権については，債務者たる区分所有者の特定承継人に対しても行うことができる（区分所有8条・7条1項後段）。その趣旨は，適正な維持管理に要する管理経費債権の一層の保護を図ることにある。そのため，区分所有権の譲渡などによる特定承継（売買・贈与・競売による取得）があったときは，特定承継人は，その承継前に生じた前記債権についても債務を承継する。債務の存在を譲渡人が説明したかどうか，特定承継人がその事実を知っていたかどうかは問わない。譲渡人たる区分所有者の債務は消滅するものではなく，特定承継人は譲渡人の債務と同一債務を重畳的に引き受けたものとされ，両者は不真正連帯債務の関係となる（水本ほか編・前掲27頁）。

3 管理費等の消滅時効

管理費等の消滅時効について，民法169条は「年又はこれより短い時期によって定めた金銭その他の物の給付を目的とする債権は，5年間行使しないときは，消滅する」と定め，マンション管理組合が組合員である区分所有者に対して有する管理費及び特別修繕費に係る債権が，管理規約の規定に基づいて区分所有者に対して発生するものであり，その具体的な額は総会の決議によって確定し，月ごとに支払われるものであるときは，当該債権は民法169条所定の債権に当たるとされる（前掲最判平16・4・23）。そのため，管理費等については，5年で消滅時効にかかる。

なお，民法改正案においては，従来の169条は廃止され，債権等の消滅時効については，債権者が権利を行使することができることを知った時から5年，権利を行使することができる時から10年で時効によって消滅するとされる。

【南淵　聡】

57 区分所有者の管理組合に対する大規模排水管更新工事差止請求

東京地裁平成26年7月10日判決（平成26年(ワ)第3903号）
ウエストロー・ジャパン2014WLJPCA07108003, LEX/DBインターネット25520423

争点

1　大規模修繕工事と「形状又は効用の著しい変更を伴わないもの」（区分所有17条1項括弧書）の判断

2　生活妨害，組合活動妨害，工事会社選定判断の不当性等が工事差止事由となるか

判決の内容

■ 事案の概要

Xはマンションである本件建物の区分所有者，Yは本件建物の管理組合である。本件建物は昭和45年9月18日に建築されたものであるところ，平成25年9月，Yは本件建物の排水管の更新工事（以下「本件工事」という）を行うこととし，a社（見積額6110万円），b社（見積額5985万円），c社（見積額6615万円）から，工事費用の見積りをとり，b社との間で本件工事請負契約を締結することとした。なお，a社は上記見積額から値引きをした4950万円で工事が可能ということだった。Yは平成25年度定期総会にて普通決議による承認を得た上で，本件工事に着手した。本件工事の期間は平成26年3月24日から同年6月27日までを予定しており，X居住部分に関する工事は既に終了していた。

Xは，Yが実施しようとしている本件工事について，建物の区分所有等に関する法律（以下「区分所有法」）17条の特別決議を経ていないこと等の違法な

ものであるから不法行為に基づく本件工事の差止め，本件工事を実施する際に生活の平穏が乱されていること等Xの人格権に基づく差止め，本件工事に係る工事代金が不当に高額であり，Xの財産権が侵害されているとして所有権に基づく妨害予防請求権としての本件工事差止め及び工事代金支払の差止めを求めた。

■ **判決要旨**

まず，本件工事は老朽化した排水管の更新を主たる目的とし，「その形状又は効用の著しい変更を伴わないもの」（区分所有17条1項括弧書）であり，普通決議の要件が充足されていることから，本件工事の決議に関してXの主張する違法性は認められない。

次に，既にX居住部分の工事が終了している現段階において，Yとしては残部の工事をすれば足りるのであるから，本件工事継続のためにYがXの生活の平穏を害する行為をするおそれがあると直ちに認めることはできない。

加えて，Yは直近において組合員の意見を踏まえながら運営を行っていること等からすると，本件工事を継続するためにYがXらの権利侵害となる行為をするおそれがあると認めることはできない。

さらに，数社から工事代金の見積額の提示を受けた場合にYが当然に一番低い見積額を提示した業者と本件工事の請負契約を締結しなければならないわけではなく，YがB社と本件工事の契約を締結したことのみをもって財産権の侵害があると認めることはできない，と判示し，Xの請求を棄却した。

解　説

1　総　論

(1)　差止請求

差止請求とは，権利や法律上保護される利益の侵害が発生し，あるいは発生するおそれがある場合に，その侵害行為の禁止・停止・排除・予防を請求することである（裁判所法3条1項）。一般的に，権利侵害は損害賠償請求による原状回復が原則となるが，特に重要な権利が強度に侵害され，あるいは，

そのおそれがある場合には，法律上又は実務上，権利救済として差止請求が機能する（宮本圭子編著『差止請求モデル文例集』3頁（新日本法規出版，2013））。以下，明文に規定のない各差止事由についてどのような判断がなされたかを具体的に検討する。

(2) **マンションの区分所有者と管理組合**

本件Xのような建物区分所有者は，専有部分の区分所有権と共有部分に対する共有持分権を有する。区分所有権とは，一棟の建物の一部を他の部分と独立させ，所有権の目的とする権利である（区分所有2条1項）。共有持分権とは，専有部分以外に共同で使用・利用される，廊下や階段等共有部分について，区分所有者が有する権利である（区分所有11条1項）。他方で，建物・敷地及び附属施設の管理を行うために，区分所有者はYのような管理組合を構成する（区分所有3条）。区分所有者は，円滑に区分所有建物の維持管理を行うため当然に団体的拘束を受けるものと考えられているが，本来区分所有権とは，所有権に基づく単一かつ独立の絶対的な権利である（伊藤栄寿『所有法と団体法の交錯—区分所有者に対する団体的拘束の根拠と限界』27頁（成文堂，2011））。本判決では，かかる区分所有者の権利に対して，いかなる限度で管理組合による制限が許されるか，という点も問題となる。

2 区分所有法違反と差止事由

(1) **共有部分の軽微変更**

区分所有法17条1項は，共有物の変更が共有者全員の合意を必要とする民法251条を基礎とし，原則として共用部分の変更には区分所有者及び議決権の4分の3以上の決議（特別決議）を要するものとしている。もっとも，共有部分は外壁や屋上防水等の修繕が適宜必要となることに鑑み，「形状又は効用の著しい変更を伴わないもの」（区分所有17条1項括弧書）に当たる軽微変更の場合には過半数による普通決議で足りるものとし，共有物の維持管理を円滑に図ることを可能としている。

(2) **本争点における意義**

本判決は，本件工事は老朽化した排水管の更新を主たる目的とするものであり，2管式排水システムから単管式排水システムへの変更についても，外観に著しい変更を加えるものではなく，また，排水システムの変更も将来の

室内での洗濯機設置を念頭に置いたものにすぎないものであり，本件工事自体が本件建物の効用に著しい変更を伴うものと認めることはできないなどとして，本件工事は，「その形状又は効用に著しい変更を伴わないもの」であると判断した。

本判決は，本件工事の内容が大規模修繕工事という建物の管理に必要不可欠なものであることを重視し，費用の多寡を問題とすることなく，区分所有法17条1項括弧書の軽微変更に当たるとしたものと考えられる。すなわち，区分所有法17条1項の文言解釈において，区分所有者の権利を制限する事情の目的が，区分所有建物の維持管理に必要不可欠といえる場合には，その制限の程度はあまり問題とならず制限は許容され得る，という比例原則が基礎とされている。2002年改正区分所有法では，上記軽微変更から費用面の要件を撤廃し，大規模修繕工事等を法律上軽微変更に含ませることを趣旨としていることに照らせば，本件判決は立法趣旨を踏まえた判断といえる。

なお，本判決は，事実認定において総会決議の手続的瑕疵を認めなかった。総会決議等の手続的瑕疵と差止めが判断された裁判例として，株主総会の特別決議を経ることなく株式の有利発行（会社199条3項）が行われ募集株式発行の差止め（会社210条）が争われたものがあるが（東京地決平元・7・25判時1317号28頁，大阪地決平2・6・22判時1364号100頁等），本件のような区分所有法上の総会決議手続の瑕疵と差止事由該当性については明文規定がないため，今後の裁判例の蓄積が待たれる。

3 生活の平穏侵害と差止事由

(1) 生活妨害

区分所有関係で生活妨害行為の停止が争われるのは，ペットの飼育，マンションの共用部分の使用妨害，暴力団による使用，ごみの排出，迷惑駐車等のケースである。区分所有法においても，違反行為を行う区分所有者に対する他の区分所有者又は管理組合法人による当該行為の差止請求権を法定している（区分所有57条）。もっとも，本件は，特定の区分所有者が管理組合法人に対し工事の差止めを求める事案であるから同法は適用されず，Xの主張する生活の平穏侵害が明文規定なき差止事由足り得るかが争点となった。

(2) 本争点における意義

Xは，管理組合法人理事（以下「A」という）が本件建物の居住者に宛てて，Xが本件工事を妨害している旨の書面を投函したこと，Aが本件工事に関してX宅を訪問したこと，Xが居住部分の工事を黙認せざるを得ない状況を作り出したこと等を理由に，Xの生活の平穏が害されたと主張したが，本判決はXの権利侵害のおそれを否定した。

　本争点では，本件工事の進捗具合が考慮され，既にXに専有部分の工事が終了している点をとらえた上で，口頭弁論終結時において，Xの生活の平穏が侵害されるおそれがないものと判断された。

　なお，本判決では触れられていないが，本件Aの行為は管理法人組合の組合活動としての書面投函等であり，労使紛争における組合活動の差止めの場面とパラレルに考えることもできる。労使紛争においては組合活動が私生活の平穏や地域社会における名誉・信用を害する蓋然性がある場合に当該行為を差し止める権利があることを認めている事例として，東京高判平成17年6月29日（労判927号67頁）が存在する。

4　管理組合員の活動の自由侵害と差止事由

　管理組合内部においては，特に少数派組合員の言論・集会活動が，組合の団結を乱したという理由で統制されることがある。組合員には，当然に集会し意見を発信する自由が認められているが（憲法21条1項），かかる権利が管理組合員によってどの程度統制された場合に差止事由足り得るかが争点となった。

　本判決は，Xが組合員としての集会室利用がYによって妨げられたとしても，YはXの指摘による決算書類の不備等を踏まえ平成26年度の定時総会の続行日を開催することとした事情から，少なくとも直近においてはYが組合員の意見を踏まえながらYの運営を行っていることを認定し，Xの権利侵害がないものと判示した。管理組合において，Xの意見を尊重する形で組合運営を行った事実を積極的に評価するとともに，管理組合の意思決定の時期に言及している点が特徴的である。本件工事に関する方針の実現が重視される場面において，Xが意見する機会を担保し闊達な意見交換の場を与えたことを丁寧に検討し，Xの主張する権利侵害がないものと判断している。

5　工事代金の不当性による財産権侵害と差止事由

(1) **大規模修繕工事における工事会社の選定**

　大規模修繕工事の工事会社選定において，マンション管理全てに共通する基準は設けられていない。そのため，僅かな情報のみに基づく選定，選定経過に関する広報の滞り等，管理組合内で多くの問題が生じ得る。本件では，指名参加競争入札方式・指名参加見積合せ方式に準じる選定方法がとられたものと考えられるが，かかる方式における選定過程の不当性が差止事由足り得るかが争点となった。

(2) **本争点における意義**

　本判決は，YのY選定によるXの権利侵害はないと判断している。すなわち，工事会社選定において管理組合に一定の裁量があることを前提に，見積額が一番低い会社と契約を締結しなければならないという明確な基準がない場合には，提示見積額が一番低い会社を選定しなくとも，その裁量を逸脱したことにはならないことを意味している。

　指名参加競争入札方式・指名参加見積合せ方式は，前もって管理組合が決めた一定の条件で選定した工事会社を対象に，入札・見積合せによって発注先を決める方法として，比較的多くの組合員からの納得が得やすいものといわれている。しかし，本判決の事案のように，入札・見積合せの前提となる基本条件設定があいまいである場合には後に紛争となり得る。このような紛争防止策として，工事計画の初期段階から信頼のおける設計事務所，建物診断会社をコンサルタントとして依頼する等，マンション管理組合があらかじめ方策を講ずべきことの重要性が浮き彫りになったものとして，実務上重要な意義を有する判断といえる。

6　結　語

　本件ではXの主張する各権利侵害のおそれは認められず，明文規定なき差止請求はいずれも認容されなかった。

　もっとも，大規模修繕工事のように，問題となる行為が長期間継続する事案においては，事後的な損害賠償によるのみならず，事前に行為を停止させることで権利救済を図る必要性は高いといえる。本判決が「本件工事を差し止めるに足りる原告への権利侵害又はそのおそれがあると認めることはできない」と判示しているように，本判決は，明文規定がない差止請求が認めら

れ得ることを前提に，差止めを認めるに足る権利侵害又はそのおそれがあるとは認められないとしたものと解される。

【宗像　洸】

第4章
環境・景観

58 近隣住民の景観利益の侵害とマンションの一部除却・損害賠償請求の可否

京都地裁平成22年10月5日判決（平成19年(ワ)第824号）
判例時報2103号98頁

争 点

1 近隣住民の景観権ないし景観利益の侵害を理由にマンションの一部除却及び損害賠償を請求できるか
2 工事による騒音・振動の発生と不法行為の成否

判決の内容

■ 事案の概要

　Y_2が平成17年7月29日に京都市建築主事の建築確認をとった上で建設業者であるY_3に発注し，Y_3が平成18年9月7日に完成したマンションを，同月29日にAがY_2から購入した（その後Aは会社更生手続開始決定を受け，更生会社A管財人Y_1が本件の被告とされている）。

　本件マンションは京都市内の名勝地として知られる地域に建設された5階建てマンションであるが，その近隣住民であるXらは，本件マンションにより景観権あるいは景観利益が侵害されたとして，その妨害排除請求として本件マンション所有者兼占有者であるY_1に対し本件マンションの一部除却を求め，Y_1，Y_2及びY_3に対し，不法行為による損害賠償を求めた。また，Xらは，Y_2及びY_3に対し，本件マンションの工事中の騒音及び振動が受忍限度を超えたとして，不法行為による損害賠償を求め，その他，Xらは，損害賠償の請求原因として，本件マンションによる圧迫感，プライバシー侵害，本件工事によってXらの土地建物や地盤に被害が生じたことなどを主張し，また，本件マンション建設によりXらの土地建物に被害が生じるおそれがあ

るとしてXらの所有権ないし人格権に基づき，地盤強化，排水施設，擁壁工事等を行うことを請求した。

■ **判決要旨**

1 景観権ないし景観利益の侵害の有無

　本判決は，良好な景観に近接する地域内に居住し，その恵沢を日常的に享受している者は，良好な景観が有する客観的な価値の侵害に対して密接な利害関係を有するというべきであり，これらの者が有する良好な景観の恵沢を享受する利益である景観利益は法律上保護に値するものと解するのが相当であると判示し，建物の建築が第三者に対する関係において景観利益の違法な侵害となるかどうかは，被侵害利益である景観利益の性質と内容，当該景観の所在地の地域環境，侵害行為の態様，程度，侵害の経過等を総合的に考察して判断すべきとした。その上で，ある行為が景観利益に対する違法な侵害に当たるといえるためには，少なくとも，その侵害行為が刑罰法規や行政法規の規制に違反するものであったり，公序良俗違反や権利濫用に該当するものであるなど，侵害行為の態様や程度の面において社会的に容認された行為としての相当性を欠くことが求められるのが相当と判示し，本件では，条例違反の事実はあったものの，違反の程度は重大とまではいえず本件地域やXらの景観に対する影響が少ないこと，本件マンションが周囲の景観の調和を乱すような点があるとはいえないこと等によれば，行為の態様や程度において社会的に容認された行為としての相当性を欠くとまでは認められないため，Xらの景観利益が違法に侵害されたものとはいえないとして，マンションの一部撤去及び損害賠償請求を認めなかった。なお，本判決は，Xらの景観権を認めるべきという主張に対し，本件において，景観権というような明確な権利を認めることはできない旨を判示した。

2 本件工事による騒音・振動と不法行為の成否（受忍限度）

　本判決は，建設作業は他所ではやることができず工事により騒音が一定程度発生することはやむを得ないことから，近隣住民も相当程度受任すべきともいえるとした上で，防音シートが十分に機能しなかったこと，騒音の苦情があったこと，閑静な住宅街で約1年にわたる大規模な工事であったこと，

本件マンションとXら居宅との距離等を踏まえて、受忍限度を超える違法な騒音があったと認定し、Y_2とY_3につき共同不法行為の成立を認め、損害賠償請求を一部認容したが、振動については、基準値を超えた日が2日間にすぎなかったことから受忍限度を超えていないと判示した。

解　説

1　総　論

Xの請求原因は多岐にわたっているが、本稿では、景観権あるいは景観利益の侵害による妨害排除請求及び不法行為に基づく損害賠償請求の成否、及び、工事騒音・振動と受忍限度の2つの論点についてのみ解説する。

2　景観権あるいは景観利益侵害に基づく妨害排除請求、損害賠償請求

近隣住民の景観権あるいは景観利益の要保護性という論点について、最高裁は、景観権という私法上の明確な権利性を有するものを認めることはできないとしつつ、一定の場合には都市景観に客観的価値があることを認め、良好な景観に近接する地域内に居住する者が有するその景観の恵沢を享受する利益（いわゆる景観利益）は法的保護に値するものと解するのが相当と判示した（最高裁平成18年3月30日判決（民集60巻3号948頁、判時1931号3頁、判タ1209号87頁〔国立市マンション訴訟〕）。以下「最高裁平成18年判決」という）。もっとも、景観利益に対する違法な侵害に当たるといえるためには、少なくとも、その侵害行為が刑罰法規や行政法規の規制に違反するものであったり、公序良俗違反や権利の濫用に該当するものであるなど、侵害行為の態様や程度の面において社会的に容認された行為としての相当性を欠くことが求められるとして、具体的事案の判断としては、マンション建築に法令違反がないことなどから違法な景観利益侵害とは認めなかった。

本件マンションは歴史的文化的意義を有する京都市の船岡山の南端に建築された5階建てのマンションであるが、本判決も、最高裁平成18年判決の判断枠組みにそって検討を行い、本件地域の歴史的意義、風致地区に指定されていること、2階建て一戸建てが多いこと、景観の保護に関する住民の意識が高かったことなどから、本件地域に近接する地域内の居住者は良好な景観

の恵沢を日常的に享受しており，景観利益を有するものというべきであると認定したが，本件マンションは適法に建築確認を取得していること，Y₃に法令違反はあるがその程度が重大でないこと（京都市風致地区条例に違反した事実はあるが違反は是正されている），本件マンションの外観が周囲の景観の調和を乱すような点がないこと，その他公序良俗違反や権利の濫用の事情は認められないことなどから，その行為の態様や程度の面において社会的に容認された行為としての相当性を欠くものとは認められないとして，Xらの景観利益が違法に侵害されたものとはいえないと判示した。

最高裁平成18年判決は，景観利益に要保護性が認められるといっても，景観利益侵害によって直ちに被侵害者の生活や健康に被害が生じるものではなく（被侵害利益はそれほど強固なものではない），他方，景観利益を認めることは当該地域の不動産の財産権に制限を加える性格を有することなどから，違法な侵害行為というためには，侵害行為の態様・程度の不法性が高いことを要するという考慮に立っていると考えられ（高橋譲・最高裁判所判例解説民事篇平成18年度(上)425頁参照），本判決も同様の立場に立つものといえよう。なお，本件は，景観法施行後（施行日平成16年12月17日）にマンションが建築された事案であったが，本判決も最高裁平成18年判決と同様に，「景観権」の権利性を否定した。

3　工事による騒音・振動の受忍限度

日常生活においては近隣に騒音や振動が発生することは避けられず，かような生活妨害は，それが社会生活上受忍すべき限度を超えた場合に不法行為が成立するとするのが判例・通説であり（潮見佳男『不法行為法』54～55頁（信山社出版，1999）），本判決も基本的に同じ枠組みの中で判断をしている。

本件では，工事によって騒音基準を超える日が多数あったことを前提として，防音シートが機能しなかったこと，騒音の苦情の存在，閑静な住宅街で約1年にわたる大規模な工事であったこと，本件マンションとXら居宅との距離の近接性等を踏まえると，受忍限度を超える違法な騒音と判断するのが相当と認定した。他方，振動については，2日間振動基準を超える日があった程度では受忍限度の範囲内として不法行為の成立は認めなかった。受忍限度の範囲内か否かは，具体的事案ごとのケースバイケースの判断とならざる

を得ないが，本判決が考慮した諸事情はこの種案件の参考となろう。

　なお，本件マンションの注文主であるY2は，工事着工前に近隣住民から構成される町内会と騒音を極力発生させない等の約定ないし協定を結んでいたことを根拠に，工事に際し極力騒音を発生させないようY3に指示すべき義務を負っていたのに，これをしなかったとして，Y2とY3との共同不法行為が認定されており，実務上参考になる。

【山田　敏章】

59 建物解体工事による騒音被害と工事会社の不法行為責任

さいたま地裁平成21年3月13日判決（平成19年（ワ）第1372号）
判例時報2044号123頁，LLI/DB 判例秘書インターネット
L06430580

争点

1 建物解体工事による騒音被害と工事会社の不法行為責任
2 解体工事注文会社の不法行為責任
3 騒音被害と慰謝料

判決の内容

■ 事案の概要

　Y_1は鉄骨鉄筋コンクリート造陸屋根地下1階付5階建事務所（以下「本件建物」という）の所有者である。Y_1はマンションを新築するため，本件建物を解体することとし，Y_1が本件建物解体工事（以下「本件工事」という）事業者となり，Y_2を本件工事の施工業者とした。

　本件工事現場付近に居住しているX_1〜X_{20}は，Y_1及びY_2に対し，本件工事により騒音被害等を受けたことから，不法行為に基づく損害賠償請求として，各自慰謝料相当額である50万円のうち20万円及びこれに対する不法行為日後の公害調停申立日である平成19年1月30日から支払済まで年5分の割合による遅延損害金の支払を求めて提訴した。

　Xらは本件工事の違法性について，①YらにはXらに対し，本件解体工事のうちアスベスト除去工事につき，工事前に事前に説明すべき義務があったのに事後の説明となっていたこと，大気汚染防止法に基づき近隣住民に対し掲示板を設置して情報提供を行う義務があったがこれを怠ったという説明義

務違反がある，②Yらは本件工事でさいたま市騒音防止条例に違反する騒音を発生させており，Xらの受忍限度を超えているなどと主張していた。

■ 判決要旨

1 本件工事の違法性

(1) 説明義務違反

　大気汚染防止法18条の14及び同法施行規則16条の4はアスベスト除去工事を行う際に作業基準として一定の事項を掲示する義務を定めており，作業基準を順守しない場合には都道府県知事が命令等を行うことができ（同法18条の19），その命令に従わない場合には行為者に6月以下の懲役又は50万円以下の罰金刑を定め（同法33条の2第1項2号），法人にも同額の罰金刑を科すという両罰規定が定められており（同法36条），建設工事に係る資材の再資源化等に関する法律では，同法10条1項に基づく届出に虚偽記載をした場合には20万円以下の罰金刑及び同額の両罰規定が（同法51条1号・52条），届出の計画が基準不適合の場合には都道府県知事から命令等を行うことができ（同法10条3項），これに違反したときは30万円以下の罰金刑及び同額の両罰規定が定められているが（同法50条1号・52条），これによりY_2が直ちに近隣住民等に対する私法上の説明義務を負うとはいえないとした。

(2) 騒音・振動

　社会生活上ある程度の騒音や振動についは互いに受忍すべきだが，騒音・振動の程度によっては健康に悪影響が及ぶこともあるから，受忍限度を超える場合には違法な騒音・振動として，不法行為が成立することがあるとした。

　騒音規制法，振動規制法及び同施行規則，埼玉県生活環境保全条例，特定建設作業に伴って発生する騒音の規制に関する基準の定めから，特段の事情のない限り，ある程度継続的に85デシベルを超える若しくは一時的にでも94.44デシベルを超える騒音，ある程度継続的に75デシベルを超える若しくは一時的にでも93.75デシベルを超える振動は受忍限度を超える違法な騒音や振動に当たるが，騒音や振動は距離が離れるほど弱くなるという距離減退が認められることから，Xらの距離減退を考慮した上で判断する必要がある

とした。

振動については，上記基準を超える振動は測定されておらず，受忍限度を超える違法な振動は認められないとされた。

騒音については，本件工事敷地内で受忍限度を超える違法な騒音が発生していたとし，距離減退を考慮すると X_1 から X_{18} については違法な騒音被害があったといえ施工業者 Y_2 に対する損害賠償請求権が認められるが，X_{19} 及び X_{20} については受忍限度内の騒音であったとされた。

2　Y_1 の不法行為責任

Y_1 と Y_2 は本件工事つき，請負契約関係であり，Y_1 から Y_2 に対し工事の方法等に関し特別の指揮監督がなされていたとは認められないため Y_1 は使用者責任を負うものではない，Y_1 が Y_2 と共同して本件工事を行ったとも認められないから，共同不法行為責任を負うものでもないとされた。

3　X らの損害

騒音の発生は約 3 か月間月曜日から土曜日の午前 8 時から午後 5 時ころであり，この間の全ての日にちに違法な騒音が発生していたわけではなく，違法な騒音があった日でも 1 日中騒音が発生し続けていたわけでもないこと等から，1 人当たり 10 万円の慰謝料が相当であるとした。

解　説

1　解体工事に伴う騒音・振動の違法性

本判決が出るまで，建築工事に伴う騒音被害に関する裁判例はいくつか出ていたが（東京地判平 9・10・15 判タ 982 号 229 頁，東京地判平 9・11・18 判タ 974 号 168 頁，大阪高判平 12・10・11 判タ 1086 号 226 頁），本判決は，建物の解体工事に伴う騒音被害に関するものである。

X らは大気汚染防止法，建設工事に係る資材の再資源化等に関する法律の規定から，Y らには本件解体工事に関する事前説明や情報提供を行う義務があったにもかかわらず，これを怠ったことが不法行為に当たると主張していたが，本判決ではどちらの法律も行政的規制を定めるものであり，これらの法律から Y らに私法上の説明義務が直ちに発生するとはいえないとしてい

る。

　社会生活上，騒音や振動が発生するのはやむを得ないところがある。とはいえ，あまりにも大きな騒音や振動は人の身体や精神を蝕むことも容易に想定できる。そこで，社会生活において許容されるべき騒音や振動と，許容範囲を超えた違法な騒音や振動とをどのように区別すべきかが問題となる。

　工場から発せられる騒音に関する最高裁平成6年3月24日判決（判時1501号96頁），国道から発せられる自動車騒音に関する最高裁平成7年7月7日判決（民集49巻7号1870頁）は，違法な騒音か否かは受忍限度を超えるかどうかで判断するものとした。この受忍限度論は騒音や振動が違法か否かの判断基準として確立されたものといえ，本判決もこれにならっている。

　受忍限度を超える違法なものか否かについては，当該工事の態様と侵害の程度（侵害の大きさ，期間，侵害継続の程度，頻度など），被侵害利益の性質及び内容，被害防止措置の有無やその内容，効果等の事情を総合的に考慮して判断されることになるものと思われ（最判平10・7・16訟月45巻6号1055頁参照），本判決もおおむねこのような判断要素によって不法行為か否かを判断したものとみられる。

2　工事施工会社及び工事注文会社の責任

　解体工事の施工会社については，民法709条により不法行為が成立するか否かを判断することになる。本判決において解体工事施工会社であるY2に不法行為責任が認められることに問題はない。

　工事注文会社の場合，施工会社と一緒に解体工事を行っていない限り，民法709条による不法行為責任を成立させることは困難である。また，注文会社が施工会社を指揮監督する使用関係がなければ使用者責任を負うこともない（民715条1項本文）。民法716条は「注文者は，請負人がその仕事について第三者に加えた損害を賠償する責任を負わない。ただし，注文又は指図についてその注文者に過失があったときは，この限りでない」と定めているため，注文会社が施工会社に注文又は指図をした事実があり，かつ，注文又は指図につき注文会社に過失が認められなければ，不法行為責任を負わないことになる。注文者としての責任を負うかどうかは，違法な騒音や振動の発生を予見できたか，騒音や振動の発生防止や軽減措置をとることが可能であっ

たか否かが考慮されることになろう。本判決ではこのような事情は認められないとしてY_1の責任を否定している。

3 被害者の損害

違法な騒音や振動により具体的な疾病にかかったことの立証ができない限り、被害者の損害は慰謝料として算定されることになるものと思われる。本判決では被害者のうち1人が神経性胃炎、胃けいれん、不安神経症、不眠症等の診断書を提出していたが、医師の診断は2年ぶりであることなどから本件工事との因果関係は否定されている。

本判決は騒音被害の程度を考慮し、慰謝料として1人あたり10万円が相当と判断しており、同種事案の損害算定の基準として参考になる。

【石橋　京士】

60 景観，平穏生活侵害を理由とする建物外壁撤去請求の可否

東京地裁平成21年1月28日判決（平成19年(ワ)第27082号）
判例タイムズ1290号184頁

争点

建物の赤白ストライプ外壁部分が近隣住民の景観利益，平穏生活権を侵害するか

判決の内容

■ 事案の概要

Yは著名な漫画家であり，土地を購入の上，自宅として本件建物を建設した。本件建物は，2階建て，外壁は基本的に約48cm幅の横の赤白ストライプ模様である。

X_1は本件建物の敷地と隣接している敷地に居住する者であり，X_2は本件建物の西側道路を挟んだ敷地に居住する者である。XらはY及び本件建物建設業者に対し本件建物の建築差止めの仮処分を申し立てたが，この申立ては却下された。その後，本件建物が完成し，Yに引き渡された後，XらがYに対し，本件建物外壁部分は，Xらの景観利益，平穏生活権を侵害するものとして，本件建物外壁部分の撤去及び本件建物外壁部分撤去済みまで1か月5万円の支払等を求めた。

■ 判決要旨

良好な景観のある地域に居住し，日常的に良好な景観を享受している者は，その客観的な価値の侵害について密接な利害関係を有しており，この良好な景観の恵沢を享受する利益は法律上保護すべきであり，この良好な景観

の恵沢を享受する利益には建築物の外壁の色彩も含まれることがあるとした。そして，本件建物の所在地域には，建物外壁の色彩につき法的規制はなく，地域住民の間で建物外壁に関する協定等も存在せず，現に本件建物周辺には外壁が黒，青，薄紫等の様々な色彩の建物が存在し，建物外壁の色彩が統一されているわけではないことから，本件建物所在地域が第一種低層住居専用地域であるとの事情のみでは，「本件建物の周辺の景観が，建物の外壁の色彩との関係において良好な風景として人々の歴史的又は文化的環境を形作っている」とはいえず，本件建物所在地域内に居住する者に景観利益を認めることはできないとした。

また，良好な景観の恵沢を享受する利益を違法に侵害しているというためには，当該侵害行為が少なくとも刑罰法規，行政法規等の規制に違反していたり，公序良俗違反，権利濫用に該当したりするなど，社会的に容認された行為としての相当性を欠くことが必要であるとした。本件建物は，建築基準法，東京都の定める景観計画の趣旨を逸脱するものではなく，本件建物の外壁が目立つものではあっても，周辺建物の外壁も様々な色彩のものがあり，建物外壁の色彩が統一されていないことから，本件建物の建築が違法な侵害行為とはいえないとした。

人格的利益として自宅における私生活の平穏は法的保護に値するものであるが，近隣周辺地域とかかわる以上，受忍限度を超える侵害に限って違法になるものとした。その上で，本件建物外壁部分は目立つものではあるものの，Ｘらの目に常に触れるものではないこと，刑罰法規や行政法規などの法令に違反するものではないこと，本件建物所在地域内には建物の色彩につき法規制はなく，色彩に関する建築協定もないこと，本件建物周辺にも様々な色彩の建物が複数存在し，建物外壁が統一されているわけではないことなどから，受忍限度を超えてＸらの平穏生活権を侵害するものではないとした。

■解　説

景観については，平成17年６月１日に景観法，景観法の施行に伴う関係法律の整備等に関する法律，都市緑地保全法等の一部を改正する法律（あわせ

て「景観緑三法」と呼ばれる）が施行されているが，いずれも行政的な規制を定めたものであり，景観緑三法から直接に景観に関する私的権利が発生するわけではない。そのため，住民が景観を侵害されたという場合には損害賠償請求又は建築差止請求などの民事訴訟手続を行う必要がある。

この点，景観利益につき，最高裁平成18年3月30日判決（民集60巻3号948頁，判タ1209号87頁）は以下のように判示している。

① 「良好な景観に近接する地域内に居住し，その恵沢を日常的に享受している者は，良好な景観が有する客観的な価値の侵害に対して密接な利害関係を有するものというべきであり，これらの者が有する良好な景観の恵沢を享受する利益」は法律上保護に値するものである。

② 「現時点においては，私法上の権利といい得るような明確な実態を有するものとは認められず」，景観権という権利ではなく，不法行為による保護の対象になる利益である。

③ 「ある行為が景観利益に対する違法な侵害に当たるといえるためには，少なくとも，その侵害行為が刑罰法規や行政法規に違反するものであったり，公序良俗違反や権利の濫用に該当するものであるなど，侵害行為の態様や程度の面において社会的に容認された行為としての相当性を欠くことが求められると解するのが相当である」。

本判決は上記判例を踏まえ，(ⅰ)景観利益が認められる場合があり，景観利益には，建築物の外壁の色彩も含まれることがあるとしたが，本件建物の所在地域には，建物外壁の色彩につき法的規制はなく，地域住民の間で建物外壁に関する協定等も存在せず，本件建物周辺の建物外壁の色彩は統一されておらず，様々な色彩の建物が存在していることなどからXらに景観利益は認められないとした。本判決が，景観利益を認めるか否かの指針として「本件建物の周辺の景観が，建物の外壁の色彩との関係において良好な風景として人々の歴史的又は文化的環境を形作っている」といえるかどうかを評価基準として掲げている点は，同種事件の参考になろう。

(ⅱ)なお，景観権については言及しておらず，景観権という私法上の権利が認められるか否かについての判断もなされていない。

(ⅲ)本判決は，景観利益を否定しつつ，侵害行為の態様も検討しており，本

件建物は，建築基準法，東京都の定める景観計画の趣旨を逸脱するものではなく，本件建物周辺の建物外壁の色彩も統一されておらず，様々な色彩の建物が存在していることから，本件建物の建築が違法な侵害行為とはいえないとした。

　また，本判決は，私生活の平穏は人格的利益として法律上保護されるものであるとして，私生活の平穏も景観利益と同じく不法行為による保護の対象になるとした。私生活の平穏を侵害したか否かについては，私生活の平穏に対する受忍限度を超える侵害行為に限り違法になるとしたが，本件では受忍限度を超える侵害行為は認められないとした。

　本判決は，住宅地域において人目につく特徴的な色彩をした外壁を有する建築物が建設された場合に，当該建築物の外壁が周辺住民の景観利益若しくは私生活の平穏を侵害しないかが問題になり得ること，及びその場合の判断基準となる考慮要素を示したものとして参考になる。

　本判決では，周辺地域に外壁の色彩に関する規定や協定等が存在しないこと，本件建物周辺の建築物にも多様な色彩の外壁を持つものが存在していたことが，景観利益及び私生活の平穏の侵害を否定した大きな要因であったと考えられる。

【石橋　京士】

[61] マンション建築による風害に対する人格権に基づくフェンス設置の請求，損害賠償の可否

大阪地裁平成24年10月19日判決（平成21年（ワ）第17422号）
判例時報2201号90頁

争点

向かい合う形で建築されたマンションの風害により受忍限度を超える被害を被ったとして，人格権に基づく防風フェンスの設置請求，損害賠償請求は認められるか

判決の内容

■ 事案の概要

X_1は，X_1の店舗（以下「本件店舗」という）にて和洋菓子の製造販売を営む株式会社であり，X_2はX_1の代表取締役である。本件店舗は，歩道に面する開口部のシャッターをあげれば，歩道から直接店に入ることのできる構造であり，営業時間中は，店頭に商品を陳列し，舗道上のコンロでみたらし団子を焼いて販売している。Y_1は本件マンションの建築主及び工事施工者であり，Y_2は本件マンションの管理組合である。本件マンションは，本件店舗と道路を挟んで向かい合う形で建築されている。

本件は，Xらが，Y_1が本件マンションを建築したことにより，本件店舗に吹く風が増加し，みたらし団子を焼くコンロの火が消えたり，火の調節ができなくなり，団子を製造販売できなくなる等としてのX_1について財産的損害，X_2について精神的損害がそれぞれ受忍限度を超えるものであり，良好な風環境を享受するという利益が侵害されたとして，Yらに対し，①X_1への防風フェンスの設置，及び民法709条（Y_1について）ないし同法717条１項（Y_2について）に基づく損害賠償を，②X_2に対する民法709条（Y_1について）な

いし同法717条1項（Y_2について）に基づく損害賠償を求めた事案である。

■ **判決要旨**

　Xらは，Xらが受けた被害の程度が受忍限度を超えるものであって，良好な風環境を享受するというXらの利益が侵害されていることを裏付ける証拠として，X_1の従業員らの陳述書，本件店舗周辺住民らへのアンケートに対する回答，本件店舗軒先の雨よけテントや広告用の旗が破損した状況等を撮影した写真，風が吹いている状況やコンロの火が消える様子等を撮影した映像記録，風環境リサーチ会社が作成した見解書等を証拠として提出したが，裁判所は，これら証拠をもってしても，受忍限度を超える程度に風環境が悪化したとまでは直ちに認め難いとして，Xらの請求をいずれも棄却した。

　その理由として，①測定機器を用いた実測は行われておらず，客観的な風速等は明らかでないこと，本件店舗周辺で風が強い日は他の地域でも風が強い旨の証言があることから，受忍限度を超えるほどの風環境の悪化が生じていることやそれが本件マンションの建築後に初めて生じるようになったことまでは認め難いこと，②本件店舗周辺の関係者らが訴える本件マンション建築後の風環境の悪化は，本件マンションの建築それ自体によって生じたものというよりも，そのような本件店舗を含んだ地域一帯における気象条件の経年変化に大きな影響を受けて生じた可能性も高いこと，③風を遮るものを設置することで被害を軽減又は解消することが可能であって，本件店舗の営業形態，利用形態を前提として，受忍限度を超える被害が生じているものと認めることは躊躇されること，④見解書等には精度，信用性について十分な検証を経ているか必ずしも明らかではない点があることを挙げる。

　また，仮に受忍限度を超える被害があったとしても，①風環境の悪化の主たる原因は本件マンションが道路からセットバックされて建築されたことにあると推認され，本件マンションの高層性が直接の原因であると認められないこと，②従前，高層化による風害の問題は各方面で指摘されていたものの，敷地内での建物の配置による風環境の悪化が社会一般に認識されている事情はうかがわれず，本件のように建物の配置によって風環境の変化が生ずるような場合にまで注意義務違反を問擬することは，建築者が風環境の悪化

の招来を意図して建物建築を行ったなど特段の事情のない限り，土地利用の硬直化をもたらすものとして容易に認め難く，本件において，そのような特段の事情があったことを認めるに足りる証拠はないこと，③本件において，Y_1が，本件マンションの建築によって，本件機序により本件店舗付近において風環境が変化するのを予見することは困難であり，また予見可能であったことを認めるに足りる証拠はないとして，Y_1の過失を否定した。

以上から，本判決は，Xらの請求をいずれも棄却した。

解　説

1　「風害」と不法行為

「風害」とは，中高層建物の建築によって周辺居住者が強い風（「ビル風」）にさらされて，生活利益（人格的利益）を侵害され，精神的苦痛を被ること，また時には建物等に損傷（財産的被害）を受けることをいう。

日照阻害や騒音・振動とは異なり，風害についての行政法上の直接的な規制は乏しく，その救済は必ずしも十分ではないが，私法上の救済においては，日照紛争や騒音・振動訴訟と同様に，受忍限度論を基準として判断がなされるとされている（松本克美＝齋藤隆＝小久保孝雄編『専門訴訟講座2建築訴訟〔第2版〕』159頁（民事法研究会，2013））。

これまで風害の不法行為責任が問題となった裁判例では，風害の発生やその程度，建築物の建築と風害の因果関係が認定できないとして，請求が否定されているものが多い（大阪地決昭49・12・20判時773号113頁，大阪地判昭57・9・24判時1063号191頁，最判昭59・12・21裁判集民143号491頁等）。その一因としては，風の直接の発生原因は，気圧の変動であって，建物の状況，周辺の地理的状況や気象条件等の影響を多分に受けるものであることから，風環境の状況を客観的な指標で示すことが難しい上，風環境の変化が認められたとしても，その要因を建築物の建設のみに求めることが困難であるといった事情があるとの指摘がされている（公害等調整委員会事務局「最近の公害裁判例　第16回」ちょうせい77号）。

一方で，20階建ての高層マンションの建設に起因する強風により近隣住民

が建物被害（屋根の一部破損・飛散）を受け，また精神的苦痛を被ったとして慰謝料を，また不動産価格が低下したとしてその分の財産的損害の賠償を請求した事例で，これらの請求を認めた裁判例もある（大阪高判平15・10・28判時1856号108頁）。しかし，本件は，マンション敷地内に設置された風速・風向計により，着工前から風速等が継続的に計測され，その測定結果により風環境の著しい悪化が客観的に明らかであったこと，近隣住民による自治会と建築業者（被告）らとの間でビル建設と風害の因果関係がないことの立証責任が建築業者側に転換されていたこと等の特殊な事情があったために，立証の壁を超えることができたものと考えられる。本判決においても，Xらが提出した写真や映像，専門家の見解書等からは，受忍限度を超える程度に風環境が悪化したとまで直ちに認め難いとされて，Xらの請求が棄却されており，他の風害訴訟同様，立証の問題が大きな障壁となった。

2 本判決の意義

(1) 本判決は，風害について「騒音や悪臭のように，その直接の発生原因が人為的なものであり，その発生源に対してその責任を追及する場合とは異なり，建物建築に伴う風害の問題は，風の直接の発生原因が気圧の変動といった自然環境に起因し，いかなる建物であれ，それを建築することによって，多かれ少なかれ風環境に影響を与えることからすると，建物建築に伴う風環境の悪化による被害が受忍限度を超えるものであるかを判断する上では，被害を主張する者の側の生活状況，被害への対応可能性等をも総合して判断することが相当である。」として，受忍限度の判断要素として他の公害とは異なり，被害を受ける側の要素の考慮を求めている。本件の事案においては，被害を訴えるXら側が本件マンションに面する歩道上に業務用コンロを設置して商品を販売していたという特殊事情の存在を考慮し，かえって被害の軽減又は解消が可能であるとして受忍限度を超える被害の認定には消極的に判断されている。しかし，風害固有の特性に配慮した受忍限度の判断を示唆するものであり，例えば，被害を受ける側が特に風の影響を受けやすく，またこれに対処することができない場合等において，肯定的な判断がなされる可能性を示しているといえる。

(2) また，本判決は，Y₁の過失を検討するにあたり，「高層化による風害

の問題は各方面で指摘されていたものの，敷地内での建物の配置による風環境の悪化が社会一般に認識されている事情はうかがわれ」ないことを指摘し，Y_1の予見可能性を否定している。このことは，今後建物の配置と風害の関係性が明らかにされることによって，建物を建築する側が配慮すべき事項に変容を生じる可能性があることを内在的に示しているものといえる。

【堀岡　咲子】

62 建物に基本的安全性を損なう瑕疵があることを理由とする人格権に基づく妨害予防請求の可否

東京地裁平成25年5月9日判決（平成23年（ワ）第36482号）
ウエストロー・ジャパン2013WLJPCA05098007，LEX/DBインターネット25512941

争点

1　原告所有建物に生命に対する危険性を生じさせるような欠陥があるか
2　建物に基本的安全性を損なう瑕疵がある場合に損害賠償請求を認めた最判平成19年7月6日の考え方を，人格権に基づく妨害予防請求（危険防止措置請求）に及ぼせるか

判決の内容

■ 事案の概要

　X及びAは，平成3年6月8日にYから引渡しを受けた建物（以下「本件建物」という）について，入居後間もなく，本件建物には複数の瑕疵があるとして，Yに補修を求めた。Yは，求められたほとんどの点について補修工事を行った。
　X及びAとYとの間ではその後も交渉が続けられたが，解決には至らず，X及びAは，平成13年，Yを相手方とする損害賠償請求訴訟を東京地方裁判所に提起した。
　東京地裁は，平成15年3月26日，X及びAの請求を一部認めた。具体的には，本判決で争われた，①屋根瓦の落下の危険性，②外壁の落下の危険性，③結線部カバー無しの電気配線のうち，①②に関する損害賠償請求が認められた。なお，X及びAは，本件建物が生命の安全までも脅かす危険な建物で

ある旨主張したが，この点については，本件建物には雨漏り等日常生活に支障が生じる瑕疵があるものの，それ以外は設計図と異なる施工か施工不良に該当するもので，構造上の安全性に問題があるとは認められないと判断された。

Yは，当該判決に従い，Xらに対して認容された全額を平成15年4月14日に支払った。

X及びAは控訴期間中に控訴したが，東京高等裁判所は，平成15年8月27日，X及びAが指摘する危険性は，なお抽象的，観念的なものにとどまり，現実的・客観的に相当程度以上の具体的な危険性をその前提に含むものとは認められないと述べて，控訴を棄却した。

控訴審判決確定後，Yは，X及びAに対して本件建物の補修工事を行うための調査を申し入れた（認容された損害賠償金全額を支払ったYがこのような調査を申し入れた理由は不明である）。Xは本件建物については建て替えるしかないとして，同調査を拒絶した。

平成23年，Xは，本件建物は，屋根，外壁，電気工事について，構造体まで安全性が無視された危険がある欠陥建物であるとして，Yに対し，本件建物の解体工事が実施されるまでの間，自己又は他人の生命，身体，財産に危害を及ぼすことのないよう，危険防止措置をとることを求め，本訴を提起した。

■ 判決要旨

1　Xは，本件建物には，屋根瓦の落下，外壁の落下，結線部カバー無しの電気配線等構造体まで安全性を無視した危険部分が存在し，屋根瓦の落下や外壁の落下によって死傷事故が発生するおそれがある，欠陥がある電気配線によって漏電出火のおそれがある旨主張する。

しかし，屋根瓦の落下や外壁の落下に関する本件建物の北西部分の瓦のずれや外壁補修については，Yから補修のための現地調査の提案がされたにもかかわらず，Xがこれに応じなかったために補修がされないままになっているものであり，補修がされないままになっていることが，Yの責めに帰すべき事由に基づくとまで認めることはできない（Xは，損害賠償金を既に受領して

いることが認められるから，受領した損害賠償金を用いて第三者に補修をさせることも可能であった）。また，X本人尋問の結果を含めた本件全証拠によっても，本件建物の構造体まで安全性を無視した危険部分が存在することを認めるに足りる証拠はない。

　接続部カバー無しの電気配線についても，これが構造体自体にまで危険性が及んでいることを認めるに足りる証拠はない。かえって，Yが平成22年5月16日に実施した，本件建物の雨漏り及び漏電に関する調査において，調査時間及び調査方法において限定的なものではあったものの，東京電力による漏電検査では，絶縁測定結果において正常であったこと，屋根裏からの目視調査では屋根の雨漏りは確認できなかったことを認めることができる。また，平成15年8月27日になされた高裁判決において，平成15年7月2日の口頭弁論終結時点では，Xらが指摘する本件建物の危険性は，なお抽象的，観念的なものにとどまり，現実的・客観的に相当程度以上の具体的な危険性をその前提に含むものとは認められない旨判断されたのであり，本件全証拠によっても，その後，経年による劣化以上の特別な事情の変化があったとも認めることはできない。

　よって，生命，身体，財産に危害を及ぼすような危険があるとは認められない。

　2　最判平成19年7月6日（民集61巻5号1769頁）は，建物の建築に携わった設計者，施工者及び工事監理者は，建物の建築にあたり，契約関係にない居住者を含む建物利用者，隣人，通行人等に対する関係でも，当該建物に建物としての基本的な安全性が欠けることがないよう配慮すべき注意義務を負い，これを怠ったために建築された建物に安全性を損なう瑕疵があり，それにより居住者等の生命，身体又は財産が侵害された場合には，設計者等は，これによって生じた損害について不法行為による賠償責任を負う旨判示したものにすぎない。

　本件では，前に説示したとおり，生命，身体又は財産が侵害され，又は侵害されるおそれがあるとまでは認められないから，当該最判の判旨は，本件に適用することはできない。

　3　よって，Xの請求は認められない。

解　説

1　建物の基本的安全性を損なう瑕疵がある場合に損害賠償請求を認めるとした最高裁判決

(1)　平成19年判決

　福岡高判平成16年12月16日（判タ1180号209頁）は，請負の目的物に瑕疵があるからといって，当然に不法行為の成立が問題になるわけではなく，その違法性が強度の場合，例えば，請負人が注文者等の権利を積極的に侵害する意図で瑕疵ある目的物を製作した場合や，瑕疵の内容が反社会的あるいは反倫理性を帯びる場合，瑕疵の程度が重大で，目的物の存在自体が社会的に危険な状態である場合等に限って，不法行為責任が成立する余地が出てくると判断していた。

　上告審である最判平成19年7月6日（民集61巻5号1769頁，判時1984号34頁）（以下「平成19年判決」という）は，本判決が指摘するように，建物の建築に携わった設計者，施工者及び工事監理者が不法行為責任を負う要件を述べ，違法性が強度である場合に限って不法行為責任を負うとした理屈を否定して，原審を破棄し，差し戻した。また，原審の理屈を否定する理由の中で，例えば，バルコニーの手すりの瑕疵であっても，これにより居住者等が通常の使用をしている際に転落するという，生命又は身体を危険にさらすようなものもあり得るとして，これも建物としての基本的安全性を損なう瑕疵であるとした。

(2)　平成23年判決

　差戻後の福岡高判平成21年2月6日（判時2051号74頁）は，平成19年判決の述べる「建物としての基本的な安全性を損なう瑕疵」とは，建物の瑕疵の中でも，居住者等の生命，身体又は財産に対する現実的な危険性を生じさせる瑕疵をいうものと解し，現実的な危険性がないとして，結論としては，前掲福岡高判平16・12・16と同様に，不法行為に基づく損害賠償責任を認めなかった。

　さらに上告されたのが最判平成23年7月21日（判時2129号36頁）（以下「平成23年判決」という）である。平成23年判決は，「建物としての基本的な安全性

を損なう瑕疵」とは，居住者等の生命，身体又は財産を危険にさらすような瑕疵をいい，建物の瑕疵が，居住者等の生命，身体又は財産に対する現実的危険をもたらしている場合に限らず，当該瑕疵の性質に鑑み，これを放置するといずれは居住者等の生命，身体又は財産に対する危険が現実化することになる場合には，当該瑕疵は，建物としての基本的な安全性を損なう瑕疵に該当すると判断し，再び差し戻した。

(3) 福岡高裁平成24年1月10日判決

差戻後の福岡高判平成24年1月10日（判時2158号62頁，判タ1387号238頁）（以下「平成24年福岡高裁判決」という）は，平成19年判決の判示によれば，建築基準法及びその関連法規の基準をそのまま当てはめるのではなく，基本的な安全性の有無について実質的に検討するのが相当であるとして，一定額の損害賠償請求を認めた。

(4) 本判決の場合

ア　本判決は，平成25年5月9日になされたものであるから，平成19年判決のみならず，平成23年判決と平成24年福岡高裁判決も参考にしていたものと思われる。

Xの主張する危険性は，①屋根瓦の落下の危険性，②外壁の落下の危険性，③結線部カバー無しの電気配線等である。

イ　①と②は，平成19年判決が例示する手すりの瑕疵から生じる生命身体に対する危険性の理屈と似ている。しかし，屋根瓦と外壁はバルコニーの手すりと異なる点がある。バルコニーの手すりは，日常生活の中で手を触れる機会があるし，布団や毛布を干す場合もある。屋根瓦と外壁は，雨風にさらされるという点では，バルコニーの手すりと比較して，外力をより受ける。屋根であれば，降雨を直接受けるのみならず，積雪による荷重もかかり，外壁であれば，その見付け面積の広さに比例した風力を受ける。これらの違いは考慮する必要があろう。

したがって，平成23年判決も考慮すると，屋根瓦と外壁においては，施工不良等の原因があることで，降雨・積雪・風力等によって，いずれは（少なくとも，経年変化によるよりは早く）落下する危険性がある事実を立証する必要があるといえる。

どのような立証がなされたかは不明だが，本判決は，この点の立証がなかったと認定して，Ｘの請求を棄却した。

ところで，本判決が，①②について，補修のための調査をＸが拒絶したからＹに帰責性がないと述べる箇所は，文字どおり理解すれば，人格権に基づく請求において帰責性の不存在が抗弁となると構成しているように思われる。また，Ｙが損害賠償義務を履行した点が括弧書きで指摘されている理由は，損害賠償義務の履行が直ちに抗弁となるわけではなく，帰責性不存在の理由付けとして用いられているためと考えられる。しかし，人格権侵害事案においては，その違法性判断において受忍限度論が用いられることが一般的である。受忍限度を超えているか否かという判断の中で，上述した帰責性不存在の点を考慮することもできるように思われる。

ウ　③結線部カバー無しの電気配線とは，おそらく，電線や電源の接続部分にカバーがないことを指すものと思われるが，結線部の詳細は判決文からは不明である。

建物の電気設備については，法律又はこれに基づく命令の規定で電気工作物に係る建築物の安全及び防火に関するものの定める工法によって設けなければならない（建基32条）。ここでいう命令には，電気設備に関する技術基準を定める省令（平成9年通商産業省令第52号）が含まれる。同省令は，電気設備を設置する場合の構造基準を定める。

電気配線の詳細は不明だが，建物引渡しから約20年後に行われた東京電力による漏電検査において，絶縁測定結果において正常であったのであるから，判決要旨にまとめた判断に異論はないであろう。

2　人格権に基づく危険防止措置請求の可否

本件では争われていないが，欠陥住宅を理由としてなす人格権に基づく危険防止措置請求が法理論上認められるか，検討する。

(1)　人格権に基づく請求の概要

従来より，生活環境が悪化した場面において，その悪化させる行為の差止めを求める紛争は存在した。信玄公が軍旗を掛けたとされる松が蒸気機関車の煤煙によって枯れたことから，所有者が国を被告として損害賠償請求を求めた大判大正8年3月3日（民録25輯356頁）が，それである。

このように所有権に基づく場合はよいが，所有権に基づかない場合には，所有権に基づく請求は仮託した法律構成であるとの批判を招く。
　そこで，公害のように環境を悪化させる行為や，近隣関係者間における生活環境を悪化させる行為を，端的に人格権・人格的利益に対する侵害行為と構成し，人格権に基づく差止請求がなされるようになった。
　具体的には，環境権侵害，騒音・振動被害，日照権侵害，風害，眺望権侵害，平穏な生活侵害が争われた。
　建築関係に限ると，騒音・振動被害の事案（東京地判平17・11・28判時1926号73頁，さいたま地判平21・3・13判時2044号123頁，福島地いわき支判平22・2・17判時2090号102頁，京都地判平22・10・5判時2103号98頁），日照権侵害の事案（東京地判平15・1・21判時1828号59頁，大阪地判平17・9・29判時1929号77頁等），風害の事案（大阪地判平13・11・30判時1802号95頁及びこの控訴審である大阪高判平15・10・28判時1856号108頁），眺望権侵害の事案（最判平18・3・30判時1931号3頁，大阪地判平20・6・25判時2024号48頁，大阪地判平24・3・27判時2159号88頁）等が見られる。
　本件は，欠陥住宅から生じる危険性が人格権を侵害すると構成しており，ここで想定されている人格権の具体的な内容は，平穏な生活を送る権利（人格権・人格的利益）である。
　平穏な生活を送る権利としてなす危険防止措置請求については，暴力団の使用する組事務所の使用禁止を求める請求が参考になる。生命身体の安全を内容とする人格権の保護は絶対的といえる点で類似するからである。組事務所の使用禁止を求める請求は，組事務所が近隣に越してくることにより平穏な生活が害されることを理由として組事務所としての使用禁止を求めるものであり，軒並み認められている（大阪高判平5・3・25判タ827号195頁ほか多数。第二東京弁護士会編『企業活動と民暴対策の法律相談』444頁以下（青林書院，2007））。
　本件の場合は，欠陥住宅を理由として生命身体に被害が及ぶことを理由としており，理屈としては同一といえよう。

(2) **Xの請求の整理**（被害回復請求と危険予防措置請求の区別）
　ア　欠陥住宅から生じ得る生命身体被害を避けるためには，その欠陥部位を補修することが最も効果的である。このような補修請求は，平穏な生活が侵害されている原因・加害行為の除去請求，被害状態の回復請求と位置付け

られる。物権的請求権になぞらえれば，物権的妨害排除請求である。Xの求める危険防止措置請求とは，物権的請求権になぞらえれば，物権的妨害予防請求である。

　ところで，請負当事者間においては，注文者は瑕疵修補請求又はこれに代わる損害賠償請求を求めることができる（民634条）。そして，これらの権利には，除斥期間や消滅時効期間の規定（民638条・167条1項）が適用されるから，当該期間を経過すれば，瑕疵担保責任としての請求はできなくなる。

　人格権を理由として欠陥部位の補修を求めることができるか否かは，民法上の瑕疵担保責任との関係をどう捉えるかに関わると思われる。いわゆる請求権競合と考えるのであれば，例えば，除斥期間経過後も人格権に基づく請求をなしうると考える余地が生じる。法条競合と考えれば，瑕疵担保責任の規定による請求しかできないこととなる。

　もっとも，本件のように，瑕疵修補に代わる損害賠償義務が履行されている場合には，競合関係をどのように把握しても，重ねて行う瑕疵担保責任としての修補請求は認められないであろう。

　イ　欠陥住宅から生じる生命身体被害を避けるための予防措置を求める場合は，予防措置を認める民法の規定がないことから，上述した問題を形式的には生じない。そうすると，欠陥住宅が人格的利益侵害を生ぜしめるおそれがある場合，その予防を求めることはできそうである。

　しかし，生命身体被害の危険がある欠陥住宅の補修工事を行う場合（本件であれば，屋根瓦や外壁が落下するおそれがある建物の補修工事を行う場合）に限らず，一般的に欠陥住宅の補修工事を行う場合，第三者（注文者を含む）への被害が生じないように養生した上で施工される。この意味で，欠陥住宅の補修工事とは，補修工事のみならず危険防止措置を行うことが通常含まれているといえる。

　そうだとすれば，Xの請求は，危険防止措置という名称ではあるが，その実体は，瑕疵修補請求の一部だけを求めるものといえる。この意味で，欠陥住宅から人格的利益が侵害されているとしても，危険防止措置請求を認めることができないと考える余地もあるように思われる。

【竹下　慎一】

63 下水道工事と住宅の不同沈下との間の不法行為における因果関係の有無

札幌地裁小樽支部平成25年10月28日判決（平成23年（ワ）第83号）
判例時報2212号65頁

争点

Y_1がY_2及びY_3に発注して施工させた下水道工事と、X所有建物が不同沈下したこととの間に事実的因果関係は認められるか

判決の内容

■ 事案の概要

　Y_1は、平成20年9月2日、Y_2及びY_3を構成員とする共同企業体との間で、下水道工事請負契約（工期：着工平成20年9月2日、完成同年12月21日）を締結した。

　当該契約に基づき、Y_2及びY_3は、平成20年9月29日から同年11月20日までの間、下水道本管及び北側取付管の敷設工事を行った。同じく、Y_3は、同年11月17日ころ、南側取付管の敷設工事を行った。

　Xは、平成20年12月17日ころ、自身が所有して居住する建物（平成2年築の木造2階建て住宅）の電動シャッターに著しい開閉不良が生じたとして、Y_1に苦情を申し立てた。

　Yらから調査依頼を受けたコンサルタント会社は、平成21年1月22日と同年4月17日にX所有建物の現地調査を、同年4月13日にボーリング調査を行った。Xは、調査会社に対し、ボーリング調査を行わせた。

　Xは、Y_2及びY_3による工事によって、X所有建物が傾斜するなど不同沈下の被害が生じたとして、本訴を提起した。

　なお、Xの家族2名も原告となって慰謝料を請求しているが、この点の説

明は省略する。

■ **判決要旨**

1　下水道工事以外に考えられる不同沈下の要因

(1)　軟弱地盤上の盛土

コンサルタント会社が実施したボーリング調査（深度6.5mまで）によると，深度2mまでは粘土混じり礫で構成される埋土（盛土）であるが，深度2mから6.5m付近までは腐植物片を多量に含む有機質粘土，シルト，砂の層で構成される湿地性堆積物であり，標準貫入試験によるN値は，深度1.15mにおいて11で，以深は，約1mごとの地点で，3，2，1，5，0である。

本件建物の西側付近で実施したボーリング調査でも，深度2mないし2.5m付近までは礫質土と粘性土で構成されているが，それ以深は深度16mまで粘土を主体とする層であり，コンサルタント会社の調査結果と調査深度が重なる部分については地盤状況がほぼ符合する。

そのため，少なくとも本件建物西側一帯の深度2mまでは盛土であり，2m以深には圧縮性の大きい有機質粘土を含む軟弱地盤の層が相当の厚さで存在するものと推定される。

X所有建物（以下「本件建物」という）西側付近では，盛土の下位には少なくとも深度2mから6.5mまでの間に有機質粘土層を含む厚い軟弱地盤の層が存在するため，過大な盛土は避けるべきであるところ，その上位には，厚さ2mもの盛土がなされている。

(2)　本件建物の基礎構造

本件建物では軟弱地盤に適しない布基礎を採用しており，地盤状況に対する配慮に欠けている。また，不同沈下を起こさないように配慮するなら，地上に建築する建物の軽量化や重量バランスを考える必要があるのに，本件建物はその南西角に突き出た車庫に自動車の重量が更に加わる構造になっている。

2　下水道工事による影響

(1)　地下水が湧出したとは認められないこと

Y_2及びY_3による下水道工事（以下「本件下水道工事」という）中の写真を見て

も，特段大量の湧水が発生している様子も見られず，またいわゆるボイリング（掘削面と地下水の水位差により生じる，掘削面の泥水が沸騰するような現象）や盤膨れ（掘削面と地下水の水位差により生じる，掘削面が膨れる現象）等の大量の地下水の発生を疑わせる現象も見られない。本件下水道工事にあたって採用された建込簡易土留め工法により，直ちに大量の地下水湧出が発生するともいい難い。

(2) **本件下水道工事と不同沈下の生じた本件建物との場所的・時間的近接性**

本件下水道工事の掘削部分と本件建物との間に，場所的近接性が認められるが，Xが主張する本件建物の傾斜等が，本件下水道工事後に初めて生じたといえるかは不明である。

(3) **近隣建物の状況**

本件建物の隣家に居住する丙川梅子宅付近の土地で地盤沈下が生じた事実を裏付ける証拠はない。

(4) **各意見書の検討**

コンサルタント会社が最初に作成した報告書は大量の地下水の湧出があることを前提として，下水道工事が地盤沈下の原因となった可能性が最も高いと判断しているが，その後の再検証の結果，否定的判断に変更されている。

調査会社の報告書は，大量の湧水発生を前提としているが，基礎的データ等の資料が示されていない。

地盤工学の専門家であるK教授の所見は推測によるものであり，地盤沈下現象の発生時期に時間的近接性があることを前提とし，盛土荷重による圧密沈下については一切検討されていない。

3　結　論

以上から，本件下水道工事と本件建物に生じた変状との間の因果関係を認定することはできない。

解　説

1　因果関係（事実的因果関係）判断

(1) 不法行為責任における因果関係（事実的因果関係）は，基本的には，あれなければこれなしと言える関係にあれば認められるが，本件のように，その判断が容易でない場合がある。

そこで，不法行為における因果関係判断は，「一点の疑義も許されない自然科学的証明ではなく，経験則に照らして全証拠を総合検討し，特定の事実が特定の結果発生を招来した関係を是認しうる高度の蓋然性を証明することであり，その判定は，通常人が疑を差し挟まない程度に真実性の確信を持ちうるものであることを必要とし，かつ，それで足りる」とされている（最判昭50・10・24民集29巻9号1417頁，判時792号3頁）。

本判決は，当該最判と同じ考え方によって，因果関係は認められないと判断したものと解される。

(2) 本判決で考慮された事実は，大別すると，Y_2及びY_3が行った下水道工事（以下「本件下水道工事」という）以外に，本件建物に不同沈下を生じさせる要因があったか否かという点と，本件下水道工事の施工内容に本件建物の不同沈下の要因となるような事情があったか否かという点の，2つである。

前者に関して，①本件建物敷地の特徴（軟弱地盤）と，②本件建物の基礎構造が，後者に関して，③本件下水道工事による地下水湧出の有無，④本件下水道工事と不同沈下した建物との時間的・場所的近接性，⑤近隣建物に不同沈下が生じたか否か，⑥各専門家の所見が，それぞれ検討された。

検討内容は判決要旨にまとめてあるので，以下においては，不同沈下について解説する。

2　軟弱地盤及び地盤調査について

建築紛争において地盤という場合，通常，建物を支える土地（建物の敷地）を指す。軟弱地盤とは，建物の敷地が泥土，腐植土（有機物が腐って土になったもの）などで構成されていたり，沼や緩い砂などからなる海岸を埋め立てた土地をいう。

軟弱地盤について法律上の定義はないが，国土交通省の「宅地防災マニュアル」では，次のような判定の目安を定めている。

> 　軟弱地盤の判定の目安は，地表面下10mまでの地盤に次のような土層の存在が認められる場合とする。
> 1) 有機質土・高有機質土
> 2) 粘性土で，標準貫入試験で得られるN値が2以下，スウェーデン式サウンディング試験において100kg以下の荷重で自沈するもの，又はオランダ式二重管コーン貫入試験におけるコーン指数（qc）が44kgf／cm^{2}以下のもの
> 3) 砂質土で，標準貫入試験で得られるN値が10以下，スウェーデン式サウンディング試験において半回転数（Nsw）が50以下のもの，又はオランダ式二重管コーン貫入試験におけるコーン指数（qc）が40kgf／cm^{2}以下のもの
> 　なお，軟弱地盤の判定に当たって土質試験結果が得られている場合には，そのデータも参考にすること。

　有機質土とは，水性植物などの有機物が分解して土壌と混じり合ってできた暗褐色の土であり，一般に含水比が高く，小さな荷重に対しても圧縮性が非常に高い土である。

　粘性土・砂質土とは，土を分類したときの名称である。土の分類は，地盤工学においては，「地盤材料の工学的分類方法（地盤工学会基準：JGS 0051）」に基準化されている。同分類によれば，粘性土と砂質土とは，粒径の大小によって区別され，粒径の大きい方が砂質土である。

　標準貫入試験，スウェーデン式サウンディング試験，オランダ式二重管コーン貫入試験は，いずれも地盤調査試験の一種である。サウンディングとはsoundingであり，音が鳴り響くといった形容詞ではなく，鉛直方向への測定・調査といった意味合いの名詞の英単語である。地盤調査試験の名称として用いられるサウンディングとは，地盤の性状を深さ方向に調べる測定法といった意味である。それぞれの試験方法により得られる数値・指数は異なる。住宅建築にあたって地盤調査を行う場合，一般的には，スウェーデン式サウンディング試験が行われる。

　本件において，Yらから調査を依頼されたコンサルタント会社は，標準貫入試験を行った。その結果得られたN値は，深度1.15mにおいて11で，以深

は，約1mごとの地点で，3，2，1，5，0であった。N値が3，5という点だけ見れば軟弱地盤とはいい難いが，有機質土であり，N値が2，1，0と出た深度もあることからすると，総合的に見て，軟弱地盤といってよいであろう。

なお，Xが調査を依頼した調査会社はスウェーデン式サウンディング試験を用いて調査を行ったが，判決文には，同試験結果として土質の指摘のみがなされ，N値の指摘はされていないため，どのような数値が得られたかは不明である。

3 建物の基礎構造と不同沈下への影響

(1) 通常，建物は立方体をしておらず，建物の底面も正方形をしておらず，また，地盤の固さも厳密に一様であるわけではないため，地盤沈下が生じた場合，沈下した地盤上の建物は，傾いて沈下する。建物が傾いて沈下することを不同（不等）沈下という。

不同沈下が生じないようにするには，基礎が固い地盤で支えられて沈下しない状態にして，その上に建物を建築すればよい。そこで，建築基準法令は，地盤の固さによって建物の基礎構造を異ならせるよう規定している。具体的に，本件建物のような一般的な木造2階建て住宅については，地盤の硬軟に応じて，次のように定めている（建基20条，建基令38条3項・4項，平成12年5月23日建設省告示第1347号）。

地盤の長期に生ずる許容応力度	基礎構造
20kN/㎡未満	杭基礎
20kN/㎡以上30kN/㎡未満	杭基礎，ベタ基礎
30kN/㎡以上	杭基礎，ベタ基礎，布基礎

※ kNとはキロニュートンと読み，ニュートンとは，国際的に定められた力の単位である。1ニュートンとは，1キログラムの質量を持つ物体に1メートル毎秒毎秒（m/s²）の加速度を生じさせる力と定義されている。地上における重力加速度はGの単位で表され，質量1キログラムの物質に働く重力加速度は，1.0Gである。1.0Gとは9.80665m/s²であるから，質量1キログラムの物質に対して働く重力加速度は9.80665ニュートンとなる。計算すると，10キロニュートンとは約1019.2キログラム（約1トン）となる。

この結果，上述した告示は，2トンの重さを長期間にわたって支えられない地盤にあっては杭基礎が必要であり，2トンから3トンの重さを長期間にわたって支えうる地盤にあってはベタ基礎又は杭基礎が必要であり，3トン以上の重さを長期間にわたって支えうる地盤にあっては布基礎でよいと定めていることが分かる。

基礎構造は，大きく，直接基礎と杭基礎とに区別される。直接基礎という場合の直接とは，固い地盤に建物の荷重を直接伝える基礎という意味である。直接基礎には，フーチング基礎とベタ基礎がある。フーチングとはfootingであり，足下とか足場といった意味の英単語である。布基礎はフーチング基礎の一種である。ちなみに，杭基礎とは，建物の荷重を，杭を介して地盤に伝える構造である。

布基礎とは，断面図がTの字を逆にした形状の鉄筋コンクリートが連続して設けられる基礎である。鉄筋コンクリートが水平に連続している状態が，布という接頭語で表現されている。ちなみに，Tの字を逆にしたことで上に来る部分（Tの字を書くときの2画目で，垂線をなす部分）を，立ち上がり部分といい，ベタ基礎とは，布基礎の立ち上がり部分の底だけでなく，建物1階の床面積と同面積の全体をフーチングとするものである。

本件建物の基礎構造は布基礎であり，その形状は正方形ではなく，南西角の車庫部分が突き出た形状であり，同車庫に自動車が駐められていたであろうことから，本判決は，本件建物の基礎構造が，不同沈下の要因となった可能性も考えなければならないとした。

(2) しかし，基礎構造が不同沈下に影響を与えた程度については，本判決からはそれほど明確ではない。

まず，本件建物と地盤の関係は，一番下に軟弱地盤があり，その軟弱地盤の上に盛土があり，その盛土に本件建物が建っているところ，本件建物の不同沈下の原因は，盛土が圧密沈下したためであるのか，それとも軟弱地盤が圧密沈下したためであるのか明確に判断されていない。盛土は，適切に施工されていれば締め固められているから，軟弱地盤よりは圧密沈下しにくい。本判決が不同沈下の原因として指摘する，軟弱地盤上に盛土（及び建物）があることは軟弱地盤が圧密沈下する可能性であり，本件建物の基礎構造及び車庫の位置は盛土が圧密沈下する可能性のように思われる。

この点については，2メートルの盛土という点が重要なように思われる。本件建物の敷地面積は不明だが，仮に，同敷地が100㎡であったとすれば，2メートルの盛土（盛土はそれ自体を締め固めるから，掘り返された土より相当重くなる）をするには合計200立米の盛土が必要となる。1立米の盛土の重さを

1.8トンと仮定すると（港湾構造物設計基準2-8-3（社団法人日本港湾協会，昭和42年）参照），約360トンの盛土がされていたことになる。ちなみに，各階20坪（66㎡）の総2階建て木造住宅であれば，基礎を含めると約70トンになる。これは，床面積1㎡あたり300kg，厚さ20cmのベタ基礎で鉄筋コンクリートを1立米2.4トンと仮定した場合の重さである。本件建物の規模が判決文に書いてないため推定計算もできないが，土に比べると木造建物は，相当軽い。自動車の重さなどは，仮に2トンとしても，さらに軽い。

次に，本件建物の重心が西側に傾いていたのか不明である。偏心率について定める建築基準法施行令82条の6は，一般的な木造2階建て住宅には適用されないため，本件建物の重量バランスの詳細は判決文に現れていないが，本件建物の重心が東側に偏っていたとすれば，本件建物の重量バランスの悪さは，西側への不同沈下の原因とはいいにくくなるようにも思われる。

以上からすると，本判決は不同沈下の可能性として2つの事実を指摘するが，軟弱地盤上に2メートルの盛土をしたという点の方が，不同沈下の原因となった可能性としては大きいように思われる。

4　設計者等への責任追及の可能性

前項で述べた点は推測もあるが，本件建物と盛土とが一体となって本件建物が西側に不同沈下した事実を推認できれば，本件建物に布基礎を施工することとした設計者及びその使用者の不法行為責任を追及できるであろう（建基20条，建基令36条の3第1項，建築士18条1項。最判平15・11・14民集57巻10号1561頁参照）。盛土部分が圧密沈下を起こしているとすれば，盛土の施工業者も責任を負うといえよう。

Xが車庫の不具合から建物の傾きを疑った時期は平成20年であり，本件建物はその時点で築18年であったのであるから，このときに不同沈下の原因を軟弱地盤又は盛土の施工不良による圧密沈下と疑い，設計者及びその使用者，盛土の施工者に対して損害賠償請求する旨通知することができれば，権利を保全できた可能性がある（最判平元・12・21民集43巻12号2209頁，最判平4・10・20民集46巻7号1129頁）。

不同沈下の原因を早期に確認するためには，中立公平な調査結果を確認する必要がある。土地調査業務に限らず，調査業務を受任する者は依頼者のた

めに調査するという目的・動機を有することから，依頼者の意向に沿いがちであるといえよう。そこで，公平中立な調査結果を求めるためには，客観的な立場からの公平な意見を求める旨，強く指示して調査を依頼する必要がある。また，調査する土地の来歴も影響するから，地盤調査は，地元の過去をよく知る建築関係団体に依頼することも有用である。

【竹下　慎一】

64 共用部分の改修工事に対する反対区分所有者の協力義務

東京地裁平成27年2月16日判決（平成26年(ワ)第16514号）
判例時報2267号67頁

争点

1　共用部分の改修工事に反対する区分所有者に協力義務があるか
2　管理組合の訴訟提起のための弁護士費用を反対区分所有者が負担すべきか

判決の内容

■ 事案の概要

　マンションの管理組合であるXが，その臨時総会において，共用部分である各居室玄関扉の外部部分の改修工事（以下「本件工事」という）を専門業者に依頼して実施し，その工事代金を管理費から支出する旨の決議をしたところ，居住者のYのみがその工事に必要な協力を拒否した。
　そこで，Xは，Yに対し，建物の区分所有等に関する法律（以下「区分所有法」という）46条又は同法57条に基づき，上記工事と同様の工事をすることについてのYの協力する義務の確認，工事を妨害しない義務の確認，Xが業者に支払う工事費用をXに対して支払う義務があることの確認をそれぞれ求めるとともに，Xの規約に基づき，Xが本件訴訟を提起するにあたって必要となった弁護士費用75万6000円の支払を求めた。

■ 判決要旨

1　訴訟追行決議の効力

　Yは，Xが，平成26年5月31日の臨時総会において議決した本件訴訟追行

を求める旨の総会決議が無効である旨主張したが，本判決は，理事長は有効に選任されており，本件訴え提起が不適法なものと認める余地はないとした。

2 改修決議の効力及び反対区分所有者の協力義務

(1) Yは，Xが，平成25年5月18日に開催した臨時総会は無効である旨主張したが，本判決は，適正に手続を履践して開催されたものであって，何らその成立及び議決に瑕疵があるものとは認めるに足りる証拠はないから，本件改修決議は有効であるとした。

(2) その上で，本判決は，区分所有建物の区分所有者は，規約及び集会の決議に拘束されるから，本件マンションの区分所有者であるYは，当然に，適式に議決された本件改修決議に従う義務があり，Xは，本件改修決議を実行し，そのための協力を求める権利，義務を有するところ，YはXの再三の協力要請にもかかわらず，本件工事に協力していないことに加え，本件応訴の状況等からすれば，本件改修決議に従い，本件工事を実施することに協力する義務，業者が改修工事をするにあたり妨害をしない義務があることの確認を求めるXの請求は理由があるとして，Xの上記確認請求を認容した。

(3) 他方，本判決は，Xの請求のうちXが業者に支払う工事費用について，YがXに支払う義務があることの確認を求める部分については，本件改修決議において，本件工事の工事費用は管理費から支出する，すなわちXが負担することとされ，Yを含む各戸の区分所有者がこれを直接施工業者に対して負担するものとは決議されていなかったものであり，その後の総会決議において，Yが本件工事の工事費用を直接負担する旨の決議がなされたことを認めるに足りる証拠はないとし，Xが業者に支払う工事費用について，YがXに対して支払う義務があるとは認められないとして，Xの請求のうち上記確認請求部分は棄却した。

3 訴訟費用等の請求について

本判決は，Yは，規約62条4項に基づいて，Xが本件訴えを提起するのに要した費用（弁護士費用を含む）を負担するものとし，その費用として，訴訟費用（着手金）40万円（消費税別）及び実費（印紙代・切手代，交通費等の概算費用）3万円を認めた上，成功報酬30万円（消費税別）については，具体的な支

出額を認めるに足りる証拠がないことからすると，15万円の限度で認容するのが相当であるとした。なお，この支払義務は，規約に基づいて生ずるものであるから，これを請求する本件訴状がYに送達された時点で弁済期が到来し，その翌日から遅滞に陥るものと解されるとした。

解　　説

1　共用部分の改修工事に協力しない区分所有者への対応

共用部分の改修工事は建築後一定期間を経過したマンションにおいては特に問題となるところであり，通常，管理組合等が主導し，総会決議を経ながら，計画，業者の選定等の手続を進めていくこととなる。

本件において，Xは，区分所有法46条に基づく請求と同法57条（同法6条に定める「共同の利益に反する行為」の停止等の請求）に基づく請求を選択的に行ったところ，本判決は，区分所有者が規約及び集会の決議に拘束されることから当然に導かれる義務として，適式に議決された本件改修決議に従う義務，さらには改修決議の実行への協力を求める権利も認めている。これは，同法46条に基づく「協力請求」を認める趣旨と解される。

さらに，本判決は，YがXの再三の協力要請にもかかわらず本件工事に協力していない等の事情も踏まえて，改修決議に従って工事の実施に協力する義務，業者が改修工事をするにあたり妨害をしない義務があることも認めている。

共用部分の改修工事に協力しない区分所有者への対応としては，様々な根拠に基づくものが考えられるところであるが，本判決が改修決議の実行への協力を求める管理組合等の権利を認めたことは意義があるものと考えられる。

2　管理組合の訴訟提起のための弁護士費用の負担

本件マンションの規約には，区分所有者が建物の保存に有害な行為その他建物の管理又は使用に関し区分所有者の共同の利益に反する行為をした場合又はその行為をするおそれがある場合には，区分所有法57条から60条までの規定に基づき必要な措置を執ることができ，これに関する訴訟費用（弁護士

費用を含む）は当該区分所有者の負担とする旨規定されていた。

　本判決において認定された事実によると，本件訴訟の提起に関し，Xは，本件訴訟代理人弁護士と委任契約を締結し，着手金40万円（消費税別）及び成功報酬30万円（消費税別）の支払を約しているところ，本判決は，着手金全額と成功報酬のうち15万円を認容している。

　本判決は事例判断ではあるものの，諸要素を考慮して当事者間で合意される弁護士費用の着手金が全額認容されたこと，本来は事件終結後に当事者間で協議の上正式に決定されるであろう成功報酬についても判決において一部認容されたことについては，管理組合及びその代理人となる弁護士双方にとって参考になると思われる。

【宮田　義晃】

〔参考条文〕
- 建物の区分所有等に関する法律（抜粋）

第6条（区分所有者の権利義務等）
1　区分所有者は，建物の保存に有害な行為その他建物の管理又は使用に関し区分所有者の共同の利益に反する行為をしてはならない。
2　区分所有者は，その専有部分又は共用部分を保存し，又は改良するため必要な範囲内において，他の区分所有者の専有部分又は自己の所有に属しない共用部分の使用を請求することができる。この場合において，他の区分所有者が損害を受けたときは，その償金を支払わなければならない。
3　第1項の規定は，区分所有者以外の専有部分の占有者（以下「占有者」という。）に準用する。

第18条（共用部分の管理）
1　共用部分の管理に関する事項は，前条の場合を除いて，集会の決議で決する。ただし，保存行為は，各共有者がすることができる。
（以下略）

第46条（規約及び集会の決議の効力）
1　規約及び集会の決議は，区分所有者の特定承継人に対しても，その効力を生ずる。

2　占有者は，建物又はその敷地若しくは附属施設の使用方法につき，区分所有者が規約又は集会の決議に基づいて負う義務と同一の義務を負う。

第57条（共同の利益に反する行為の停止等の請求）

1　区分所有者が第6条第1項に規定する行為をした場合又はその行為をするおそれがある場合には，他の区分所有者の全員又は管理組合法人は，区分所有者の共同の利益のため，その行為を停止し，その行為の結果を除去し，又はその行為を予防するため必要な措置を執ることを請求することができる。

2　前項の規定に基づき訴訟を提起するには，集会の決議によらなければならない。

3　管理者又は集会において指定された区分所有者は，集会の決議により，第1項の他の区分所有者の全員のために，前項に規定する訴訟を提起することができる。

4　前3項の規定は，占有者が第6条第3項において準用する同条第1項に規定する行為をした場合及びその行為をするおそれがある場合に準用する。

第5章
その他

第1　労務関係

65　転落事故と安全配慮義務違反

大阪高裁平成20年7月30日判決（平成20年(ネ)第39号）
労働判例980号81頁

争点

工務店の依頼により工事現場において作業していた一人親方大工が転落事故により負傷した場合、工務店は安全配慮義務違反に基づき損害賠償責任を負うか

1. 本件事情において、使用者と同様の安全配慮義務を負うか
2. 転落する危険が予見可能であったか
3. 転落による危険を防止すべき義務が認められるか

判決の内容

■ 事案の概要

一級建築士の資格を有し30年間大工として稼働していた一人親方であるXが、工務店を営んでいるYの依頼を受けて、Yが請け負った2階建て戸建住宅の建前を建築するため、2階部で作業していたところ、床部にコンパネ（合板）を設置する際にカケヤ（両手打ちの鎚）を空振りしてバランスを失い転落し、頸椎脱臼骨折などの傷害を負うとともに、後遺症を残したと主張して、Yに対して、安全配慮義務違反の債務不履行に基づいて4497万2767円の損害賠償及び遅延損害金の支払を求めた。

原審は、Yの安全配慮義務違反を認めずXの請求を棄却したため、これを不服とするXが控訴を提起した。

■ 判決要旨

1 争点1について

本判決は「Yは，本件工事の元請人として，本件現場を管理し，材料を用意し，建前建築のために一人親方のXを本件現場に呼んで，Xが大工道具を持参して，日当2万円の前提で同作業に従事したものである以上，X・Y間の契約関係は典型的な雇用契約関係といえないにしても，請負（下請）契約関係の色彩の強い契約関係であったと評価すべきであって，その契約の類型如何に関わらず両者間には実質的な使用従属関係があったというべきであるから，Yは，Xに対し，使用者と同様の安全配慮義務を負っていたと解するのが相当である。」とし，Xが30年以上の経験と一級建築士の資格を有する大工であること，一人親方の労災保険に加入していたことは上記関係に基づくYの上記安全配慮義務の発生，内容，程度を直ちに左右するものではないとした。

2 争点2及び争点3について

Xが従事した工事は木造2階建て建物の建前工事であり，未だ床のない2階部で平面部に端から順番にコンパネをはめ込んで床面を形成する作業を行っていたものであり，2階部は地面から約3.5mの高所であったから，Yにおいて，Xを含む高所作業従事者が墜落する危険があることを予見し又は予見し得べきものとした上で，低層住宅建築工事における労働災害防止を図るために軒高さ10m未満の住宅等の建築物の建設工事に適用される足場先行工法に関するガイドラインが策定されて同実施が推奨されていたことにも照らすと，コスト等の理由により足場の設置がされない事例が世上多かったにしてもなお，本件事故当時，安全配慮義務の履行として，外回りの足場を設置し，これが物理的に困難な場合には代わりに防網を張り，安全帯を使用させるなど墜落による危険を防止するための措置を講ずべき義務があったといわざるを得ない（労働安全衛生規則518条・519条参照）とした。

3 結論

Yは2階部の床設置を含む建前工事において，危険防止措置を何ら執らなかったものであるから，安全配慮義務違反が認められ，同違反とXの受傷と

の間に相当因果関係が認められるとし、治療費、入通院慰謝料、休業損害、逸失利益、後遺症慰謝料等合計2992万9995円を損害として認定した上で、現実には2階建て木造建物建築において足場等が設置されない場合も多く、Xは、30年以上の経験を有する大工（一人親方）で相応の道具選択と技量が期待されていたこと、本件現場で足場等が設置されていないことを明らかに認識しつつも、Yに何らの措置も求めなかったこと、両手打ちのカケヤを振り上げて当て木を打ちコンパネをはめ込もうとしたが当て木上部を叩いたためバランスを崩して前のめりになりそのまま落下したもので、道具選択と技量に誤りがあったといえること等を考慮すると、本件におけるXの過失割合は8割が相当として、過失相殺の上、1割の弁護士費用を加えた658万5999円を認容した。

解　説

1　安全配慮義務

最高裁昭和50年2月25日判決（民集29巻2号143頁）は「安全配慮義務は、ある法律関係に基づいて特別な社会的接触の関係に入った当事者間において、当該法律関係の付随義務として当事者の一方又は双方が相手方に対して信義則上負う義務として一般的に認められるべきもの」と判示している。

そして、最高裁昭和59年4月10日判決（民集38巻6号557頁）は、労使関係における安全配慮義務について、「雇傭契約は、労働者の労務提供と使用者の報酬支払をその基本内容とする双務有償契約であるが、通常の場合、労働者は、使用者の指定した場所に配置され、使用者の供給する設備、器具等を用いて労務の提供を行うものであるから、使用者は、右の報酬支払義務にとどまらず、労働者が労務提供のため設置する場所、設備もしくは器具等を使用し又は使用者の指示のもとに労務を提供する過程において、労働者の生命及び身体等を危険から保護するよう配慮すべき義務（以下「安全配慮義務」という。）を負っているものと解するのが相当」と判示している。

また、労働契約法5条は「使用者は、労働契約に伴い、労働者がその生命、身体等の安全を確保しつつ労働することができるよう、必要な配慮をす

るものとする」として，使用者の安全配慮義務を規定している。

2　原審（神戸地判平19・12・11労判980号88頁）

(1) **争点1について**

大工であるXは，Yの指示の下で建前をしていたものであり，YがXに対し，特別な社会的接触関係にある者として安全配慮義務を負うことは否定できず，また，本件現場の棟上げ作業を円滑に行うためには，Yの作業手順や作業方法についての指示は必要不可欠であったことは否定できないとしつつ，Xは約30年間という豊富な経験と一級建築士の資格を有する上，以前は甲野建築との屋号を構えていたこともあり，独立した大工であることなどが認められることに照らすとYがXに対し一定の指示をしたからといって，直ちにYが使用者同様の安全配慮義務を負うとは解されないとした。

(2) **争点2及び争点3について**

Xは，独立した一人前の大工であること，Yからの仕事の依頼について諾否の自由を有していること，一人親方として自ら労災保険に加入していること，Xが労働時間を管理されていたことをうかがわせる証拠はないこと等に照らせば，XとYとの間に雇用契約は認め難く，Yを独立した個人経営主と評価するべきであることに加え，Xは，高所かつ足場が悪い状態での作業にもかかわらず，重量のあるカケヤを両手で用いるという極めて危険な方法で作業を行っているところ，Xは，重いカケヤを打ち損なえば，バランスを崩して落下することを容易に想像できたはずである。一方，Yは，通常，大工はコンパネをはめ込む作業をする際，危険な場所でカケヤを使用することはないと考えており，Xが本件事故当時カケヤを使用していることも知らなかったのであるなどとして，これらの事情を考慮すると，本件事故について，Yは，Xがカケヤを使用してコンパネをはめ込む作業を行う予見可能性がない。また，Xが主張するような安全管理のための指導監督体制を確立し，転落事故等が起きないように注意を喚起する等の結果発生を回避すべき義務までも負わないと解されるとし，一般的に大工がコンパネをはめ込む作業をする際，危険な場所でカケヤを使用することはないのであるから，カケヤを両手で用いるという極めて危険な方法で作業をしていたXの落ち度は大きく，カケヤを打ち損なうことを予想して，Yが安全管理のための設備等を設置す

るべき注意義務までも負わないと解されるとした。
　(3)　足場先行工法に関するガイドライン
　Xは，建方作業に先行して足場を設置する足場先行工法の具体的な進め方，足場設置基準等を明らかにした「足場先行工法に関するガイドライン」(以下「ガイドライン」という）を根拠に，安全配慮義務違反を主張したが，ガイドラインは労働災害防止を図ることを目的としており，労働者であることが前提になるところ，Xは独立した個人経営主であって，ガイドラインは原則として適用されないなどとして，Xの主張を斥けた。
　3　考　察
　(1)　原審と控訴審とで結論が分かれた一番大きなポイントは，原審はYがXに対し，特別な社会的接触関係にある者として安全配慮義務を負うことは否定できないとしつつ，Yは使用者同様の安全配慮義務は負わないと認定したのに対し，控訴審では，X，Y間には実質的な使用従属関係があったというべきであるとし，Yは，Xに対し，使用者と同様の安全配慮義務を負うと認定したことにあるといえる。
　ここで重要なメルクマールとなるのが，実質的な使用従属関係の有無であるが，控訴審においては，Yが本件工事の元請人として，本件現場を管理し，材料を用意していることやYがXに対して一定の指示をしていることなどを重視して請負（下請）契約関係の色彩の強い契約関係であるが，両者間には実質的な使用従属関係があったというべきと評価したものであろう。
　なお，筆者の個人的な意見としては，「X・Y間の契約関係は典型的な雇用契約関係といえないにしても，請負（下請）契約関係の色彩の強い契約関係であったと評価すべきであって，その契約の類型如何に関わらず両者間には実質的な使用従属関係があったというべき」との表現は，請負契約関係の色彩の強い契約関係であれば，実質的な使用従属関係があると認定したようにも読めるので，もう少し表現に工夫がほしかったところである。
　本件と類似の事案について，「認定した事実関係を総合すると，原被告間の契約関係は，典型的な雇用契約関係であったとは到底認め難く，また，典型的な請負契約関係であったともいえないが，請負契約の色彩の強い契約関係であったとみるべきところ，それにもかかわらず，原被告間には，実質的

な使用従属関係があったというべきである」として，請負契約の色彩が強い契約であるとしつつ，実質的な使用従属関係を認め，安全配慮義務違反を認めた裁判例（浦和地判平8・3・22判タ914号162頁）があるので，参照されたい。

(2) 次に，原審と控訴審の判断が分かれた理由として挙げうるのが，Xが安全配慮義務違反の根拠の一つとして主張した「足場先行工法に関するガイドライン」の評価である。

原審が，当該ガイドラインは労働災害防止を図ることを目的としており，労働者ではないXには原則として適用されないと認定したのに対し，控訴審では，当該ガイドラインの存在をYに危険防止措置を講ずべき義務があったことの根拠の一つとして認定している。

なお，当該ガイドラインは，平成8年11月11日付厚生労働省労働基局長通達基発第660号「木造家屋等低層住宅建築工事における労働災害防止対策の推進について」で示され，その後，平成18年2月10日付同基発第0210001号において改正されている。

【髙木　　薫】

第2　行政関係

66　総合設計許可における行政庁の裁量

東京地裁平成23年9月30日判決（平成22年(行ウ)第28号）
判例時報2156号30頁，ウエストロー・ジャパン2011WLJPCA09308019

争点

総合設計許可の適法性と行政庁の裁量

判決の内容

■ **事案の概要**

　高層マンション建設の計画に対し，東京都知事が建築基準法59条の2第1項に定める総合設計許可をなした。当該高層マンションは，敷地内に公開空地を設けることで，容積率87.17％の割増し（割増前容積率：259.99％，割増後容積率347.16％），及び高さ制限の1.5倍の緩和（緩和前高さ制限：40m，緩和後の高さ制限59.97m）を許可されていた（以下「本件許可処分」という）。

　Xらは，同許可を受けた高層マンションの近くに建物を所有，又は居住する者である。Xらは，本件許可処分には，東京都総合設計許可要綱（以下「本件許可要綱」という）に適合していない等の違法があると主張し，Y（東京都）に対して総合設計許可処分の取消しを求めた。

　Xらの主張の概要は以下のとおりである。

　(1)　本件許可処分にて冬至の日に終日日陰となり，かつ，行き止まりとなっている空地部分を公開空地として認め，かつ公開空地の中でも最高ランクの空地であるとして有効係数1.2で計算することを認めたことは，東京都都

市整備局の作成した公開空地等のみどりづくり指針に関する手引（みどりの手引），横浜市市街地環境設計制度に反する。

(2) 空地のうち一部について，道路等に面していないにもかかわらず面していると評価し，有効係数を1.2で計算することを認めたことは，本件許可要綱に違反する。

(3) 空地のうち建物のピロティを介して道路等につながっている部分を，有効係数を1.2で計算することを認めたことは，本件許可要綱の解釈を誤ったものである。

(4) 申請書に表示されたパース（完成予定図）は，ピロティの天井の高さが現実のものより高く描かれ，日影になる空地を現実にはあり得ない明るさで描かれるなどしている。そのため審査段階で事実誤認が生じ，本件許可処分には，この事実誤認により裁量権の範囲から逸脱してなされたものである。

(5) 本件敷地内には，従前の状態では4220㎡の空地（以下「旧空地」という。法律上の公開空地ではないもの）があり，事実上地域に開放され，自由に立入りが可能であった。本件許可処分は，事実上の公開空地であった旧空地と比較して大幅に公開空地の面積を減少させており，市街地環境を改悪するものであるから，裁量権の範囲を逸脱している。

(6) 当該高層マンションからの落下物の危険性があるにもかかわらず，その危険防止の措置が十分であると判断し，建物の外壁面の後退距離を確保する必要がないと認めたことは本件許可要綱に反する。

(7) 事実と異なる内容のパース（完成予定図）を用いて住民説明会を実施したり，公聴会に利害関係人ではない者を公述人として参加させたりしたことについて手続上の重大な瑕疵がある。

■ 判決要旨

1　原告適格

総合設計許可に係る建築物の倒壊，炎上等により直接的な被害を受けることが予想される範囲の地域に存する建築物に居住し又はこれを所有する者は，総合設計許可の取消しを求めるにつき法律上の利益を有する者として，その取消訴訟における原告適格を有すると解するのが相当である（最判

平14・1・22民集56巻1号46頁)。

本件Xらは，上記のような地域に存する建築物に居住し又はこれを所有する者であるということができるので，原告適格を有する。

2 総合設計許可の適法性についての裁判所の審査の在り方

本件では，建築基準法59条の2第1項に定める総合設計許可の要件のうち，①「その敷地内に政令で定める空地を有し，かつ，その敷地面積が政令で定める規模以上である建築物で」あるとの要件は満たされていることを前提として，②「特定行政庁が交通上，安全上，防火上及び衛生上支障がなく，かつ，その建ぺい率，容積率及び各部分の高さについて総合的な配慮がなされていることにより市街地の環境の整備改善に資すると認め」られるとの要件が満たされているか否かが争われている。

そして，上記②の要件が満たされているか否かの判断については，その文言が抽象的なものであること，法令上に具体的な判断基準等を定めた規定が見当たらないことなどからして，同項の趣旨に沿った特定行政庁の専門的，技術的な裁量に委ねられているものと解されるから，裁判所は，同項の規定の趣旨を踏まえて，特定行政庁の判断がそのような合理的裁量の範囲内のものであるかを審査すべきものというべきである。

本件建築計画が本件許可要綱に定める基準等に適合しているということができる場合には，本件許可処分が合理的裁量の範囲内のものであることを推認することができる。もっとも，本件許可要綱が，「本制度の運用に当たっては，常に趣旨及び基本目標に照らして総合的見地から行うものとする」などとしていることも考慮し，本件建築計画が総合設計許可の要件を満たしているというためには，それが要綱に定める基準等に適合していることに加え，それが，市街地の環境の整備改善に資するとした特定行政庁の判断についても，合理的裁量の範囲内のものということができることが必要である。

3 原告らが主張する各違法性について

(1)〜(3) Xらが指摘するみどりの手引は，本件許可要綱において公開空地の要件としたり公開空地の有効係数を増減させる要素とする枠組みにはなっていない。横浜市市街地環境設計制度の記載を参照しなければならない理由もなく，本件許可処分に係る知事の判断に，これらの資料の記載と異なる点

があったとしても，直ちに本件許可処分が違法となるものではない。公開空地に関する東京都知事の評価は，国土交通省が通知した総合設計許可準則に関する技術基準の定めに沿う運用であって，合理的裁量の範囲内のものである。

(4) パースは，申請書中の平面図等の他の図面を補完するいわば補助的な位置付けを有するものにとどまると考えられる。当該パース内のピロティの開放性，道路からの見通し等の描写につき，本件許可処分の許否の判断を左右するほどの違いがあるとまではいい難い。

(5) 旧空地は，不特定多数の者が日常的に自由に通行ないし利用することが法的に保障されていたものではないことが明らかであり，旧空地を事実上の公開空地と評価することはできず，Ｘらの主張はその前提を欠く。

(6) 本件許可要綱においても「落下物に対する危険防止の措置を有効に講じている」との抽象的な要件のみが定められていることに照らせば，その有効性の判断については，特定行政庁の合理的な裁量に委ねられているものというべきところ，本件建築物における落下物に対する危険性防止の措置は，危険を一定の範囲で低減する効果があるものと評価することができる。東京都知事の判断が裁量権の範囲から逸脱した不合理なものとまではいい難い。

(7) 公聴会について定める実施細目等には，公聴会にて利害関係人又はその代理人以外の者が意見を述べることを禁ずる趣旨の定めは置かれていない。

実際と異なるパースを使用して住民説明会をしたとの主張について，住民説明会等の開催が総合設計許可の適法要件として位置付けられているとは解し難く，仮に説明会にて説明資料の中にパースが含まれていたとしても，本件許可処分の違法性を左右するものとはいえない。

以上の理由から，本件許可処分は実体的な適法要件及び手続的な適法要件のいずれも満たしている。

■ 解　説

1　総合設計許可とは

総合設計許可とは、建築基準法59条の2の規定に基づき、一定規模以上の敷地に一定割合以上の空地を有する建築物について、容積率の割増しや建築物の高さ等の形態に関する制限を緩和する制度である。

総合設計許可により設置される空地は、公開空地といい、日常一般に公開され、植栽などの部分を除いて自由に立ち入ることができる。

Y（東京都）が定める東京都総合設計許可要綱では、公開空地の形態ごとに定められる有効係数をそれぞれの公開空地の面積に乗じ、公開空地の有効面積を算定する。そしてこの公開空地の有効面積が敷地面積全体に占める割合や、公開空地の質（周辺緑地との連続性などの観点から定められる）によって割増しされる容積率の限度が定められることとされている。そのため本件では、計画されている空地を公開空地として認めることの可否、そして有効係数の値などについて争われた。

2 総合設計許可の取消訴訟における原告適格

行政庁のなした処分の取消訴訟を提起することができるのは、当該処分の取消しを求める法律上の利益がある当事者に限られる。このような法的な利益があり、訴えを提起する資格があるということを原告適格があるという。

総合設計許可の処分の取消しの原告適格について、上記平成14年最判は、「総合設計許可に係る建築物の倒壊、炎上等により直接的な被害を受けることが予想される範囲の地域に存する建築物に居住し又はこれを所有する者は、総合設計許可の取消しを求めるにつき法律上の利益を有する者として、その取消訴訟における原告適格を有すると解するのが相当である」と判断している。

本件は上記最高裁判例に従うものである。Xらは、いずれも、本件敷地の隣地、又は本件敷地の隣地境界線から直線距離で22mないし71m離れた位置に所在する土地上にある建築物に居住し、又はこれを所有する者であった。本件建築計画は、高さ59.97mとすることを許可されていたことから、本件建物の倒壊、炎上による直接的な被害が及ぶ範囲内であるとの判断に至っている。

3 総合設計許可の違法性判断と行政庁の裁量

行政庁の裁量処分については、裁量権の範囲を超え又はその濫用があった

場合に限り，裁判所は，その処分を取り消すことができる（行訴30条）。そのため，どのような場合に裁量権の範囲を超え又は濫用があったといえるかが問題になる。

　建築基準法における総合設計許可に関する規定は，59条の2のみである。そしてその規定の内容は，判決要旨**2**のとおり，非常に抽象的である。先に述べたとおり，総合設計許可とは，同法が定める高さや容積率などの建物の形状の規制を超える規模の建築物の建築を許可する制度である。それにもかかわらず，法が抽象的な要件しか置いていないことから，本判決は，その許可の判断においては行政庁に広い裁量があると認めたものと考えられる。

【吉田　可保里】

第3　震災関係

67　地震免責条項適用の可否

東京高裁平成24年3月19日判決（平成23年(ネ)第7546号）
判例時報2147号118頁，判例タイムズ1374号197頁，金融・商事判例1392号37頁，金融法務事情1958号96頁

争　点

個人賠償責任総合補償特約約款における地震免責条項とその適用の可否

判決の内容

■　事案の概要

　東日本大震災にて，東京都内のマンションの6階の住戸内に設置された電気温水器の配水管に亀裂が生じ，階下の5階住戸に及ぶ水漏れ事故（以下「本件事故」という）が発生した。

　漏水を生じさせた住戸の区分所有者は，建物を目的とするホームオーナーズ保険（個人財産総合保険）契約（損害賠償責任保険）を損害保険会社との間で締結していた。当該保険は，居室の所有，使用，管理に起因する偶然な事故により，他人の身体の障害又は財物の滅失，毀損，汚損に対して法律上の損害賠償責任を負担する損害を被った場合には，損害保険会社が保険金を支払う旨の個人賠償責任総合保障特約が付されていた。当該約款には，地震によって生じた損害に対しては保険金を支払わない旨の定め（地震免責条項）が設けられていた。具体的には，「地震もしくは噴火又はこれらによる津波」の場合については保険金を支払わないこととされており，免責となる地震の範囲を何ら限定していなかった。

本件は，階下の住戸に居住するX₁と当該住戸の区分所有者X₂及びX₂の妻X₃が，①漏水を生じさせた上階の住戸の区分所有者Y₁に対し民法717条1項に基づき損害賠償を，②損害保険会社Y₂に対し，Y₁の損害賠償責任につき保険金を支払うことを請求したものである。

X₁は慰謝料10万円，X₂は改修工事代金119万円，慰謝料7万5000円，X₃は慰謝料5万円をそれぞれ請求した（いずれも慰謝料は一部請求）。

原審は，Y₁に対し，X₁の慰謝料10万円，及びX₂についての工事代金104万円の請求を認容した。また，Y₂に対する請求も認め，その際，地震免責条項にいう「地震」とは，「社会一般ないし当該保険契約の契約者において，通常想定される危険の範囲を超えて大規模な損害が一度に発生し，保険契約者の拠出した保険料による危険の分散負担が困難となるような巨大な地震」に限られると解釈し，地震免責条項は，通常有すべき耐震性を有しなかったことにより地震によって損害が生じ，これにより保険契約者が民法717条による土地の工作物責任を負うことになった場合であっても，地震によって生じた損害であるとして保険会社の免責を認める規定ではないと判断した。

Y₂（控訴人）が原審の判断を不服として控訴したのが本件である。なお，控訴審ではY₁はXら（被控訴人ら）のために補助参加した。

■ **判決要旨**

Y₂敗訴部分を取り消し，Xらの請求をいずれも棄却。

本件保険契約約款の地震免責条項には，免責の対象となる地震の意義ないし範囲等につき何ら限定を付しておらず，社会通念上「地震」の語の意義は明確であって，保険事故の原因となった現象が地震であるかどうかにつき紛れが生じることはないと考えられるから，約款の文言上「地震」の語をその強度，規模等によって限定的に解釈することはできず，地震と相当因果関係のある損害であれば，地震免責条項の対象となると解するのが相当である。

以上の約款の文言解釈に加え，地震保険に関する法律との関係，他の免責事由との比較，保険契約者間の公平等など理論的かつ実質的な観点から「地震」を限定的に解釈することは相当でない。

本件事故が，東日本大震災の発生直後に，6階住戸に設置されていた電気温水器の配水管に亀裂が生じたことにより発生したものであること，本件マンションで観測された地震の震度が5強又は5弱であったことは原判決のとおりである。また，配水管に経年劣化が生じており，このことが亀裂発生の一因となったのだとしても，地震の揺れがきっかけとなって亀裂が生じたこと自体は当事者間に争いはなく，本件事故につき Y_1 が損害賠償責任を負担するという形で損害を被ったとしても，この損害は上記地震と相当因果関係があると認められるから，地震免責条項が適用され，Y_2 は保険金支払義務を負わないと判断するのが相当である。

解　説

1　地震免責条項

火災保険をはじめとする損害保険約款では，通常，地震による損害について免責とする定め（地震免責条項）が置かれている。これは，地震によって生じる損害は巨大な額となり，保険が担保できる範囲をはるかに上回る可能性があり，保険制度が前提とする大数の法則（統計学上の定理）が成り立たないことがその趣旨であるとされる。

地震免責条項については，被災者保護の観点からその効力がこれまでも争いとなってきた。判例は一貫してその有効性を肯定している（大判大15・6・12民集5巻495頁）。地震を限定的に解することを否定した裁判例には，神戸地裁平成11年4月28日判決（判タ1044号191頁），函館地裁平成12年3月30日判決（判タ1083号164頁）などがあり，本判決も従前の裁判例の考え方に沿うものである。

2　地震免責条項の適用の可否

原判決が地震免責条項にいう地震を限定的に解釈したのに対し，本判決は，地震免責特約における地震を限定解釈せず，全ての地震に適用されると判断し，損害保険会社の責任を免責している。ここでは，約款の「地震」の文言解釈に加え，以下のような他の法律，他の免責事由との比較や保険契約者間の公平の観点についても検討し，結論として地震免責条項にいう「地

震」を限定解釈すべきではないと判断していることが特徴的である。

(1) 一般的な損害保険契約においては本件と同様の免責条項を設けて保険金を支払わないとする一方，地震保険に関する法律が定めるところにより，地震保険契約によって損害を填補する制度が整えられている。地震保険に関する法律と地震免責条項の対象となる地震の範囲は，同一に解するのが相当であるところ，同法にいう地震は広く填補の対象とされるべきである。

(2) 本件損害保険約款では，戦争，津波，噴火，放射能汚染等，他の免責事由と並んで地震が免責事由であると定められており，原審はこれを根拠に，他の免責事由と同程度に予測し得ない地震に限定されると判断しているが，各免責事由はそれぞれに独立した事由として定められていることから，それぞれの事由を対比して地震の意義を限定解釈することは相当ではない。戦争，津波，噴火，放射能汚染等についても，その規模や被害の範囲等と無関係に保険金を支払わないと定めていることからも，他の免責事由と並んで免責事由とされていることが限定解釈の根拠とはならない。

(3) 原判決のように個別具体的に揺れの程度，建物の耐震性等を考慮して地震を限定的に解するとすると，保険金請求時に免責条項の適否に関し争いが多発することとなり，保険実務の混乱を招くことになりかねない。また，同一の保険に加入していたとしても，震源地に近く被害が大きい地域で保険金の支払が受けられず，震源地から遠く被害が小さい地域では保険金の支払を受けられることになりうるところ，このように解することは，保険契約者間の公平を欠く。

3　保険会社に対する直接請求の可否

本件では，XらはY_2に対し，直接請求できると主張し，原判決がこれを認めていたのに対し，本件控訴審ではこの主張は認められなかった。

Xらの主張は，Y_1との間で，Y_1の保険金請求権を，本件の訴訟手続において，XらがY_2に対し，直接行使する旨の合意があり，これに基づき，直接保険金を請求することができる，というものであった。原判決では，この合意は，Y_1がXらに対し，保険金請求権を譲渡したものと認められると判断し，直接請求を認めていた。

これに対し，本件控訴審では，債権譲渡の事実を認定するためには，売

買，代物弁済その他債権譲渡の原因となる行為があることの主張立証を要するが，この点を欠いているとして，債権譲渡の事実は認めることができないとした。

　その他，本件控訴審は，Xらの請求は，本件合意による任意的訴訟担当に当たるとみることができるが，本件において，任意的訴訟担当を認める合理的必要性があるとはいえず，任意的訴訟担当としてXらの請求を認めることは相当ではないとしたほか，Y_1が無資力であることの主張立証がないため，債権者代位権に基づいてXらのY_2に対する請求を認めることもできないとしている。

【吉田　可保里】

68 売買契約後に天災地変によって生じた建物傾斜に関する仲介業者の調査義務

東京地裁平成25年1月16日判決（平成23年（ワ）第20531号）
判例時報2192号63頁

争点

1 売主の買主に対する虚偽説明の存否
2 契約に基づく売主の修復義務の債務不履行の存否
3 仲介業者が，売買契約締結後も媒介契約上の義務を負うか

判決の内容

■ 事案の概要

　平成23年2月20日，原告Xは，仲介業者である被告Y_2の媒介で，被告Y_1から千葉県浦安市所在の土地及び建物（以下「本件建物」という）を購入し，被告Y_1に対して手付を支払った。

　本件建物は，平成23年3月11日に発生した地震によって傾斜した（1／100前後。後に，浦安市は本件建物が半壊した旨の罹災証明を行っている）。しかし，同月12日から17日にかけて，被告Y_2及び被告Y_1は，原告Xからの問合せに対して，本件建物について，大きな崩れや亀裂等はない旨を回答した。同月24日，原告Xは，被告Y_1に対し残代金，被告Y_2に対し仲介手数料を支払った。

　そこで，原告Xは，主位的に，被告Y_1は震災後に本件建物の傾斜を認識していたにもかかわらず，これを告げず，被告Y_2は媒介契約上の義務にもかかわらず，充分な調査をせず，本件建物に異常はない旨の回答をしたため，本件売買契約の手付条項による契約解除ができなかったとして損害賠償を，予備的に，信義則上，手付条項の解除権行使の期間制限は適用されない

として手付解除による不当利得の返還，又は，本件売買契約に基づく修復義務を被告は履行していないとして債務不履行に基づく損害賠償を求めた。

■ 判決要旨

1　売主の買主に対する虚偽説明の存否

　本件建物の傾きは，目視によって直ちに判明するものではない，3月12日の時点で，被告 Y_1 は，本件建物に帰宅後，原告 X の訪問を受けるまで時間的に短く，本件傾きに気付く機会が乏しかったこともあって，傾きに気付かなかったというのは相当の理由がある。また，本件傾きは人が傾いていることを認識するとされる程度に達するものであり，また，本件建物周辺で不同沈下の被害が生じていたけれども，他方，東日本大震災直後の上記認定の生活状況下で，被告 Y_1 は本件建物の傾きに気付く心理的余裕が乏しかったことがうかがえることに照らせば，3月12日以降3月20日まで本件建物の傾きに気付かなかった旨の被告 Y_1 の説明は，相応の合理性があり，被告 Y_1 による虚偽説明は認められない。

　したがって，虚偽告知を前提とする債務不履行又は不法行為は認められず，同様に，手付条項の期間制限は適用される。

2　契約に基づく売主の修復義務の債務不履行の存否

　被告 Y_1 は，引渡し後，速やかに修復を申し入れたが，原告 X が被告 Y_1 の修復義務の履行に協力しないために，本件修復条項に基づく修復工事を決定することができないでいるのであるから，被告 Y_1 は修復義務の不履行について帰責事由はない。したがって，被告 Y_1 は本件傾きの修復義務の不履行について債務不履行責任を負わず，原告 X は修復に代えて損害賠償請求をすることはできない。

3　仲介業者が，売買契約締結後も媒介契約上の義務を負うか

　媒介契約は，その性質上，宅建業者が売買契約の成立に向けて業務を行うことを目的としており，売買契約の締結により媒介業務が終了するものである。そうすると，被告 Y_2 は，本件売買契約締結の後の被告 Y_2 の作為又は不作為について，原則として，本件媒介契約上の義務を負うことはなく，その義務違反を問われることもない。もっとも，買主から売買契約成立後に生じ

た建物の傾きの有無について調査の要求があり、宅建業者がこれに応じたりするなどの特段の事情があれば、被告 Y_2 も傾きの有無について調査義務を負うことになると解される。しかし、宅建業者は売買契約の締結後に発生した不動産の物的瑕疵について容易に知り得る立場にないこと等をも考慮すると、被告 Y_2 は、本件売買契約後に生じた本件建物の傾きの有無について積極的に情報を提供する義務を負うことはなく、買主からの調査要求に任意に協力する限度で調査すれば足りるものと解される。本件建物には、東日本大震災以降本件建物の引渡しまでの間、被告 Y_1 とその家族が居住しており、被告 Y_2 は本件建物の中に入って調査をすることができない状態にあった。これらの事情を総合考慮すると、被告 Y_2 は、原告Xの要求に応じて本件建物の傾きの有無を調査する場合であっても、本件建物に居住している被告 Y_1 やその家族に傾きがあるか否かを問い合わせることで足り、それ以上に被告 Y_2 が自ら本件建物に水準器を用いて調査を行う義務まで負うということはできない。

　被告 Y_2 の従業員は、東日本大震災後、3月13日に被告 Y_1 の妻と電話で話をした際に、同妻から本件建物は大丈夫である旨の回答を得ていたこと、これを受けて、同従業員は、3月17日の原告Xからの本件建物の傾きの有無についての問合せに対して、上記妻の上記回答を基に、本件建物は大丈夫である旨回答した。すると、被告 Y_2 は、原告Xに対する調査義務を果たしたといえる。

解　説

1　売主の買主に対する虚偽説明の存否

　本判決において、本件傾きは、東日本大震災によって生じていた蓋然性が高い、本件傾きの程度は、人が傾いていることを認識するとされる程度に達するものである、と認定しつつ、被告 Y_1 は本件建物の傾きに気付く心理的余裕が乏しかったことなどから、被告 Y_1 は傾きに気付いていなかったとの主張に相応の合理性を認めている。これは、東日本大震災という未曾有の巨大災害後の混乱に加えて、被告 Y_1 が引越し準備を始めており、建物内に段

ボール等が多く積まれ，動線が短かったなどの特殊な事情を背景とした判断であり，事案の特殊性が強く反映された事例判決と評価される。

ただ，隠れた瑕疵には該当すると考えられ，瑕疵担保責任に基づく請求は成立しうると考えられる。

2　契約に基づく売主の修復義務の債務不履行の存否

債務不履行責任の要件として帰責性が必要とされているところ，本件においては，被告Y1は，本件契約に含まれている修復条項に基づき本件傾きを修復する義務を履行することとし，4月9日付で原告Xに対して注入工法による修復を行うことを申し入れたこと，しかし，原告Xは，被告らが詐欺ないし不実の告知によって原告Xの手付解除権の行使を妨げたとして，売買代金額から手付金を控除した残金や仲介手数料等の合計額相当の損害賠償を請求し，本件訴訟においても同様の請求を維持した上で，仮に修復を行うとしてもアンダーピニング工法によるべきである旨主張していること，そのため，被告Y1は，修復工事の施工を決定できず，被告Y1が上記義務を履行することができないでいること等を挙げて，被告Y1には帰責事由がなく，被告Y1は債務不履行責任を負わないと判断されている。

なお，本件においては，傾きの補修方法に関して，原告Xはアンダーピニング工法（基礎の下でジャッキを用いて鋼管を圧入し，沈下を修正する工法）を，被告Y1は注入工法（基礎の下にグラウト（注入後に硬化する，隙間を埋めるための薬液）等を注入し，注入圧によって建物の沈下を修正する工法）をそれぞれ妥当と主張しているところ，前者には地盤補強効果があること，後者には相当程度の採用実績があること，前者は後者に比して費用が大幅にかかること等を根拠に，前者は修復の範囲を超えて改良の要素があるとして，前者に基づく被告Y1の補修義務は否定されている。この点は，地盤沈下に基づく補修方法の適否に関して参考になるものと思われる。

3　仲介業者が，売買契約締結後も媒介契約上の義務を負うか

仲介業者の告知義務に関しては，媒介契約が売買契約の成立に向けて業務を行うことを目的としており，売買契約の締結により媒介業務が終了することを根拠に，売買契約締結の後の仲介業社の作為又は不作為について，原則として，媒介契約上の義務を負うことはなく，その義務違反を問われること

もない旨を判示した上で，買主から調査の要求があり，仲介業者がこれに応じたりするなどの特段の事情があった場合には調査義務を負うものの，その場合でも，買主からの調査要求に任意に協力する限度で調査すれば足りると，極めて軽度の義務しか認定していない。

　仲介業者が，売買契約成立後に残る売主・買主間の履行には関与しないこともあることからすると，上記判断は媒介契約の内容からは当然の帰結と考えられる。なお，売買契約締結以前から存在していた目的物の瑕疵に関して，仲介業者の告知義務を認める裁判例（福岡高判平23・3・8判時2126号70頁，判タ1365号119頁等）がある。

【大橋　正典】

69 東日本大震災液状化に関する売主の責任

東京地裁平成26年10月8日判決（平成24年（ワ）第2725号　損害賠償請求事件（甲事件），平成25年（ワ）第34608号　損害賠償請求事件（乙事件））
判例時報2247号44頁

争点

1 液状化被害防止措置を講ずる義務（不法行為の予見可能性・結果回避義務）
2 液状化に関する説明義務
3 不法行為責任の除斥期間経過による消滅
4 液状化と瑕疵担保責任

判決の内容

■ 事案の概要

　本件は，Yから，千葉県浦安市所在の分譲住宅（以下「本件分譲住宅」という）を購入し，又は購入した者から相続し，あるいは転売を受けて取得したXらが，おおむね次のように主張して，不法行為責任又は瑕疵担保責任に基づき損害賠償を求めた事案である。
　(1)　本件分譲住宅の土地（以下「本件分譲地」という）は，埋立地で地盤が弱く，大規模地震が発生した場合には液状化し，本件分譲地上の建物（以下「本件分譲建物」という）が傾くなどの被害を受ける危険性があったのであるから，Yは，本件分譲地の地盤改良工事を行うべきであった。しかし，Yは，その義務を怠ったため，平成23年3月11日，東北・関東地方で発生した東日本大震災（以下「本件地震」という）により，本件分譲地の液状化によって本件分譲建物が傾く等してXらは損害を被ったから，Yは不法行為による損害賠償責任を負う。

(2) Yは，Xら又は直接購入者でないXらについてはその直接購入者に対し，地震による液状化のため本件分譲建物が傾く危険があること等を説明する義務があったのにこれを怠ったため，Xらは損害を被ったから，Yは不法行為による損害賠償責任を負う。

(3) 仮に上記不法行為責任を負わないとしても，本件分譲住宅は通常備えるべき安全性を欠いていたから，Yは，本件分譲住宅を購入し，又は購入した者の死亡による相続により取得したXらに対し，瑕疵担保責任に基づく損害賠償責任を負う（一部のXらの予備的請求）。

■ 判決要旨

まず，昭和56年以降に分譲された東京湾岸の土地建物について，本件分譲建物の販売当時の専門家の報告書等に基づき，液状化被害を防止する上で有効なものとして鉄筋コンクリートべた基礎を採用する液状化対策を実施していること等を理由に，Yには本件地震による液状化被害の予見可能性が認められないものとした。同様に，Yの結果回避義務としての地盤改良工事を実施すべき義務も否定し，Yには地盤改良工事を行う義務が生じないと判示した。

次に，Yの採用した鉄筋コンクリートべた基礎は，液状化対策として不十分とまでいえないことを理由に，Yには，地震による液状化のため本件分譲建物が傾く危険があること等を説明する義務が認められないものとした。なお，Xら全員について，不法行為に基づく損害賠償請求権が除斥期間の経過により消滅したとも判示している。

さらに，本件分譲住宅の販売時点の小規模建築物に係る知見等に照らし，本件分譲地は通常有すべき品質・安全性を備えていたものとして瑕疵該当性を否定し，商事消滅時効の期間である5年の経過によって瑕疵担保責任に基づく損害賠償請求権が消滅した等と判示し，Xらの請求を棄却した。

■ 解説

1 東日本大震災による液状化と責任を負う者の範囲

(1) 東日本大震災

東日本大震災は多数の深刻な被害を発生させ，千葉県浦安市では震度5強を記録した。本件分譲地は，東京湾岸の埋立造成地が住宅用宅地として販売され建物が建築されていたところ，液状化により本件分譲建物が傾く等したほか，共用部分を含む敷地内の多くの場所で液状化により砂が噴出して地面が陥没し，共用部分の吸水管・ガス管が破損する等の被害が発生したため，当該土地の販売業者等の不法行為責任，瑕疵担保責任等が問題となっている。

(2) 分譲住宅販売者の第三者に対する責任

本件では，Yと直接契約関係にないXらに対する不法行為責任も問題となった。本判決は，建物の設計者等が契約関係にない者に対して不法行為責任を負うとした判例（最判平19・7・6民集61巻5号1769頁）を引用し，本件分譲住宅の販売者であるYは，直接契約関係にないXらに対しても，本件分譲住宅が居住者等の生命，身体又は財産を危険にさらすような基本的な安全性を欠くことがないよう配慮すべき義務を怠って本件各分譲住宅を販売したと認められるときには，不法行為責任を負う場合があると判示し，本件も上記判例の射程にあることを示している。その上で，建物の基本的安全性及びYの義務違反については，本件分譲住宅が販売された当時の技術的知見等を基に判断するものとし，同様の判断で不法行為成立要件としての予見可能性や結果回避義務を判断することから，本件についてはこれらについての審理を行えば足りるものとして検討を進めている。

一般的に，説明義務違反を争う場合，当該義務違反を主張する側において，行われるべき説明義務の発生とその不履行を立証しなければならない。そして，説明義務の発生と不履行とは，行為者の果たすべき注意義務の懈怠を意味するから，不法行為における過失の立証とほとんど変わらないものと理解されている。本判決もこのような理解に基づき，不法行為の過失の前提となる損害発生の予見可能性と結果回避可能性（結果回避義務）と同様の判断枠組みで，Yに説明義務が発生したかを検討している。

2 液状化被害防止措置を講ずる義務

(1) 鉄筋コンクリートべた基礎

本件でYが採用した鉄筋コンクリートべた基礎とは，鉄筋コンクリートの板状の全面基礎を意味し，建物の下部の主要な部分にのみ帯状に鉄筋コンクリートが設置される布基礎と区別されて使われている。

(2) 予見可能性

本判決は，本件分譲住宅販売当時における，液状化対策に関する法令等の有無，研究・知見，本件において鉄筋コンクリートべた基礎を採用した経緯，本件分譲地の地盤，地震による被害状況等の事実関係を詳細に認定した上で，液状化防止措置を講ずる義務の前提となる被害の予見可能性はないものと判断している。

具体的には，①本件分譲住宅販売当時に低層軽量住宅の建築にあたり液状化対策等を義務付ける法令等がなかったこと，②昭和63年1月発刊『小規模建築物基礎設計の手引き』（社団法人日本建築学会）では，液状化の危険域における実施可能な液状化対策の例として，べた基礎が挙げられていること，③Yは当時の報告書・知見等に基づき，液状化対策として有効なものとしてべた基礎を採用したこと，④上記対策を講じた本件分譲地では，浦安市で液状化の大きな被害が発生した千葉県東方沖地震でも液状化による被害が発生しなかったこと，⑤本件地震は震度5程度でありながら揺れの継続時間の長い特殊な地震であったが，そのような振動時間が液状化に大きく影響することは，本件地震後に研究が進んできたものであること，⑥内閣府の定める液状化の被害認定も，本件地震による液状化被害を踏まえて改定され，本件地震前には本件地震によるような液状化被害は想定されていなかったことが窺われること等を考慮し，Yが本件分譲住宅の販売時に，本件分譲地にべた基礎を採用しているにもかかわらず，今後発生する相当程度規模の地震により，本件分譲地に液状化による被害が発生することについて，予見可能性があったとは認めることはできない，と判示した。

(3) 結果回避義務

Xらは，他の不動産販売業者が行った地盤改良工事をYも行うべきであったのにこれを怠ったことを結果回避義務違反として主張した。しかし，本判決は，他の業者が上記措置を行ったのは，本件地震後であることを捉えて，本件地震が発生し甚大な液状化被害が発生した後に上記措置を講じるのは当

然であって、それをもって、Yが販売当時に採用したべた基礎が当時の対策として不十分なものであったということはできないとして、Yの結果回避義務違反を否定している。

(4) 意　義

本争点におけるポイントは、本件分譲住宅が販売された昭和56年当時の技術的知見等を基に、Yの予見可能性を判断している点にある。すなわち、分譲当時液状化対策を義務付ける法令等が存在しない中で、信頼できる報告書に基づき鉄筋コンクリートべた基礎を採用した結果、これまで地震による液状化の被害を防ぐことができていた、という経緯を積極的に評価したのである。

逆にいえば、本判決以降に分譲される土地については、技術的知見等を基に、鉄筋コンクリートべた基礎を採用しているというだけで販売業者の責任が免れ得るとは必ずしもいえないことに留意すべきである。現に本件地震により、鉄筋コンクリートべた基礎の家屋も液状化による地盤沈下にみまわれ、コンクリートの重量が重いべた基礎は液状化対策として課題があるということが明白になり、地震による揺れと液状化に関する研究が進められている。本判決は、軟弱地盤における基礎の選択、地盤改良工事等を行うことによる液状化被害回避の可能性に言及しているという意味で、今後の液状化対策における一つの指針を示したという意義を有するといえる。

3　液状化に関する説明義務

Xらは、Yは、本件分譲住宅を買主に売却するにあたっては、①地震が発生した場合には建物が傾く被害が生じること、②同被害を防ぐためには地盤改良工事を実施する必要があるが、本件分譲地では実施していないこと、③建物が傾くと、補修工事により元に戻すだけでも数百万円単位の費用がかかることを十分に説明し、買主が各物件を購入すべきかどうか適切に判断し得るだけの情報を与える注意義務があったと主張した。

説明義務違反において、本来なされるべき説明義務の発生と不履行とは、行為者の果たすべき注意義務の懈怠を意味するものであり、不法行為における過失の立証とほとんど変わらないことは前に述べたとおりである。本判決もかかる判断枠組みに基づき、前記不法行為の予見可能性判断と同じ事情を考慮した上で、Yの説明義務を否定しているため、予見可能性の判断と整合

しているといえる。
4　不法行為責任の除斥期間経過による消滅
(1)　除斥期間の起算点
　不法行為による損害賠償の請求権は，不法行為の時から20年の除斥期間が経過した時点で法律上当然に消滅する（民724条後段）。本判決では，「不法行為の時」を文言解釈し，加害行為時を除斥期間の起算点とした。そして，Xらが主張する行為は，地盤改良工事をすべきであったのにしないまま本件分譲住宅を販売した行為，又は地盤改良工事を実施しておらず，地震により本件分譲建物が傾くことなどについて説明すべきであったのにこれをせずに販売した行為であるから，遅くとも売買契約に基づく本件各分譲住宅の引渡しまでに加害行為は終了したものというべきであり，遅くとも平成14年9月22日の経過をもって，Xら全員について20年の除斥期間が経過したと判示している。

(2)　最高裁平成16年4月27日判決（民集58巻4号1032頁）との関係
　本判決は，加害行為が終了してから相当の期間が経過した後に損害が発生する場合には損害発生時点を除斥期間の起算点とするとした判例（最判平16・4・27民集58巻4号1032頁）の射程が及ばないことを示している。
　前記判例は，身体に蓄積した物質の人への健康被害は実際に病状が現れるまで把握は不可能といえる事案であるのに対し，本件での損害は地盤改良費等であり，かかる損害については客観的に把握することが可能であることを考えても，前記判例の事案と本件の損害では性質上の差がある。また，本件での損害は，地盤改良工事がされていない土地を購入した時点で既発生と考え得ることからしても，加害行為が終了してから相当の期間が経過した後に損害が発生する場合に当たらないと考えるのが自然であり，本判決の判断も上記の点を考慮したものと考えられる。

5　液状化と瑕疵担保責任
　瑕疵担保責任における「瑕疵」（民570条）の判断基準は，当該目的物が通常備えるべき品質・性能が保たれているかであるとされている。本判決でも同様の基準を示した上で，本件分譲住宅を販売した時点の小規模建築物に係る知見等に照らし，前記2の予見可能性判断と同じ事情を挙げた上で瑕疵の

該当性を否定した。

　本争点においても，本件分譲住宅が販売された昭和56年当時の技術的知見という時的要素が重視されていることがポイントである。さらに，本判決では，本件地震が日本の観測史上最大規模で，かつ継続時間が長いという特徴を有する地震であり，本件地震により本件分譲地が液状化被害を受けることは予見できなかったのであるから，ＸらとＹの間で，上記のような対策を講じた本件分譲住宅を超える品質の合意もないものと判断している。品質の合意にかかる意思表示の認定においても，不法行為における予見可能性を否定した事情と整合する判断がされており，本判決全体を通して事実認定が整合しているといえる。

　なお，瑕疵担保責任を主張するＸらの本件分譲住宅が直接買い受けた者に引き渡されてから，遅くとも商事消滅時効の期間である５年（商法522条）となる昭和62年３月28日が経過した時点で，Ｘらが主張する瑕疵担保責任に基づく損害賠償請求権の消滅時効は完成したとも判示している。

6　結　語

　近時の類似裁判例として，平成15年以降に分譲された東京湾岸の埋立造成地が住宅用宅地として販売され建物が建築されていたところ，東日本大震災による液状化が発生したため，土地の販売業者等の不法行為責任等が問題となったものがあるが，販売業者の責任は否定されている（東京地判平26・10・31判時2247号69頁）。当該裁判例は，建物の建築の時期，販売の時期，販売が土地建物を目的とするかといった取引の内容が本判決とは異なるが，基本的に同様の判断枠組みにおいて，土地の販売当時において販売業者は，揺れ時間の長い特殊な地震による液状化被害を予見することができなかったため，本件液状化被害を防止する措置をとるべき義務を負うものではないと判示している。

　これらの裁判例では，震度の強度にかかわらず，振動時間が液状化に大きく影響することが明確に判示されている。本判決は，地震による液状化の被害の認識と液状化対策において，今後の技術上・法令上・取引上の課題にあたり意義を有する事例といえる。

【宗像　洸】

判 例 索 引

【大審院】

〔大正〕

大判大8・3・3民録25輯356頁‥‥‥‥‥‥‥‥‥‥‥‥‥‥‥‥‥‥‥‥‥‥‥‥‥‥ 327
大判大10・2・10民録27輯255頁‥‥‥‥‥‥‥‥‥‥‥‥‥‥‥‥‥‥‥‥‥‥‥‥‥‥ 23
大判大15・6・12民集5巻495頁‥‥‥‥‥‥‥‥‥‥‥‥‥‥‥‥‥‥‥‥‥‥‥‥‥‥ 361

〔昭和〕

大判昭4・3・30民集8巻226頁‥‥‥‥‥‥‥‥‥‥‥‥‥‥‥‥‥‥‥‥‥‥‥‥‥‥ 23
大判昭5・4・16民集9巻376頁‥‥‥‥‥‥‥‥‥‥‥‥‥‥‥‥‥‥‥‥‥‥‥‥‥‥ 5
大判昭8・1・14民集12巻71頁‥‥‥‥‥‥‥‥‥‥‥‥‥‥‥‥‥‥‥‥‥‥‥ 49, 244

【最高裁判所】

〔昭和〕

最判昭29・1・22民集8巻1号198頁‥‥‥‥‥‥‥‥‥‥‥‥‥‥‥‥‥‥‥‥‥‥‥ 53
最判昭31・12・18民集10巻12号1559頁‥‥‥‥‥‥‥‥‥‥‥‥‥‥‥‥‥‥‥‥‥ 225
最判昭35・3・18民集14巻4号483頁‥‥‥‥‥‥‥‥‥‥‥‥‥‥‥‥‥‥‥‥‥‥‥ 97
最判昭36・4・27民集15巻4号901頁‥‥‥‥‥‥‥‥‥‥‥‥‥‥‥‥‥‥‥‥‥‥‥ 93
最判昭36・12・15民集15巻11号2852頁‥‥‥‥‥‥‥‥‥‥‥‥‥‥‥‥‥‥‥‥‥‥ 74
最判昭39・1・23民集18巻1号37頁‥‥‥‥‥‥‥‥‥‥‥‥‥‥‥‥‥‥‥‥‥‥‥‥ 97
最判昭41・4・14民集20巻4号649頁‥‥‥‥‥‥‥‥‥‥‥‥‥‥‥‥‥‥‥‥‥ 30, 49
最判昭42・7・18民集21巻6号1559頁‥‥‥‥‥‥‥‥‥‥‥‥‥‥‥‥‥‥‥‥‥‥ 219
最判昭45・7・15民集24巻7号771頁‥‥‥‥‥‥‥‥‥‥‥‥‥‥‥‥‥‥‥‥ 194, 201
最判昭45・8・20‥‥‥‥‥‥‥‥‥‥‥‥‥‥‥‥‥‥‥‥‥‥‥‥‥‥‥‥‥‥‥‥‥ 66
最判昭47・11・9民集26巻9号1513頁‥‥‥‥‥‥‥‥‥‥‥‥‥‥‥‥‥‥‥‥ 279, 281
最判昭47・11・22刑集26巻9号586頁，判時687号23頁‥‥‥‥‥‥‥‥‥‥‥‥‥‥ 276
最判昭48・11・16民集27巻10号1374頁‥‥‥‥‥‥‥‥‥‥‥‥‥‥‥‥‥‥‥‥‥‥ 137
最判昭50・2・25民集29巻2号143頁‥‥‥‥‥‥‥‥‥‥‥‥‥‥‥‥‥‥‥‥‥‥‥ 349
最判昭50・4・30民集29巻4号572頁，判時777号8頁‥‥‥‥‥‥‥‥‥‥‥‥‥‥‥ 276
最判昭50・10・24民集29巻9号1417頁，判時792号3頁‥‥‥‥‥‥‥‥‥‥‥‥‥‥ 333
最判昭53・9・21裁判集民125号85頁，判時907号54頁，判タ371号68頁‥‥‥‥‥‥ 83
最判昭54・3・20判時927号186頁，判タ394号61頁‥‥‥‥‥‥‥‥‥‥‥‥‥‥‥ 201
最判昭56・2・17裁判集民132号129頁，判時996号61頁，判タ438号91頁‥‥‥‥ 110, 121
最判昭56・9・8判タ453号70頁‥‥‥‥‥‥‥‥‥‥‥‥‥‥‥‥‥‥‥‥‥‥‥‥‥ 49

最判昭59・4・10民集38巻6号557頁 ………………………………………… 349
最判昭59・10・26民集38巻10号1169頁 ……………………………………… 178
最判昭59・12・21裁判集民143号491頁 ……………………………………… 319
最判昭62・4・22民集41巻3号408頁、判時1227号21頁 ………………… 276

〔平成〕

最判平元・12・21民集43巻12号2209頁 ………………………………… 196, 337
最判平2・11・6裁判集民161号91頁 ………………………………………… 225
最判平4・9・22民集46巻6号1090頁 ………………………………………… 274
最判平4・10・20民集46巻7号1129頁 ………………………………………… 337
最判平6・3・24判時1501号96頁 ……………………………………………… 311
最判平7・7・7民集49巻7号1870頁 ………………………………………… 311
最判平9・2・14民集51巻2号337頁、判時1598号65頁、判タ936号196頁 … 80, 104
最判平9・7・15民集51巻6号2581頁 ……………………………………… 83, 104
最判平10・4・24裁判集民188号263頁 ……………………………………… 194
最判平10・7・16訟月45巻6号1055頁 ……………………………………… 311
最判平14・1・22民集56巻1号46頁 ………………………………………… 354
最判平14・2・13民集56巻2号331頁、判時1777号36頁 …………………… 277
最判平14・9・24裁判集民207号289頁、判時1801号77頁、判タ1106号85頁 … 82, 187
最判平15・10・10裁判集民211号13頁、判時1840号18頁、判タ1138号74頁 …… 26, 73, 77
最判平15・11・14民集57巻10号1561頁、判時1842号38頁、判タ1139号73頁 … 132, 157, 337
最判平16・4・23民集58巻4号959頁 ………………………………………… 291
最判平16・4・27民集58巻4号1032頁 …………………………………… 196, 374
最判平16・10・15民集58巻7号1802頁 ……………………………………… 197
最決平17・6・24裁判集民217号277頁 ……………………………………… 168
最判平18・3・30民集60巻3号948頁、判時1931号3頁、判タ1209号87頁 …… 305, 315, 328
最判平18・6・16民集60巻5号1997頁 ……………………………………… 197
最判平19・7・6民集61巻5号1769頁、判時1984号34頁、判タ1252号120頁
……………………………… 11, 138, 154, 159, 166, 208, 209, 230, 324, 325, 371
最判平21・4・23判時2045号116頁 …………………………………………… 277
最判平22・6・1判時2083号77頁、判例評論625号172頁 …………………… 49
最判平22・6・17（平成21年（受）第1742号）民集64巻4号1197頁、判時2082号55頁、判タ
1326号111頁 ……………………………………………………… 140, 149, 180
最判平23・7・21（平成21年（受）第1019号）裁判集民237号293頁、裁判所時報1536号275
頁、判時2129号36頁、判タ1357号81頁 ……………… 139, 155, 208, 209, 325
最判平23・12・16（平成22年（受）第2324号）判時2139号3頁、判タ1363号47頁 ……… 89
最判平25・3・22裁判集民243号83頁、判時2184号33頁 ……………………… 15
最判平25・3・26（平成22年（受）第2101号）裁判集民243号101頁、裁判所時報1576号8

頁，裁判所 HP·· 144, 173, 174

【高等裁判所】

〔昭和〕

名古屋高判昭35・12・26高刑集13巻10号781頁 ·································· 97
東京高判昭36・12・20高民集14巻10号730頁，判時295号28頁，判タ127号52頁 ··· 18, 81, 201
東京高判昭47・5・29判時668号49頁 ·· 18, 201
東京高判昭53・10・12判時917号59頁 ··· 92
大阪高判昭59・12・14判タ549号187頁 ·· 122

〔平成〕

大阪高判平元・2・17判時1323号83頁，判タ705号185頁 ····················· 230
東京高判平3・10・21判時1412号109頁 ·· 105
大阪高判平5・3・25判タ827号195頁 ··· 328
東京高判平6・5・25判タ874号204頁 ··· 19
福岡高判平9・11・28判時1638号95頁，判タ985号197頁 ······················· 83
大阪高判平12・10・11判タ1086号226頁 ··· 310
仙台高判平12・10・25判時1764号82頁 ··· 23
大阪高判平15・10・28判時1856号108頁 ·· 320, 328
福岡高判平16・12・16判タ1180号209頁 ·· 210, 325
東京高判平17・6・29労判927号67頁 ··· 297
大阪高判平20・7・30（平成20年（ネ）第39号）労判980号81頁 ·············· 347
福岡高判平21・2・6（平成19年（ネ）第576号）判時2051号74頁，判タ1303号205頁
 ·· 151, 208, 210, 325
名古屋高判平21・6・4民集64巻4号1225頁 ······································ 149
名古屋高判平22・1・20（平成21年（ネ）第414号）LEX/DB25442126，裁判所 HP ··· 12, 23
名古屋高判平22・1・20ウエストロー2010WLJPCA01209006 ··············· 31
東京高判平22・8・30判時2093号82頁，判タ1339号107頁 ······················ 90
名古屋高判平22・10・29（平成21年（ネ）第312号・同第814号）判時2102号24頁，判タ1363
　号52頁 ·· 141
福岡高判平23・3・8判時2126号70頁，判タ1365号119頁 ······················ 368
福岡高判平24・1・10（平成23年（ネ）第764号）判時2158号62頁，判タ1387号238頁
 ·· 208, 209, 326
東京高判平24・2・28判時2167号36頁 ··· 144
東京高判平24・3・19（平成23年（ネ）第7546号）判時2147号118頁，判タ1374号197頁，金
　融・商事判例1392号37頁，金融法務事情1958号96頁 ························ 359
東京高判平25・3・14裁判所 HP ··· 260
東京高判平25・5・8（平成24年（ネ）第5250号・同第6814号）判時2196号12頁，判タ1395

号180頁 ··· 40
東京高判平25・5・21（平成25年（行コ）第42号）ウエストロー2013WLJPCA05219001,
　　　LEX/DB25446033, 裁判所HP ··· 269
東京高判平25・10・31（平成25年（ネ）第3595号）判時2264号52頁 ································· 193
大阪高判平26・2・27（平成25年（ネ）第2334号）高民集67巻1号1頁，判時2236号72頁，
　　　判タ1406号115頁 ·· 220
高松高判平26・6・19（平成25年（ネ）第411号，平成26年（ネ）第46号）判時2236号101頁
　　　··· 241
名古屋高判平26・10・30ウエストロー2014WLJPCA10306002, LEX/DB25540497 ··· 16, 31
名古屋高判平27・3・24（平成25年（ネ）第882号）判時2260号37頁 ································· 71
名古屋高金沢支判平27・5・13（平成26年（ネ）第46号）判時2266号61頁 ························· 75

【地方裁判所】

〔昭和〕
山口地岩国支判昭42・8・16訟月13巻11号1333頁 ··· 168
大阪地決昭49・12・20判時773号113頁 ·· 319
東京地判昭57・4・28判時1057号94頁 ··· 201
大阪地判昭57・9・24判時1063号191頁 ·· 319
大阪地判昭62・2・18判タ646号165頁 ··· 230

〔平成〕
東京地決平元・7・25判時1317号28頁 ··· 296
大阪地決平2・6・22判時1364号100頁 ··· 296
東京地判平3・6・14判時1413号78頁，判タ775号178頁 ·· 18, 105
東京地判平4・10・28判時1467号124頁，判タ831号159頁 ·· 24
千葉地松戸支判平6・8・25判時1543号149頁 ·· 23
浦和地判平8・3・22判タ914号162頁 ··· 352
神戸地判平9・9・8判時1652号114頁，判タ974号150頁 ··· 19
東京地判平9・10・15判タ982号229頁 ·· 310
東京地判平9・11・18判タ974号168頁 ·· 310
東京地判平10・11・26判時1682号60頁 ·· 51
神戸地判平11・4・28判タ1044号191頁 ··· 361
福岡地判平11・10・20判時1709号77頁 ··· 117
函館地判平12・3・30判タ1083号164頁 ··· 361
神戸地判平13・1・31判時1757号123頁 ··· 281
東京地判平13・6・27判タ1095号158頁 ·· 23
東京地判平13・11・14ウエストロー2001WLJPCA11140004 ·· 57
大阪地判平13・11・30判時1802号95頁 ·· 328

東京地判平14・4・22判タ1127号161頁 …………………………………… 18, 201
東京地判平15・1・21判時1828号59頁 ………………………………………… 328
大分地判平15・2・24（平成8年（ワ）第385号） ……………………………… 210
東京地判平17・4・26判タ1197号185頁 ………………………………………… 201
東京地判平17・8・23LEX/DB28112411 ………………………………………… 199
大阪地判平17・9・29判時1929号77頁 ………………………………………… 328
東京地判平17・11・28判時1926号73頁 ………………………………………… 328
東京地判平17・12・5判時1914号107頁，判タ1219号266頁 …………………… 10
東京地判平18・7・27ウエストロー2006WLJPCA07270007 …………………… 243
東京地判平19・4・6ウエストロー2007WLJPCA04068001 …………………… 23
東京地判平19・4・20ウエストロー2007WLJPCA04208009 …………………… 19
東京地判平19・6・29LLI/DB 判例秘書06232769 ……………………………… 192
京都地判平19・10・18LEX/DB28132348，裁判所HP ……………………… 16, 23
神戸地判平19・12・11労判980号88頁 ………………………………………… 350
東京地判平20・1・25（平成17年（ワ）第17703号）判タ1268号220頁 ……… 134
東京地判平20・3・27ウエストロー2008WLJPCA03278014 ……………… 19, 58
東京地判平20・6・4判タ1298号174頁 ………………………………………… 19
和歌山地判平20・6・11（平成17年（ワ）第608号）消費者法ニュース79号255頁 …… 113
大阪地判平20・6・25判時2024号48頁 ………………………………………… 328
奈良地判平20・10・29（平成18年（ワ）第133号）判時2032号116頁 ……… 144, 231
名古屋地判平20・11・6（平成18年（ワ）第1554号）民集64巻4号1204頁 …… 145, 181
東京地判平20・12・24（平成17年（ワ）第12018号，平成18年（ワ）第1388号）判時2037号55
　頁 ………………………………………………………………………………… 84
東京地判平21・1・28（平成19年（ワ）第27082号）判タ1290号184頁 ……… 313
東京地判平21・2・5ウエストロー2009WLJPCA02058003 …………………… 19
名古屋地判平21・2・24判時2042号33頁，判タ1301号140頁 ………………… 142, 234
さいたま地判平21・3・13（平成19年（ワ）第1372号）判時2044号123頁，LLI/DB 判例秘
　書 L06430580 ………………………………………………………………… 308, 328
東京地判平21・3・27（平成18年（ワ）第8630号，平成19年（ワ）第5964号） ……… 90
前橋地判平21・4・15判時2040号92頁 …………………………………………… 144
福岡地小倉支判平21・6・23判時2054号117頁 ………………………………… 144
東京地判平21・7・31判時2065号82頁 ………………………………………… 144
東京地判平21・10・1（平成16年（ワ）第18418号）消費者法ニュース82号267頁，LLI/DB
　判例秘書 L06430580 …………………………………………………………… 215
札幌地判平21・10・29（平成20年（ワ）第3529号）判時2064号83頁 ………… 227
京都地判平21・10・30判時2080号54頁 ………………………………………… 144
札幌地判平21・11・10（平成20年（ワ）第228号）LEX/DB25442485，裁判所HP …… 119

東京地判平21・12・28ウエストロー2009WLJPCA12288001 ……………………… 288
山口地下関支判平22・2・15欠陥住宅判例第6集484頁 ………………………… 23
福島地いわき支判平22・2・17判時2090号102頁 ……………………………… 328
東京地判平22・2・19（平成18年（ワ）第8346号）判タ1358号130頁 …………… 79
東京地判平22・5・27（平成18年（ワ）第29385号）判タ1340号177頁 ……………… 8
さいたま地判平22・7・23（平成19年（ワ）第1239号）LLI/DB 判例秘書 L06550764，裁判所 HP……………………………………………………………………………………… 3
佐賀地判平22・9・24（平成19年（ワ）第794号）判時2118号81頁 …………… 129
京都地判平22・10・5（平成19年（ワ）第824号）判時2103号98頁 ………… 303, 328
東京地判平22・11・25判時2108号79頁 ……………………………………………… 144
仙台地判平23・1・13（平成13年（ワ）第214号）判時2112号75頁 ……………… 156
神戸地判平23・1・18（平成19年（ワ）第1046号）判時2146号106頁，判タ1367号152頁
………………………………………………………………………………………… 184, 191
東京地判平23・1・20判時2111号48頁 ………………………………………………… 52
東京地判平23・1・26判時2122号89頁 ……………………………………………… 144
福岡地判平23・3・24判時2119号86頁 ……………………………………………… 188
東京地判平23・3・25（平成18年（ワ）第19090号）ウエストロー2011WLJPCA03258029
………………………………………………………………………………………………… 161
東京地判平23・3・30判時2126号73頁 ……………………………………………… 144
東京地判平23・9・30（平成22年（行ウ）第28号）判時2156号30頁，ウエストロー2011WLJPCA09308019 …………………………………………………………… 353
東京地判平23・12・22判時2139号31頁 ……………………………………………… 52
横浜地判平24・1・31判時2146号91頁 ……………………………………………… 144
東京地判平24・2・3（平成20年（ワ）第31050号）ウエストロー2012WLJPCA02038003，LEX/DB25491964 ……………………………………………………………………… 94
東京地判平24・3・27（平成21年（ワ）第12552号）ウエストロー2012WLJPCA03278003，LEX/DB25492802 ……………………………………………………………………… 17
東京地判平24・3・27（平成21年（ワ）第5281号）ウエストロー2012WLJPCA03278018，LEX/DB25492805 ……………………………………………………………………… 123
大阪地判平24・3・27判時2159号88頁 ……………………………………………… 328
東京地判平24・5・31ウエストロー2012WLJPCA05318014，LEX/DB25494437 …… 16
東京地判平24・6・8（平成20年（ワ）第769号）判時2169号26頁 ……………… 20
東京地判平24・9・25（平成23年（行ウ）第597号）判時2201号42頁 …………… 259
大阪地判平24・10・19（平成21年（ワ）第17422号）判時2201号90頁 …………… 317
東京地判平24・11・13（平成22年（ワ）第28201号）LEX/DB25497547 …………… 25
静岡地判平24・12・7（平成19年（ワ）第1624号）判時2173号62頁 ………… 143, 165
東京地判平24・12・25（平成22年（ワ）第36708号）LEX/DB25499014 …………… 189

判例索引 *383*

東京地判平24・12・25（平成24年（行ウ）第421号）ウエストロー2012WLJPCA12259015,
　　LEX/DB25445846, 裁判所HP……………………………………………………… 269
東京地判平25・1・16（平成23年（ワ）第20531号）判時2192号63頁 …………………… 364
名古屋地判平25・1・22（平成20年（ワ）第3887号）判時2180号76頁 …………… 144, 170
東京地判平25・2・5（平成22年（ワ）第44372号）ウエストロー2013WLJPCA02058002,
　　LEX/DB25510743……………………………………………………………………… 29
大阪地判平25・2・26（平成22年（ワ）第136号，平成23年（ワ）第1926号）判タ1389号193頁
　　……………………………………………………………………………………… 33
東京地判平25・3・5（平成24年（ワ）第11361号）ウエストロー2013WLJPCA03058003,
　　LEX/DB25511847……………………………………………………………… 264
東京地判平25・3・11ウエストロー2013WLJPCA03118001 ………………………………… 58
東京地判平25・5・9（平成23年（ワ）第36482号）ウエストロー2013WLJPCA05098007,
　　LEX/DB25512941……………………………………………………………… 322
東京地判平25・7・3判タ1416号198頁 ……………………………………………………… 243
東京地判平25・8・12（平成24年（ワ）第25451号）ウエストロー2013WLJPCA08128002,
　　LEX/DB25514551……………………………………………………………… 247
東京地判平25・8・23（平成22年（ワ）第12710号）LEX/DB25514411………………… 205
東京地判平25・9・5（平成25年（ワ）第7037号）ウエストロー2013WLJPCA09058007,
　　LEX/DB25515250…………………………………………………………… 273, 278
札幌地小樽支判平25・10・28（平成23年（ワ）第83号）判時2212号65頁 …………… 330
東京地判平25・11・21（平成24年（ワ）第26150号）ウエストロー2013WLJPCA11218004,
　　LEX/DB25515985……………………………………………………………… 45
東京地判平25・11・26（平成24年（ワ）第25719号）LEX/DB25516156………………… 99
東京地判平25・12・4（平成24年（ワ）第3267号）LEX/DB25517070………………… 284
東京地判平26・2・4（平成24年（ワ）第23633号）LEX/DB25518001………………… 55
東京地判平26・2・7（平成24年（ワ）第4419号）LEX/DB25517914 ………………… 59
東京地判平26・2・13（平成25年（ワ）第721号）ウエストロー2014WLJPCA02138009,
　　LEX/DB25517936……………………………………………………………… 289
東京地判平26・3・18（平成23年（ワ）第8546号・同第38624号，平成24年（ワ）第35957号）
　　ウエストロー2014WLJPCA03188012, LEX/DB25518526 ………………………… 103
東京地判平26・3・20（平成24年（ワ）第23207号）ウエストロー2014WLJPCA03208013,
　　LEX/DB25518467……………………………………………………………… 64
東京地判平26・3・26（平成23年（ワ）第34040号）判時2243号56頁，判タ1413号332頁
　　……………………………………………………………………………………… 236
東京地判平26・4・15（平成25年（ワ）第3227号）ウエストロー2014WLJPCA04158002,
　　LEX/DB25519262……………………………………………………………… 253
東京地判平26・5・23（平成25年（ワ）第3490号）ウエストロー2014WLJPCA05238005,

LEX/DB25519653 ……………………………………………………………… 68
東京地判平26・7・10（平成26年（ワ）第3903号）ウエストロー2014WLJPCA07108003，
　LEX/DB25520423 ……………………………………………………………… 293
東京地判平26・10・8（平成24年（ワ）第2725号，平成25年（ワ）第34608号）判時2247号44
　頁 ………………………………………………………………………………… 369
東京地判平26・10・31判時2247号69頁 ………………………………………… 375
東京地判平26・12・24（平成23年（ワ）第28937号）判時2260号57頁 ……… 108
東京地判平27・2・16（平成26年（ワ）第16514号）判時2267号67頁 ……… 339
東京地判平27・4・28判時2276号61頁 ………………………………………… 202
東京地判平27・7・9 LLI/DB 判例秘書07030783 ……………………………… 192

【編集代表】

犬　塚　　　浩（いぬづか　ひろし）

平成5年　弁護士登録（第二東京弁護士会）
京橋法律事務所
社会資本整備審議会住宅宅地分科会「民間賃貸住宅部会」臨時委員，同「既存住宅・リフォーム部会」臨時委員，財団法人ベターリビング評議員（現），国土交通省住宅局市街地建築課「住宅団地の再生のあり方に関する検討会」委員，国土交通省「住宅瑕疵担保履行制度のあり方に関する検討委員会」委員，同「賃貸住宅に係る紛争等の防止方策検討ワーキングチーム」主査等

【編集委員】

髙　木　　　薫（たかき　かおる）

平成17年　弁護士登録（第二東京弁護士会）
平成25年　髙木薫法律事務所開設
髙木薫法律事務所
第二東京弁護士会消費者問題対策委員会委員（住宅部会所属）

宮　田　義　晃（みやた　よしあき）

平成20年　弁護士登録（第二東京弁護士会）
京橋法律事務所
日本弁護士連合会住宅紛争処理機関検討委員会幹事，第二東京弁護士会住宅紛争審査会紛争処理委員，慶應義塾大学大学院法務研究科非常勤講師

建築紛争
判例ハンドブック

2016年7月15日　初版第1刷印刷
2016年7月30日　初版第1刷発行

廃止　検印	©編者　犬　塚　　　浩
	発行者　逸　見　慎　一

発行所　東京都文京区本郷6丁目4の7　株式会社　青林書院
振替口座　00110-9-16920／電話03(3815)5897〜8／郵便番号113-0033
http://www.seirin.co.jp

印刷・星野精版印刷㈱／落丁・乱丁本はお取替え致します。
Printed in Japan　　ISBN978-4-417-01688-5

JCOPY 〈㈳出版者著作権管理機構　委託出版物〉
本書の無断複写は著作権法上での例外を除き禁じられています。複写される場合は，そのつど事前に，㈳出版者著作権管理機構（電話 03-3513-6969，FAX 03-3513-6979，e-mail:info@jcopy.or.jp）の許諾を得てください。